역사를 넘나드는 불멸의 걸작

세계의 건축물 1

알레산드라 카포디페로 엮음 | 이순주 옮김 | 이강업 감수

뜨인돌

차 례

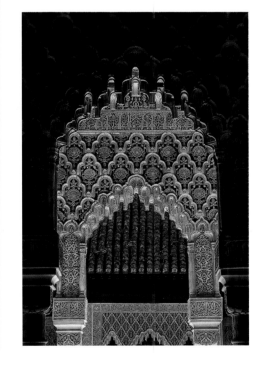

역사를 넘나드는 불멸의 걸작
세계의 건축물 1

엮음 알레산드라 카포디페로
옮김 이순주 | **감수** 이강업

초판 1쇄 발행 2007년 8월 25일

펴낸곳 뜨인돌출판사 | **펴낸이** 고영은
기획총괄 박철준 | **편집총괄** 조윤제
마케팅책임 김완중 | **제작책임** 정광진
편집장 인영아 | **기획편집팀** 이준희
　안소현 김동규 이진규 김혜미 장은선

디자인팀 조미리 황성실
마케팅팀 이학수 고은정 오상욱 최인수
북디자인 윤혜민

등록번호 제1997-32호 | **등록일자** 1994년 10월 11일
주소 121-840 서울시 마포구 서교동 396-46
대표전화 (02) 337-5252
팩스 (02) 337-5868
뜨인돌 홈페이지 www.ddstone.com
노빈손 홈페이지 www.nobinson.com

＊책값은 뒤표지에 있습니다.
　ISBN 978-89-5807-170-9 03610

Wonders of the World
World copyright ⓒ 2004 White Star Spa, Via
Candido Sassone, 22/24, 13100

Korean language edition ⓒ 2007 by Daniel's
Stone Publishing Company

서문

시공을 초월하여 세계의 불가사의한 건축물을 찾아가는 여행은 사람들에게 다양한 여정을 제공해 줄 것이다. 거석 구조물, 아득히 먼 고대의 유적, 중세의 걸작, 근대 세계의 이미지, 현대 세계의 아이콘 등은 모두 그 시대의 보편적인 지적, 창의적 비전을 보존하고 전달한다.

"나는 그 옛날 이 벽을 따라 전차가 달렸을지도 모를 난공불락의 요새인 바빌론 성벽과 알파에우스 강변의 제우스 신전을 황홀한 눈으로 바라보았다. 공중 정원과 헬리오스 거상, 인간이 만든 위대한 산이라고 할 수 있는 높다란 피라미드와 거대한 마우솔로스 영묘도 구경했다. 그러나 하늘 높이 치솟은 아르테미스 신전을 보는 순간, 그 모든 것들은 무색해지고 말았다. 올림포스 밖에서 이에 견줄 만한 것을 보지 못했다."
 -《팔라티나 선집The Palatine Anthology IX》, 58쪽

시돈의 안티파테르Antipater of Sidon가 쓴 것으로 알려진 이 풍자시에는 바빌론 성벽과 공중 정원, 올림피아의 제우스 신상, 로도스의 헬리오스 거상, 기자의 피라미드, 할리카르나소스의 마우솔레움, BC 2세기에 지은 에페수스의 아르테미스 신전 등이 고대 세계의 7대 불가사의로 나와 있다. 이보다 나중에 나온 중세의 목록을 보면, 그 내용은 유사하지만 바빌론의 성벽 대신 알렉산드리아의 파로스 등대가 7대 불가사의로 기록되어 있다.

테아마타 (theamata, 볼거리들)와 타우마타 (thaumata, 불가사의한 것들)는 항상 인간의 호기심을 자극했다. BC 5세기 중엽, 그리스의 역사가 헤로도토스는 바빌론의 화려함과 이집트 피라미드의 장엄함에 깊은 감명을 받아 이들을 '오리엔트 문명의 살아 있는 상징'이라고 표현하고 불가사의한 건축물로 분류했다. 고전주의 전통의 기록들은 이들을 균형감과 위엄, 아름다움의 본보기가 되는 7대 불가사의에 포함시켰다.

그리스와 라틴 작가들에 의해 개별적으로 기록된 것 외에 많은 건축물들이 헬레니즘 시대에 목록화되기 시작했다. 이 목록은 로마 시대와 중세를 거치면서 여러 모로 수정되었다. 르네상스 시대의 학자들은 시간이라는 '위대한 조각가'가 우아하고도 시적인 몰락을 가져다 줄 것을 알고 이런 사료들을 연구하였다. 그리고 그것을 바탕으로 그들 나름의 '고대의 불가사의한 건축물' 목록을 만들었다.

하지만 세계 7대 불가사의를 비롯해 그 어떤 것도 영원할 수 없으며, "인간의 야망이 앞으로 이보다 더 놀라운 건축물을 짓는다고 해도 그 역시 언젠가는 사라지고 말 것이다"(세네카, 〈폴리비우스에게 보낸 위로문Ad Polybium de Consolatione〉, I, 1쪽). 고대의 불가사의한 건축물들 가운데 지금까지 남아 있는 것은 피라미드뿐인 듯 말이다.

수천 년 된 구조물과 당대의 건축물을 수록한 책자는 오랜 세월 동안 존재해 왔다. 이것은 다양한 역사와 문화를 배경으로 지어져 상징적인 가치를 지니게 된 기념비적인 건축물들을 수록하고 있다.

인간은 이런 지적, 조직적 시스템의 중심에 존재하며, "자신이 사는 세계를 사색하고, 자연의 경이 외에도 인간이 자연에 만든 작품을 고찰한다"(피터 A. 클레이턴과 M. J. 프라이스의《세계 7대 불가사의The Seven Wonders of the World》).

인간의 자취가 남아 있는 자연에서 오랜 세월을 견디고 살아남은 건축물들은 불멸의 존재처럼 보인다. 그것은 자신의 양식이 후대에 흡수되든 거부되든 간에 현대적인 건축물 위에 당당히 군림하며, 역사가 오래된 것들일수록 더욱 막강한 영향력을 발휘한다.

건축의 출발점은 자연에 개입하고 싶은 인간의 특성과 관찰력, 지적인 힘, 창의력 등을 이용해 목표를 현실과 관련지을 수 있는 능력, 자원에 대한 탐구, 충족에 대한 욕구 등에 있다.

"인간은 구석기라는 오랜 기간 동안 환경에 적응하면서 세계 곳곳으로 퍼져나갔다. 신석기 시대에는 생활에 환경을 적응시키며 장기간에 걸친 프로젝트를 수행하여 세상을 변화시키기 시작했다."
 - L. 베네볼로와 B. 알브레히트,《건축의 기원The Origins of Architecture》

그것은 중요한 변화였다. "확실히 인류 역사상 가장 중요한 전환점 가운데 하나는 선사시대가 역사시대로 바뀐 것이다. …첫 발상지는… 근동이었다. 고고학적 발견을 통해 알 수 있듯이 처음에는 이집트, 그 다음에는 메소포타미아였다. 오늘날 우리는 인류의 발전이 다중심에서 이루어졌음을 보게 된다. 어떤 경우에도 편견을 가지고 분류해서는 안 된다고 생각한다."
 - M. 리베라니의《우르크, 최초의 도시Uruk, the First City》

인간은 옛날부터 자연환경에 건축물을 만들었다. "신석기 말기에는 인간의 건축 유산의 단일성과 복수성을 결정하게 될, 일관성 있고, 복잡하고, 차별화된 발전의 기초를 마련하기 시작했다"(베네볼로와 알브레히트).

건축물은 그 내부에 인간을 포함하고, 외부에서는 인간과 관계를 맺음으로써 우리에게 무수히 많은 감정들을 불러일으킨다.

구대륙(아프리카, 아시아, 유럽)과 신대륙(아메리카), 그리고 더 새로운 대륙(오스트레일리아)의 경이로운 건축물을 탐구하면서 이 책이 택한 길은 시간적으로 선사시대에서 현대에 걸쳐 있으며 다양한 문화적 배경 아래 중요한 순간들을 조명한다는 것이다. 이 책에 수록된 사진은 최고의 이미지들로 과거를 현재처럼 생생하게 되살려 주고 건축물에 현실감을 부여하고 있다.

지금 우리는 2천 년대를 살면서 다시 한 번 전 세계의 불가사의한 건축물을 목록화하는 작업을 하고 있다. 그러나 이번에는 명실상부한 걸작들은 물론이고 논란의 대상이 되고 있는 지극히 혁신적인 건축물도 지나칠 수 없었다. 그래서 비록 그 숫자에 얽매이는 것은 아니지만 과거에 비해 10배는 더 많은 건축물을 포함시킬 필요가 있었다.

이 책에 제시된 건축물은 이미 대중들에게 불멸의 존재로 인식되고 있거나 앞으로 오랫동안 그렇게 인식될 것으로 예상되는, 최근에 지어진 경이로운 것들이다. 이것들은 현재라는 한계를 극복하려 하고 있다. 미래를 위해 만들어진 인공 건조물은 이상을 구현하고 있으며, 또한 물리적 상징물의 매혹적인 힘을 통해 후대까지 살아남으려는 인간의 영원한 열망을 나타내고 있다.

이 책은 여행을 통해 느낄 수 있는 감동을 간접적으로 체험할 수 있는 즐거움을 줄 것이다. 그것은 이 책에 담긴 사진들이 생생한 현실감을 전달해 주기 때문에 가능한 일이다. 우리가 이미 알고 있는 나라나 좋아하는 장소가 주는 즐거움을 맛볼 수 있을 것이며 아울러 우리가 의식하지 못했던 세부적인 것을 보게 되거나, 어쩌면 언젠가는 찾아가 보고 싶다는 생각이 드는 새로운 곳을 발견하는 기쁨도 얻을 것이다.

이 책은 여러 사람의 도움으로 완성될 수 있었다. 공동 저자들이 원고를 기고해 준 것 외에도, 북아메리카 편과 호주와 오세아니아 편의 서문은 이름을 밝히길 꺼려했던, 상상력이 풍부한 어떤 작가가 기고해 주었다.

나는 그간 연구나 흥미를 위해 이용했던 책들 외에도, 로마의 아메리칸 아카데미의 도서관을 이용해 방대한 조사를 해야만 했다. 이 책을 내놓기까지는 엄청난 노력과 책임감이 필요했지만, 이 작업에서 내가 느끼는 즐거움, 일을 제대로 하기 위해 불가피한 지연을 기꺼이 허용해 주었던 출판사의 배려, 고고학자 자격으로 함께 작업을 했던 여러 사람들, 그리고 항상 내 곁에서 나를 위로해 주었던 많은 사람들 덕분에 그 짐을 덜 수 있었다. 그 모든 분들께, 그리고 그 누구보다도 파울로에게 고맙다는 인사를 전한다.

알레산드라 카포디페로

Wonders of 유럽

우리는 다양한 고고학적 자료를 통해 유럽 문명이 발달하고 성숙했던 오랜 기간에 대해 이해의 폭을 넓힐 수 있다. 그리스와 로마의 역사는 그보다 더 오래되었거나 동일한 시대의 문명을 망라하는 더 넓은 문화적 지평의 일부분이다. 이는 시간적, 지리적 경계를 초월해 유럽의 지적 구조와 문화의 중요한 구성 요소가 되었다.

건축물은 자연환경과 상호 영향을 주고받는다. 그래서 건축물의 영속성은 그것이 살아남아 있든 세월과 역사적 사건에 의해 몰락했든 간에 우리가 과거를 알고 현재를 더 잘 이해할 수 있게 하는 수단이 된다. 동시에 미래를 더 잘 설계하도록 도와주는 역할도 한다.

잉글랜드 남부 솔즈베리 평원에 있는 스톤헨지는 고대의 구조물이다. 초대형 거석 사르센석(sarsen, 거대한 사암)은 대규모로 건설하고 부분적으로 변형시킬 수 있는 인간의 능력을 말해 준다. 이 새로운 기술은 신석기시대에 발달했지만, 스톤헨지가 지금의 형태를 갖추게 된 것은 BC 2천 년 경 그리스에서 유럽 최초의 문자가 발달되면서 유럽이 바야흐로 역사시대로 접어들던 청동기시대였다.

그리스인의 발달상은 2천 년도 넘는 오랜 기간 동안 서양 건축의 발전에 영향을 주었다. 그리스 건축의 특성은 자연환경과의 조화, 상징성, 표현력, 시각적인 우아함과 공법으로 정의할 수 있다. 이런 특성은 고대 그리스의 다양하고 역사적인 신기원의 발달에 뿌리를 둔, 독특한 지적 창조 과정에서 발전해 왔다.

그리스 건축에서 가장 중요한 유형은 당연히 신전이었다. 숭배하는 신의 성상을 안치하는 폐쇄적인 공간인 셀라 *cella*는 조상(彫像)을 강조했기 때문에 이탈리아의 비평가 브루노 제비는 이것을 '비건축의 전형적인 예'라고 정의했다.

그러나 그 규모를 자세히 살펴보고, 그 세부 장식이 단순히 양식상의 차이 이상이라는 것과 고유의 기능을 가진다는 점을 인식하고 나면, 그리스 신전이 물리적 환경과 공간적으로 중요한 관계에 있다는 것을 알게 된다. 인간은 자연의 질서를 통해 환경과 관계를 맺고, 건축 부지의 '성격'을 해석한다.

로마 건축에서는 건축물의 다양성과 유형상의 혁신이 큰 벽, 아치, 볼트(둥근 천장)를 가능하게 했던 새로운 공법과 결합해 건축물의 내부를 가장 중요한 구조상의 특성으로 한다.

엄청난 규모의 건설 계획을 세우고, 도시 환경과 건축물의 조화를 이루고, 기념비적인 건축물을 도시에 건설한 것은 옥외 공간에 대한 관심의 지표로 볼 수 있다. 로마인들은 이런 관심을 도로망을 건설하고 대형 토목 공사를 하는 것으로 표현했다. 또한 건축물에 사회적인 주제가 도입되어 사람들이 주거하고 상호 교류할 수 있는 기능적인 목적과 공공의 이익을 위한 건물들이 세워졌다.

313년 밀라노 칙령에 의해 기독교가 공인되고 확산되면서 교회는 주요 집회 장소가 되었다. 따라서 그 후 몇 세기 동안 교회 건물은 유럽 건축에서 가장 중요한 형태로 자리 잡게 된다.

로마 신전의 종교적인 면보다는 대중적인 면을 더 많이 반영한 초기 기독교 바실리카는 신도들이 집회를 하고 기도를 하던 곳이었다. 이런 건물에는 내부가 '무형화' 된 것 같은 효과를 내도록 외관과 자연광을 처리함으로써 영적인 면이 도입되었다.

바실리카는 원래 장방형 평면이었지만, 공간을 확대해 건물 내에서 한층 역동적으로 움직일 수 있는 고대 기독교 바실리카와 비잔틴 양식의 원형 평면으로 발전해 나갔다.

비잔틴 건축은 공간 통일을 향해 진화하다가 원형 공간과 돔을 낳았으며, 그 영향은 동방 전역으로 퍼져나갔다.

소형 건축물에서 어느 정도 예고가 되었던 로마네스크 건축은 매우 혁신적이었다. 그것은 연속되는 구조상의 요소들이 건축물의 크기, 배치, 용적의 비율을 조절하고 결정하는 복잡한 구조의 교회와 수도원과 성을 만들어냈다.

보호와 초월성의 상징물로 종탑을 대폭 사용함으로써 건축물의 수직축이 강조되었는데 이것은 본체에 통합되기도 했고 독립되어 있기도 했다. 로마네스크 건축은 나라에 따라 조금씩 특성을 달리했지만, 모든 유럽 문화권에서 공통적으로 찾아볼 수 있다.

로마네스크 건축의 발달 행로는 논리상 고딕 건축에 의해 막을 내렸다. 12세기에서 15세기까지 프랑스, 영국, 독일에서는 건축물들이 버트레스와 한쪽 홍예받이(받침대)가 높은 아치에 의해 강화되고, 첨두아치가 만들어내는 추력에 의해 하중을 덜게 된다. 역동적인 상향 횡선에 의해 경계가 정해질 뿐 아니라 실내외 간의 공간적 연속성을 수립하기 위해 건축물이 위로 올라갈수록 점점 뾰족해졌다. 수평과 수직이라는 대조적인 두 방향은 너비(측랑이 2개나 4개 있는 네이브)로 측정되었으며, 전체적인 치수는 인체의 비율과 관련이 있었다.

'세계의 거울'이라고 불리던 고딕 양식의 성당들은 장식이나 장식품을 통해 신도들에게 성경과 복음에 나오는 이야기들을 보여 주었다.

오늘날 건축 역사가들은 고딕 건축과 르네상스 건축의 분리 시점에 대해 의견을 달리하지만, 르네상스 건축이 인간과 건축물의 관계를 근본적으로 회복시키고 인간이 건축 공간의 주인이라는 현대적인 전제의 기초를 마련했다는 데는 이견이 없다.

건축 공간은 원형 공간과 같은 단일 공간으로 축소되어 통제하기 쉬워졌다. 하지만 디자인의 완결성을 위해 어떤 요소를 제거하거나 추가, 혹은 수정함으로써 건축의 특성을 손상시키는 일이 불가피했다.

15세기에는 절대적이며 정통한 아름다움에 대한 개념이 싹트기 시작했으며, 16세기에는 이 개념이 고전주의 문화의 토대가 되었다. 그 결과 종교적이든 비종교적이든 모든 건물에서 대칭성, 조형성, 조화로운 비례가 더욱 강조되었다.

르네상스 시대 사람들은 자연과 인간 세계에 신성한 완벽성이 반영되어 있다는 생각으로 우주 질서의 조화에 대한 인식을 가지게 되었고, 이런 인식은 건축물에도 전이되었다. 르네상스 건축은 인간을 우주의 중심으로 보았으며 지적, 도덕적 질서에 위기를 불러일으켰다. 자연히 건축 공간에 인간의 '감정'을 개입하는 방향으로 발달하다가, 결국 초기 형태의 바로크 양식을 낳았다.

유럽의 위대한 바로크 시대는 18세기 중엽에 종말을 고하게 된다. 혁명의 물결, 웅장하거나 종교적인 것에서 사회적인 주제(주로 주거와 직업과 관련된 것)로의 전환, 산업 혁명 도래, 각종 건축 양식의 공식적인 부활, 여러 복고 양식의 절충주의 등에 영향을 받아 오랜 기존 질서에 등을 돌리고 마침내 근대 건축이 탄생하게 되었다.

수세기에 걸쳐 시험을 거친 건축상의 모든 가능성들이 지금은 '존재론적'인 형태로 사용될 수 있다. 공간 이동이 자유로운 현대인은 자신이 살고 싶은 곳 어디에서든 자신의 주거지를 만들 수 있다.

크리스천 노르베르그 슐츠는 유럽의 문화 발달상을 표현하는 한 가지 수단으로서 건축의 중요성을 이렇게 요약했다.

"건축은 유형의 현상이다. 그것은 자연 풍경과 주거지와 건축물의 발전으로 이루어져 있으며, 따라서 살아 있는 현실이다. 건축은 먼 옛날부터 인간이 자신의 존재에 의미를 부여할 수 있게 해주었으며, 인간은 건축을 통해 시공의 조화를 이루었다. 그러므로 건축은 실용적인 필요와 경제성을 초월한 개념을 다룬다. 그것은 존재론적인 의미를 다루며, 그런 의미는 자연적, 인간적, 영적인 현상에서 나온다. 건축은 그것을 공간적인 형태로 옮겨 놓은 것이며… 의미심장한 형태라는 관점에서 이해되어야 한다. 건축의 역사는 곧 형태의 역사다"(《서양 건축의 의미Meaning in Western Architecture》, 1974).

알레산드라 카포디페로

17. (왼쪽) 페리클레스 때 지은 파르테논 신전은 이 건물의 장식을 맡기도 했던 조각가 페이디아스의 감독 아래 BC 447년에 공사가 시작되었다.

17. (중앙) 13세기에 지은 시에나의 두오모는 이탈리아의 고딕 양식을 대표하는 건축물이다.

17. (오른쪽) 파리의 보부르 광장에 있는 퐁피두 센터는 총면적이 10만 330제곱미터가 넘는다.

스톤헨지

솔즈베리, 영국

18-19. 스톤헨지의 의미를 이해하려고 처음 시도한 사람은 몬머스의 조프리였다. 그는 1136년경에 자신의 저서 《브리튼 왕들의 역사 History of the Kings of Britain》에서 그 당시 사람들이 오래 전부터 믿고 있었던 것처럼 이 거석에 치료 속성을 부여했다. 천문학과 관련된 해석이 나온 것은 8세기 말의 일이었으며, 오늘날에는 이 해석에 무게가 실리고 있다. 멘히르는 단순히 기하학적으로 배열된 것이 아니라 하지에 해와 달이 뜨고 지는 지점과 관련해서 배열되었다.

솔즈베리 Salisbury 평야에 있는 스톤헨지 Stonehenge라고 알려진 거석 유물은 유럽에서 가장 유명하고 또 가장 극적인 구조물이다. 그러나 그 압도적인 크기와 범위는 원래 있던 구조물의 일부에 불과하다. 거대한 크롬렉 Cromlech은 몇 단계에 걸쳐 다른 용도로 지어진 일련의 구조물의 중앙에 있는 원형의 돌기둥일 뿐이었다(크롬렉이라는 단어는 '환상열석 stone circle'이라는 뜻이다. 이 단어와 '돌멘(고인돌)'이라는 단어는 프랑스 북서부의 브리타니어에서 유래한 것으로 일상적인 용어로 사용된다).

BC 3천 년대 말에 스톤헨지 구역은 직경 90미터 가량의 토루와 둑만으로 경계가 지어졌다. 그 안에는 화장에 뒤이어 매장에 사용된 것으로 추정되는 50여 개의 구덩이가 있었다.

BC 3천 년대 말기에서 BC 2천 년대 초기에 2개의 동심원으로 된 거석 구조물이 세워졌다. 이 구조물은 그곳에서 300킬로미터 이상 떨어진 지역에서 나는 푸르스름한 화산석의 일종으로 만든 멘히르(선돌)를 사용해서 만든 것이다. 이 멘히르는 특별히 동심원을 만들기 위해 이곳으로 옮겨온 것이었다. 그러나 지금은 일부분만 남아 있고, 어쩌면 처음부터 구조물이 완성되지 못한 것일 수도 있다.

BC 2천 년대 초, 기존의 크롬렉 안에 돌 평방(平枋)으로 연결되는 30여 개의 멘히르가 원형으로 세워졌다. 이 원 안에 U자 모양으로 삼석탑 trilith 5개가 세워졌고, 중앙에 '제단 석'이라고 하는 납작한 돌덩어리가 놓여졌다. 이 최종 단계에 사용된 사암 돌덩어리는 그 일대에서 나온 것이거나 그전에 세웠던 크롬렉에서 나온 것이었다. 토루와 둑에는 진입로가 있고, 그 길을 따라 힐 스톤과 슬로터 스톤이 서 있다.

스톤헨지가 지닌 불멸의 매력은 여기에 적용된 공법(어떻게 50톤이 넘는 바위 덩어리를 그렇게 멀리 이동시켰으며 또 그것을 그렇게 높이 들어 올렸는지 모르겠다)과 그것의 용도에 관한 미스터리에서 나온다. 돌들이 서 있는 방향은 이것들이 종교 의식의 일부로 천문대 기능을 했음을 암시한다. 확실히 하지에 힐 스톤 위로 태양이 떠오를 때면, 스톤헨지는 거역할 수 없는 원시적인 매력을 발산한다.

미리암 타비아니

20. 저녁놀이 지면 아테네의 아크로폴리스에서, 일반적으로 고대 그리스 건축물 중에서 가장 유명하다고 평가받는 파르테논 신전이 더욱 매력적으로 보인다.

21. (상단) 파르테논 신전은 원래의 장엄함을 그대로 간직하고 있다. 이것은 길이 70미터, 너비 30미터에 이르는 도리아 양식의 거대한 8주식 단열주 신전으로 고전미학의 기준에 따른 조화의 전형을 보여주었다.

파르테논 신전
아테네, 그리스

아테네Athens의 아크로폴리스에서 가장 잘 알려진 건축물인 파르테논 신전The Parthenon은 아테나 파르테노스(Athena Parthenos, '처녀 아테나'라는 뜻)를 위해 지은 것이다. 신전 장식물에는 아테네인들의 우월성, 아테네에 관한 신화, 민주주의 정신, 야만인들의 문명화 등이 상징적으로 표현되어 있다. 공사는 BC 447년 페리클레스의 명령에 의해 시작되어 BC 432년에 끝났다. 책임을 맡은 건축가는 익티노스와 칼리크라테스였고, 조각가 페이디아스가 건축 및 장식을 감독했다.

파르테논 신전은 펜텔릭 대리석만 사용한 거대한 도리아 양식의 신전이다. 짧은 변에는 원주가 8개, 긴 변에는 17개 있다. 열주랑 안에는 셀라(성상 안치소)가 있고, 이것은 나오스(naos, 성상을 보관하는 성소)와 오피스토도모스(opisthodomos, 나오스 뒤에 있는 주랑 현관)로 분리되어 있었다. 원래는 나오스에 페이디아스가 조각한 황금과 상아로 된 아테나 상이 있었지만 지금은 작은 복제품들만 남아 있다. 아테나 상은 긴 변을 따라 9개씩 두 줄로 늘어선 원주와 뒷벽을 따라 늘어선 3개의 원주에 의해 형성된 측랑에 안치되어 있었다. 오피스토도모스는 신전 파사드(건물의 정면부)의 원주와 똑같은 크기로 두 줄로 늘어선 2개의 원주에 의해 두 구역으로 나누어졌다. 나오스의 원주들은 이들보다 작으며 이 두 방 앞에는 장식이 들어간 목조 천장과 6개의 원주로 된 주랑 현관이 있었다.

파르테논 신전의 장식은 아키트레이브architrave의 메토프(작은 벽), 박공벽(지붕면이 양쪽 방향으로 경사진 지붕인 박공지붕의 측면에 생기는 삼각형 벽)의 조각, 셀라 벽의 프리즈(frieze, 건축물 외면이나 내면에 붙인 띠 모양)로 구성되어 있다. 신전 서쪽 측면의 메토프는 아마존 전사와의 싸움을, 남쪽 측면의 메토프는 라피테스족과 켄타우로스의 싸움을 묘사하고 있다. 동쪽 측면은 그리스 신들과 거인족의 전쟁, 북쪽 측면은 그리스인과 트로이인의 전쟁을 묘사한다. 그리스인은 신화에 나오는 신들의 전쟁에 자신들의 모습을 그려 넣음으로써 자신들이 새로운 시대를 열었다는 의식을 표현했다.

파르테논 신전 서쪽 측면 박공벽의 돌을새김full relief은 포세이돈과 아테나의 싸움을 묘사하고, 동쪽 측면의 돌을새김은 제우스의 머리에서 튀어 나온 아테나의 탄생을 묘사한다. 셀라의 외벽 4면에 걸쳐 있는 페이디아스의 유명한 프리즈는 신들이 있는 동쪽 측면에서 끝나는 긴 장례 행렬을 보여 준다. 이 프리즈에 대한 해석은 예술사가에 따라 다르다. 이것은 최초의 범 아테네 행렬을 나타낼 수

21. (중앙) 파르테논 신전의 서쪽 측면에는 페이디아스의 프리즈가 일부 남아 있다. 원래의 박공벽은 아티카의 소유권을 둘러싼 포세이돈과 아테나의 싸움을 묘사했다.

21. (하단) 파르테논 신전의 동쪽 박공벽을 장식했던 프리즈는 거의 다 사라지고 없다. 이 프리즈는 여러 신들이 보는 가운데 제우스의 머리에서 튀어나오는 아테나의 탄생을 묘사했다.

도 있고, 파르테논 신전 제막식을 기념하는 행렬일 수도 있다.

파르테논 신전이 최초로 손상된 것은 BC 295년 드미트리오스 1 세Demetrius Poliorcetes가 아크로폴리스를 점령했을 때였다. 그 후 AD 6세기에 기독교 교회 건물로 개조되어 동쪽 측면의 장식물 이 없어지고 그 자리에 애프스(apse, 성당 동쪽 끝에 돌출한 반원 형 부분)와 종탑이 생겼다.

투르크인이 그리스를 정복한 데 이어, 1460년에 기독교 교회가 이슬람 사원으로 개조되자 종탑은 첨탑minaret으로 바뀌었다. 그 리스가 투르크를 상대로 독립 전쟁을 벌이는 동안, 이 성채는 작은 요새로 전용되다가 나중에는 군수품 창고로 사용되었다. 1687년에 는 이틀 동안 베니스인들의 박격포 공격을 받아 주랑의 원주 14개, 셀라 벽, 북쪽과 남쪽 측면의 메토프와 프리즈가 일부 파괴되었다.

1802년과 1804년에는 선박 33척이 조상과 프리즈를 런던으로 운송했고, 투르크 정부가 엘진 경에게 부여한 이 권한은 대리석 조 각에 대한 법적 소유권의 문제에 있어서 아직까지도 논란을 불러 일으키고 있다. 1834년에 아크로폴리스의 고대 건축물들을 에워싸 고 있던 근대적인 건물과 구조물이 모두 철거되었고, 1930년에는 복원 공사로 인해 쓰러진 원주들이 다시 일어섰다.

플라미니아 바르톨리니

22. (상단) 오늘날까지 온전하게 남아 있 는 대리석 조상 가운데 아티카에 있는 강 (일리소스 강이나 세피소스 강)을 의인화 한 이 조상은 서쪽 박공벽을 장식했던 것 이다.

22. (하단) 이 말 머리 조각을 포함하고 있던 달의 4두 2륜 전차는 아테나의 탄 생과 함께 동쪽 박공벽을 장식했다.

22-23. (상단) 이 복원 상상도는 파르테 논 신전 서쪽 박공벽을 재현한 것이다. 상 단의 그림은 신들과 아티카를 상징하는 인물들을 보여 준다. 도리아 양식 프리즈 에는 아마존 전사들과의 싸움을 묘사하는 14개의 메토프가 있다.

22-23. (중앙) 파르테논 신전의 동쪽 박공벽은 아테나의 탄생으로 장식되어 있었다. 도리아 양식 프리즈의 14개 메토프는 거인족과의 싸움을 주제로 하고 있다.

23. (하단) 페이디아스 조각의 미학을 말해 주는 이 조상은 여신 헤스티아와 디온과 아프로디테를 묘사한 것으로 동쪽 박공벽을 장식했다.

판테온
로마, 이탈리아

24. (상단) 판테온의 파사드에는 깊숙한 프로나오스(pronaos, 셀라 전면에 있는 폐쇄된 공간)와 박공지붕이 달린 열주랑이 있다.

24. (하단) 사진에서 볼 수 있듯이 기본적으로 원기둥형인 셀라가 정상부에서는 고리 모양의 돔이 된다.

24-25. 판테온 내벽의 만곡부와 직사각형 또는 원형의 벽감에서 빛과 그림자의 놀이가 벌어진다. 실내로 빛이 들어가는 통로인 오쿨루스를 에워싸는 동심 잠함 concentric rings of caissons도 이런 효과에 한몫을 한다.

판테온The Pantheon은 처음 아우구스투스 황제 시대에 마르쿠스 아그리파가 건설한 신전이다. 그 후 하드리아누스 황제 때 지금의 둥근 지붕의 형태로 새롭게 건설되었다. 아그리파는 아우구스투스 황제 때 로마의 도시적 기능과 건축물 재건을 주도했던 인물로 마르티우스 광장을 대대적으로 개조하는 공사에서 설계와 감독을 맡기도 했다. 첫 번째 명각 밑에 있는 또 하나의 명각에는 AD 202년 셉티미우스 세베루스 황제와 그의 아들 카라칼라의 명령에 따라 이루어진 판테온 복원 공사에 관한 기록이 있다.

판테온이라는 명칭은 역사가 카시우스 디오에 의해 전해져 내려오는 것이다. 그는 이것이 사실상 '모든 신들에게' 봉헌된 것을 뜻한다고도 했고, 이 건물의 둥근 천장이 창공과 비슷하게 생긴 데서 유래된 거라고 추측하기도 했다.

그러나 원래 아그리파가 지었던 신전은 마르스(군신)에게 바친 것이었고, '판테온'이라는 명칭은 하드리아누스에 의해 일반적으로 사용되고 보존되었을 가능성이 있다. 하드리아누스 황제는 이 건물을 원로들과 접견하는 황제 집무실로 이용했다.

원래의 신전은 직사각형으로 남향이었으며 트라버틴석으로 만들어졌다. 그러다가 AD 80년의 화재 이후 도미티아누스 황제 때 복원되었다가, 트라야누스 황제 때 또 다시 화재로 소실된 후로 완전히 다시 지어졌다. AD 125년에 하드리아누스 황제의 명령에 따라 시작된 개조 공사는 원래의 신전을 대폭 변형시켰다. 건물의 파사드를 180도로 돌려 북쪽을 향하게 하고, 원래의 신전 앞에 있던 빈 공간에 로툰다(rotunda, 원형 건물)를 세웠다.

광장에 면해 있는 깊숙한 주랑 현관과 돔을 받치고 있는 높다란 고상부(drum, 돔 하부 원형벽)가 눈에 띄는 현재의 건물은 하드리아누스 시대의 판테온과는 완전히 다른 모습이다. 하드리아누스 시대의 판테온은 로툰다가 다른 건물들에 둘러싸여 있었고, 계단 위에 웅장하게 자리 잡고 있던 파사드 앞에는 삼면에 주랑 현관이 있는 길쭉한 광장이 있었다. 유명한 로툰다는 아케이드에 가려 바깥

쪽에서는 잘 보이지 않았고 오히려 실내에 볼거리가 더 많았다. 이 건물은 직경 43.5미터인 하나의 거대한 원형 공간으로 지붕은 반구형이었다.

주랑 현관의 바깥쪽 원주 8개는 회색 화강암으로 흰색 대리석 기단 위에 자리 잡고 있고, 상층부는 코린트식 주두capital로 되어 있다. 안쪽 원주는 분홍색 화강암으로 3개의 복도를 형성한다. 판테온의 문까지 연결되는 중앙 복도는 측면 복도 2개보다 더 넓은데, 옛날에는 이곳의 큰 벽감niche에 아우구스투스 황제와 아그리파의 조상이 있었다. 이 넓은 현관을 지나가면 로툰다가 나온다. 로툰다의 청동문은 여러 군데 수선이 된 옛날 것으로 어쩌면 원래의 문이 아닐 수도 있다.

로툰다의 벽(높이 21.7미터, 두께 6.2미터)은 하중을 덜기 위해 특수 공법으로 지어졌으며, 오쿨루스(oculus, 원형 창) 근처의 작은 화산석에 닿을 때까지 위로 올라갈수록 점점 더 가벼운 소재로 되어 있다. 일련의 당당한 아치가 구조물을 받치고 있고, 방사상 버트레스(butress, 건물을 외부에서 지탱해 주는 장치)가 이것을 강

화한다. 이것들은 육중하면서 부분적으로 속이 비어 있는 8개의 각주(角柱)로 하중을 분산한다.

실내에는 8개의 대형 석조 벽감(엑세드라와 출입구)이 있다. 발판이 달린 8개의 키오스크와 교대로 배치되어 있는 반원형 또는 직사각형의 엑세드라exedra는 각각 3개의 벽감을 가지고 있고, 앞에는 홈이 파진 청색 또는 황색의 코린트식 원주 2개가 서 있다.

바닥은 대부분 원래의 모습 그대로 남아 있다. 다색채 대리석이 정사각형 안에 들어간 정사각형이나 원 모양으로 대각선 배열로 되어 있다. 완벽한 반구형의 돔은 직경 43.5미터로 석공술을 이용해 만든 사상 최대의 것이다. 돔의 안쪽은 위로 올라갈수록 조금씩 폭이 좁아지다가 정상부에서는 매끈한 띠 모양이 되는 5단 동심 케송(caisson, 오목한 패널로 한 단에 28개)으로 나누어진다. 오쿨루스는 직경이 8.9미터다. 돔의 바깥쪽은 고리 모양의 계단 7개로 꾸며져 있지만 가장 높은 부분만 보인다. 이 건물의 비율은 아르키메데스의 대칭 이론의 전형을 보여 주는 것으로, 원기둥과 돔의 직경이 동일하다.

판테온은 몇 차례의 약탈과 개조와 복원에도 불구하고 원래의 모습을 고스란히 보존하고 있는데, 이것은 608년에 비잔틴 제국의 포카스 황제가 이 건물을 교황 보니파시오 4세에게 기증한 덕분이다. 이 교황은 이것을 산타 마리아 애드 마티레스Santa Maria ad Martyres라는 이름의 교회로 개조했다.

플라미니아 바르톨리니

26-27, 27. (중앙) 원형 경기장의 지하실은 1938-1939년에 발굴이 완료되었다. 동심원 모양의 회랑 3개가 중앙 통로와 평행을 이루는 3개의 대칭적인 회랑을 에워싸고 있다. 중앙 통로는 바깥쪽으로 뻗어 검투사 막사로 연결되었다.

26. (하단) 팔라티노 언덕에서 보면, '비너스와 로마 신전'을 에워쌌던 이중 주랑의 회색 화강암 원주 사이로 콜로세움(또는 플라비우스 원형경기장)이 모습을 드러낸다.

27. (상단) 콜로세움은 팔라티노, 에스퀼리노, 셀리아 언덕 사이의 골짜기에, 원래 거대한 인공 호수인 스태그눔 네로니스가 있던 곳에 자리 잡고 있다.

27. (하단) 콜로세움 내부를 투영한 상상도에서 지하층과 카베아(관중석)의 5개 좌석 구역에 해당하는 외부로 드러난 4개 층을 볼 수 있다.

28-29. 콜로세움은 AD 80년에 완공되었지만, 콜로세움이라는 명칭이 붙은 것은 8세기 때의 일이다. 이 명칭은 콜로수스라고 알려진 네로 황제의 거대한 조상이 있던 곳에 이 경기장이 위치한 데서 유래한 것 같다.

콜로세움
로마, 이탈리아

오늘날 콜로세움The Colosseum이라고 알려진 원형경기장은 베스파시아누스 황제(69~79년) 때 공사가 시작되어 AD 80년 그의 아들 티투스(79~81년)에 의해 완공되었다. 콜로세움이 자리한 터는 원래 네로 황제가 오피안 언덕과 카엘리안 언덕 사이 벨리안 언덕 마루에 있던 자신의 별장 도무스 아우레아(황금 궁전)를 위해 조성한 인공 호수가 있던 곳이었다.

따라서 원형경기장이 생기자 이 지대의 지세가 달라졌는데 이 건물은 불법적으로 유용되던 땅을 공중에게 돌려준다는 정치적 목적의 일환으로 지어졌다. 콜로세움이라는 이름은 8세기에 처음 사용되었는데, 원형경기장이 도무스 아우레아의 아트리움(atrium, 중앙홀)에 있던 네로 황제의 거상, 콜로수스Colossus와 가까이 있다는 데서 유래했다. 네로 황제가 죽은 다음에 그에게 담나티오 메모리아이(damnatio memoriae, 기록 말살형)가 선고된 데 이어, 하드리아누스 황제는 이 조상을 헬리오스(태양신)로 개조했다.

콜로세움은 무네라 글레디에토리아(검투사 경기)와 베나티오네스(동물 경기)의 무대로 사용되었다. 검투사 경기는 로마인들 사이에 매우 인기 있는 경기였지만 402년 호노리우스 황제에 의해 폐지되었다.

원형경기장에는 트라버틴석을 사용해 오페라 콰드라타opera quadrata 공법으로 지은 4개 층 아케이드가 있고, 전체 높이는 51미터다. 아래 3개의 층은 각기 다르게 지어졌는데 1층은 토스카나식, 2층은 이오니아식, 3층은 코린트식 반원주를 골조로 하는 아케이드로 되어 있다. 4층은 코린트식 벽기둥에 의해 분리되며, 그 사이에 햇빛으로부터 관중을 보호하는 거대한 범포를 받치는 장대가 설치되어 있었다. 경기장의 양 축을 따라 카베아(cavea, 관중석)로 통하는 출입구 4개가 있다. 이 중 북쪽에 있는 것이 정문이다.

외부로 드러난 4개 층은 카베아의 여러 좌석 구역에 해당했다. 좌석은 사회 계급에 따라 배정되었고, 관중들은 계급에 맞게 내부 통로(보미토리아)를 이용해 자신에게 해당되는 좌석으로 신속하게 이동했다. 경기장에서 가장 가까운 대리석 좌석은 원로들을 위한 것이었다. 그 다음 14열은 벽돌 좌석으로 귀족들을 위한 것이었고, 그런 식으로 올라가다가 맨 위의 열(목재 좌석)은 사회적으로 가장 낮은 계층인 여성들을 위한 것이었다. 오늘날에도 계단에 새겨진 글씨를 알아볼 수 있는데 원로석에는 각각 그 주인의 이름이 새겨져 있고, 나머지 좌석에는 해당되는 사회 계급을 가리키는 통칭이 새겨져 있다. 콜로세움의 지하 통로는 시종들이 이용했다.

콜로세움은 217년에 발생한 화재 이후로 안토니누스 피우스 때 최초로 복원 공사가 이루어졌다. 250년과 320년에도 화재가 발생했고, 484년에는 지진이 일어나 건물이 크게 손상되기도 했다. 6세기에는 장례용으로 사용되다가 6세기 말부터 주거지로 사용되었다. 중세까지도 계속 사용되었는데 1200년에는 프랜지파네 타워Frangipane Tower가 세워졌다. 북동쪽 구역에는 아직도 이 타워의 잔해가 남아 있다. 15세기에는 특히 교황들이 다른 건물들을 공사하고 복원하기 위해 조직적으로 콜로세움의 트라버틴석을 약탈하기 시작했다. 이런 약탈 행위는 콜로세움을 성지로 간주하고 비아 크루시스Via Crucis를 따라 15개의 성소를 지었던 1675년의 성년(聖年)에 중단되었다. 1807년에 건축가 로버트 스턴이 벽돌로 삼각 버트레스를 만들어 무너질 기미를 보이던 외벽의 동남쪽 모퉁이를 받쳤다. 주세페 발라디에르도 1827년에 이와 비슷한 공법을 적용했다.

플라미니아 바르톨리니

30-31. 산마르코 대성당의 파사드는 수 세기에 걸쳐 이루어진 다양한 양식의 장식을 보여 준다. 건물 맨 꼭대기에는 구근 모양의 채광창을 상층부로 하는 반구형의 돔이 있는데, 이 채광창은 분명히 이슬람 문화의 영향을 받은 것이다. 파사드의 위층 정상에 있는, 안으로 휜 아치를 가진 6개의 팀파눔(tympanum, 린텔과 아치 사이의 공간)도 이슬람 문화의 영향을 받은 것이다. 첨탑과 성자상이 교대로 배치된 것은 고딕 양식을 따른 것이다.

30. (하단) 공중사진이 비잔틴 양식의 표준을 따른 돔의 높이와 너비 사이의 조화를 잘 보여 준다.

31. (상단 왼쪽) 성 마가를 상징하는 황금 사자 상이 바실리카의 중앙 아케이드 팀파눔 꼭대기를 장식한다. 복음서에 발을 올려놓고 있는 이 황금 사자 상은 훗날 베니스 왕국의 표상이 되었다. 성 마가 상이 첨탑 위에 우뚝 서 있다.

31. (상단 오른쪽) 바실리카의 꼭대기는 여러 성인들의 조상으로 장식되어 있다. 풍부하면서도 장엄한 장식은 이 바실리카가 베니스 사람들의 사회적, 문화적 생활에서 얼마나 중요한 위치에 있었는지를 말해 준다.

산마르코 대성당

베니스, 이탈리아

《성 마가의 생애 Life of Saint Mark》에 보면, 복음전도자 마가는 아퀼레이아에서 로마로 항해하다가 리알토에 내리는 순간 환영을 보게 되는데, 천사장이 그에게 이곳에 묻힐 거라는 계시를 주었다고 한다. 두 명의 상인이 이집트의 알렉산드리아에서 베니스로 마가의 유해를 가지고 왔을 때(828년) 쥬스티니아노 파르티치아코 총독은 그곳에 교회를 지을 것을 명했다. 교회는 832년에 완공되었지만 976년, 피에트로 카르디나이오 4세 총독에 저항하는 반란이 일어나자 교회의 모습은 크게 손상되었다. 도메니코 콘타리니 총독 때에 와서 복원 공사를 하게 되지만 마가의 유해를 분실하고 만다. 그러다가 1094년, 비탈레 팔리에르 총독 때 유해를 다시 찾게 되었다.

성당의 파사드에는 2층으로 된 아치가 5개 있다. 아래층에는 소재가 다른 원주들이 얇은 부조와 교대로 배치되어 있고, 원주의 소재 중 일부는 라벤나의 로마 유적지에서 가져왔고, 나머지는 1204년의 제4차 십자군 원정 때 콘스탄티노플에서 가져왔다. 왼쪽에서 첫 번째 문(성 알리피우스의 문)의 상층부에는 이 건물의 초기 모자이크화인, 1260년에 만들어진 〈성 마가 강하 Deposition of the Body of Saint Mark〉(시신을 내리는 모습을 그린 성화)가 있다.

이 모자이크화 위에 있는 14세기에 만들어진 루넷(lunette, 반원형 벽간)에는 4대 복음전도자를 상징하는 얇은 부조가 있다. 왼쪽에서 두 번째 문에는 세바스티아노 리치의 밑그림을 바탕으로 한, 성 마가의 유해를 경배하는 모자이크화가 있다. 중앙에 있는 가장 큰 문의 상층부에는 요한계시록을 묘사하는 모자이크화가 있고, 그 위에 있는 엑스트라도스(extrados, 아치의 외호면)는 원주들로 장식되어 있는데 그중 8개는 붉은 반암으로 되어 있다. 비잔틴 양식의 청동문은 6세기에 만들어졌으며, 네 번째와 다섯 번째 문에는 성 마가의 유해를 맞이하는 비너스와 알렉산드리아에서 유해를 제

31. (하단) 파사드의 왼쪽 끝 루넷에 있는 황금색 바탕의 모자이크화는 '그리스도 강하 the Deposition of christ'를 묘사하고 있고, 그 왼쪽에 꿇어 앉아 기도하는 성자 상은 고딕 시대 때 복원 공사를 하는 동안 만들어진 것이다.

거하는 장면이 묘사되어 있다. 이는 세바스티아노 리치의 밑그림을 바탕으로 레오폴도 달 포초가 만든 모자이크화다.

파사드의 위층 중앙에는 모자이크화로 둘러싸인 대형 유리 창문이 있다. 창문의 꼭대기는 콘스탄티노플에서 가져온 유명한 청동 말 조상 4개를 대신해 1980년에 만든 복제품이 장식되어 있다. 성 마가를 상징하는 황금 사자를 비롯해 고딕 양식의 여러 조각이 파사드를 장식한다. 남쪽 모퉁이에는 테트라르크(tetrarch, 4두 정치 통치자)라고 알려진 조각이 있는데, 4세기에 만들어진 이 반암 조각은 디오클레티아누스 황제와 그와 함께 통치했던 3명의 공동 통치자를 나타낸다.

5개의 문은 모두 나르텍스(narthex, 본당 입구 앞의 넓은 홀)로 통하고, 이것도 역시 바실리카의 긴 변을 따라 나 있다. 상층부에 6개의 작은 돔이 있는 나르텍스에는 구약의 이야기를 묘사한 모자이크화와 대리석이 군데군데 들어 있는 초기 교회에서 나온 원주들이 있다. 바실리카의 네이브(nave, 본당 회중석)와 측랑, 그리고 이들의 교차점 위에 5개의 큰 지붕 돔이 있다.

바실리카의 내부 장식 중 가장 두드러진 것은 애프스와 돔의 모자이크화다. 이 일련의 장엄한 모자이크화는 실내 장식에 대한 인식을 바꾸어 놓았다. 사람들은 번쩍이는 황금색 바탕을 보며 눈이 부셨다. 가장 오래된 모자이크화는 가장 큰 애프스에 있는 것으로, 도메니코 콘타리니 총독 때 만든 것 중 유일하게 남아 있는 것이라고 추정된다. 가장 최근(13세기 초)에 만들어진 모자이크화는 중앙의 돔에 있는 〈예수의 승천〉이다. 베니스는 서구에서 비잔틴 문화가 가장 활발했던 곳이었기에 동양에서 빌려온 양식도 녹아 있다.

다양한 소재, 화려한 예술 작품, 풍부한 장식 등은 모두 베니스 공화국의 세력과 그것을 지배했던 귀족들의 세련된 문화를 말해 준다.

플라미니아 바르톨리니

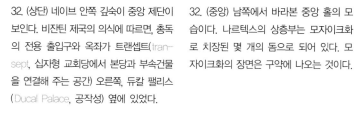

32. (상단) 네이브 안쪽 깊숙이 중앙 제단이 보인다. 비잔틴 제국의 의식에 따르면, 총독의 전용 출입구와 옥좌가 트랜셉트(transept, 십자형 교회당에서 본당과 부속건물을 연결해 주는 공간) 오른쪽, 듀칼 팰리스(Ducal Palace, 공작성) 옆에 있었다.

32. (중앙) 남쪽에서 바라본 중앙 홀의 모습이다. 나르텍스의 상층부는 모자이크화로 치장된 몇 개의 돔으로 되어 있다. 모자이크화의 장면은 구약에 나오는 것이다.

32. (하단) 중앙 홀의 돔은 창세기 이야기를 그리고 있다. 여기에 그려진 장면은 당시 사도 신경과 동시대의 것으로 간주되었던 고대 말기의 성서 사본에서 나온 것이다.

32-33. 5개 돔의 모자이크화는 복잡하다. 일반적으로 말하자면, 네이브 위의 돔 3개는 기독교적으로 신성시되거나 신격화된 사람들, 성령 강림, 예수 승천, 메시아의 환영 등을 나타내고, 대형 아치는 복음서의 이야기를 묘사한다. 북쪽 트랜셉트의 돔은 성 요한에게 바친 것이고, 아치는 동정녀 마리아의 생애를 묘사한다. 남쪽 트랜셉트의 돔은 성인들의 모습을 보여 주는데, 아치는 성 마가의 생애를 묘사한다.

33. (하단) 성령 강림을 그린 돔을 왼쪽 측랑에서 본 모습이다. 내부가 황금색 바탕의 모자이크화로 치장되어 있다. 번쩍이는 광채를 받으며 앉아 있는 12사도 상은 12세기 초반에 나온 비잔틴 필사본과 양식상 유사한 점이 많다.

34. 산마르코 대성당의 이 평면도는 안토니오 비센티니의 도판에서 나온 것이다. 이것은 바닥 전체를 덮고 있는 모자이크와 다색채 대리석 상감을 재구성하여 보여 준다.

34-35. 성 마가의 유해가 안치되어 있는 성전presbytery은 일련의 조상 위에 있는 다색채 대리석과 대리석 성화 벽이 있는 2개의 암본(ambon, 설교단) 에 의해 네이브와 분리된다.

35. (하단 왼쪽) 남쪽 트랜셉트의 로즈 윈도(rose window, 원형 창)를 통해 들어온 빛이 모자이크 타일의 금박에 굴절되어 강렬한 반사광을 낸다. 이런 초현실적인 분위기는 기도를 장려하기 위해 계획된 것으로 보인다.

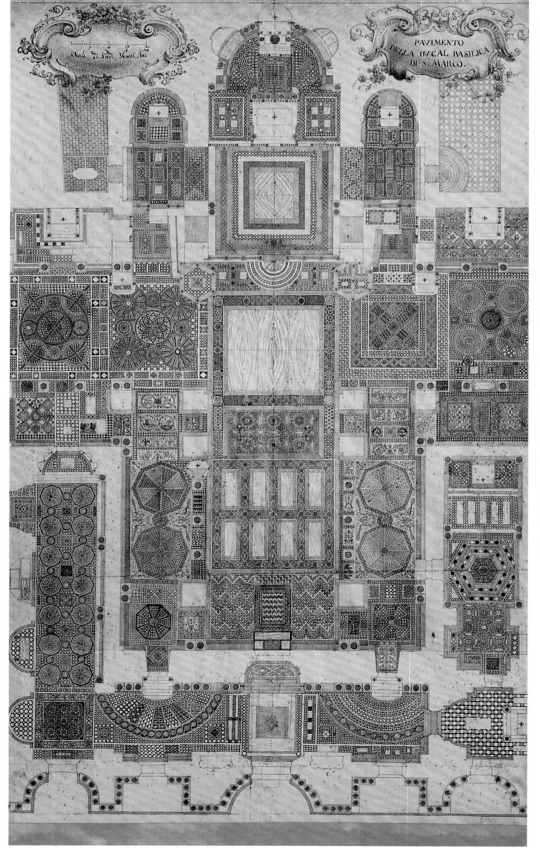

St. Mark's Basilica

35. (하단 오른쪽) 네이브 남쪽에 세례당 Baptistery이 있다. 중앙의 성수반은 1545년에 자코포 산소비노가 조각한 것이며 그 주변에 벽을 배경으로 몇몇 총독의 무덤이 있다. 14세기에 만든 모자이크화가 벽과 아치형 천장을 완전히 덮고 있고, 바닥은 다색채 대리석 상감으로 만든 우아한 기하학적 문양으로 장식되어 있다.

36. 기적의 광장에 있는 건물들의 위치는 중세의 신앙을 반영한다. 이것은 인간을 교회 집단, 나아가 천국으로 향하게 하는 상징적인 길을 나타낸다.

37. 두오모 성당의 오른쪽 트랜셉트와 함께 보면 피사의 탑이 얼마나 기울어져 있는지 확실히 알 수 있다. 이 탑이 기우는 것은 지하수면의 침하 때문이다.

피사의 사탑

피사, 이탈리아

1173년에 보난노 피사노는 두오모 성당, 세례당, 캄포산토(기념묘지)와 함께 피아자 데이 미라콜리(기적의 광장)의 대표적인 건축물인 피사의 탑The Leanig Tower을 짓기 시작했다. 그러나 1178년에 충적토 위에 지은 탑이 기울어지는 기미가 나타나 공사를 중단했다. 보난노가 지은 아래 3개 층은 북쪽으로 0.5도 기울어졌고, 내부의 접견실 층은 주축 위에 세워지지 않았다. 그로부터 약 1세기 후에 조반니 디 시모네가 공사를 재개해, 1272년에서 1278년 사이에 3개 층을 더 쌓았다. 3층에서 6층은 기울기에 변화가 생겨, 이번에는 남쪽으로 0.5도 기울어졌다.

공사는 멜로리아의 전투를 가져온 피사의 정치적 불안에 의해 더욱 지연되었고, 14세기 초까지도 종을 다는 종루가 완성되지 않았다. 종루는 이 탑의 공사를 맡은 세 번째이자 마지막 건축가인 토마소 피사노에 의해 1360년에서 1370년 사이에 완공되었다. 이 탑은 6개 층으로 된 주랑과 종루가 있는 원래의 원기둥형 설계를 그대로 살렸지만, 종루를 사용하면서부터 더욱 심하게 기울어졌다.

결국 1838년에 건축가 알레산드로 델라 게라르데스카는 건물 기단에 통로를 파고 원주의 토대와 안정성을 검사했다. 그런데 이 공사로 지반에 물이 더욱 많이 침투하게 되어 상황은 더욱 악화되었다. 최근의 조사에 의하면, 탑이 조금만 더 높았더라도 금방 무너졌을 것이라고 한다. 지난 세기에 지반 공사를 하던 중 보난노 피사노의 석관 유물이 발견되었다. 그는 사후에 피사 시에 의해 자신의 기념비적인 건물인 이 탑의 지하에 매장되었다.

플라미니아 바르톨리니

38. (상단 왼쪽) 천사장 미카엘 성당은 16세기 초에 알비스 일 누오포가 설계했다. 그 뒤로 1600년에 완공된 이반 대제 종탑이 보인다.

38. (상단 오른쪽) 크렘린의 그레이트 팰리스는 수십 년 동안 소련 정치의 중앙 무대였다. 당당하면서도 우아한 파사드가 러시아의 수도를 관통하는 모스크바 강을 바라보고 있다.

38. (하단) 스파스카야 탑(구세주 탑)은 크렘린은 물론, 좀 더 넓은 의미에서 모스크바를 상징한다. 이 탑의 시계와 종은 1625년에 만들어졌다.

38-39. 오늘날 크렘린을 완전히 에워싸고 있는 방어 탑과 경계 벽에서 볼 수 있는 크렘린의 요새화는 15세기 초에 시작되었다.

크렘린 궁

모스크바, 러시아

39. 삼위일체 문 탑trinity gate tower이 크렘린에서 사람들이 가장 많이 드나드는 출입구를 내려다보고 있다. 이 탑이 표본이 되는 요새화 작업은 15세기 말에서 16세기 초에 이탈리아인 건축가들에 의해 실시되었다. 이들의 작업은 크렘린에 영구한 흔적을 남겼으며, 지중해 지역 건축의 특징인 독창적인 장식으로 건물의 고압적인 분위기를 완화했다. 밀라노 출신의 건축가 피에트로 솔라리는 새로운 양식을 도입한 건축가 중 한 사람으로 크렘린에서 가장 유명한 탑 7개를 새로 만들거나 재건했다.

　크렘린(The Kremlin, 요새화된 도시)은 1147년에 건설된 이후 러시아의 정치와 행정의 중심지 역할을 해 왔다. 이 성채는 벽의 길이가 2,235미터에 이르는데 이반 3세 때 증축 공사를 하는 동안 원래의 탑을 대신하는 20개의 탑이 새로 만들어지게 되었다. 이 공사는 1486년에서 1516년 사이에 도시 요새화를 전문으로 하는 이탈리아인 건축가들에 의해 실시되었다. 이탈리아식 총안 설비가 이를 말해 주고 있다.

　가장 유명한 탑은 독창적인 장식이 돋보이는 바실리 에르몰린 탑이다. 이것은 1466년에 처음 지어졌지만, 1491년에 피에트로 솔라리에 의해 재건되었다. 크렘린 남쪽 모퉁이에 있는 베클레미세프 탑은 밀라노 출신의 건축가이자 솔라리의 동료인 마르코 프리아진이 설계했다. 1490~1493년에 솔라리는 보로비츠키 탑, 콘스탄틴과 헬렌 탑, 프롤로프 탑, 니콜로스키 탑, 아르세날 탑 등 5개의 탑을 더 만들었다. 그는 1487년에 프리아진과 한 번 더 손을 잡고 크렘린에서 모든 공식 행사가 열리는 곳인, 그래노비타이아 팔라타(연회궁)를 짓기 시작했다.

40. (왼쪽 상단) 이반 대제 종탑은 1600년에 완공된 후로 제정 모스크바를 상징하는 건물이 되었다.

40. (왼쪽 중앙) 성 수태고지 성당은 성당 광장에 면해 있다. 뒤에 그레이트 팰리스가 보인다.

40. (왼쪽 하단) 도르미션(성모 승천) 성당은 최후의 통치자인 니콜라스 2세 때까지 수세기 동안 러시아 군주들이 대관식을 치르던 곳이다.

40. (오른쪽 상단) 천사장 미카엘 성당도 16세기 초에 이탈리아인 건축가 알비스일 누오보가 지은 것이다. 그는 러시아 건축의 전통적인 요소인 5개 돔을 르네상스 건축의 요소들과 결합시켰다.

41. 성 수태고지 성당의 황금 돔이 모스크바의 밝은 태양 아래 빛을 발한다. 1484년에서 1489년 사이에 지어진 이 성당은 황제 전용 예배당으로 설계되었다.

1470년에 성당 복원 공사를 시작하면서 모스크바 출신의 건축가들을 동원했지만 전문 지식이 부족해 건물 벽 하나가 무너지는 사고가 발생하고 만다. 이에 공사 감독을 맡길 이탈리아인 건축가를 초빙하게 되는데 그가 바로 아리스토텔레 피오라반티다. 그는 1475년에 모스크바에 도착했다. 피오라반티는 작은 돔 4개가 중앙의 큰 돔 1개를 둘러싸고 있는 것처럼 보이는 러시아의 전통 양식을 비잔틴 양식과 결합한 러시아-비잔틴 모티프를 사용했다. 한편 유지용 고리를 볼트와 돔과 볼트 사이의 석판에 삽입하는 등 혁신적인 공법을 도입하기도 했다. 동일한 시기에 크렘린 궁 안에 그리스도 강하 교회 Church of the Deposition of the Body와 성 수태고지 성당Cathedral of the Annunciation과 같은 모스크바의 전통 건축 양식을 따른 작은 교회들이 들어섰다. 1505~1508년에 천사장 미카엘 성당Cathedral of the Archangel Michael이 지어진 것과 함께 크렘린의 이탈리아 시대는 막을 내리고 말았다.

이 건물의 외관은 베니스인의 모티프를 연상시키는 일련의 코니스와 기둥과 아치로 되어 있다. 이반 3세 때 지은 최후의 건물은 이반 대제 종탑과 천사장 미카엘 성당이다. 건축가 본 프리아진은 2층 위에 60미터 높이의 종탑을 세웠는데 이 종탑이 얼마나 견고한지는 크렘린 안에서 일어난 몇 번의 대화재와 1812년에 있었던 프랑스군의 도시 폭격에도 건재했다는 사실에서 입증된다. 1598년 보리스 고두노프는 이 종탑의 높이를 20미터 정도 더 높였고, 이를 위해 석조물 안에 철 기둥을 넣어 기부의 벽을 강화했다.

17세기에 증축된 크렘린의 가장 중요한 건물은 12사도 교회 Church of the Twelve Apostles로 이것은 니콘 총 대주교의 명령으로 지어졌다. 총 대주교 궁Patriarch's Palace의 주요 건물인 이 교회는 원래 사도 빌립에게 바친 것으로, 이반 4세와 그의 공포 시대에 저항했던 빌립이라는 동명이인의 순교를 기리기 위해 지어졌다. 이 건물의 형식은 옛날의 순수함을 되살려 신성한 터에 건물을 짓겠다는 의도에서 블라디미르 교회의 모티프를 따랐다. 카테리나 여제 때 마트베이 카자코프가 신고전주의 양식의 원로원 궁Senete Palace을 지었다. 형태상 직사각형인 이 건물의 지붕은 돔으로 되어 있고, 그 안에서 행정장관 회의가 열렸다. 1839년에서 1849년 사이에 고딕 양식과 신고전주의 양식을 절충한 그레이트 팰리스(Great Palace, 왕궁)가 지어졌다. 그 전의 건물은 나폴레옹 점령 당시 심하게 손상되었다. 가장 최근에는 소비에트 시대의 산물로 의회 궁Congress Palace이 1961년에 완공되었으며, 이 건물은 모두 대리석으로 치장되어 있다.

플라미니아 바르톨리니

42-43. 테렘 궁의 내부는 테렘(개인 궁)이라는 단어의 원래 의미를 반영한다. 이 궁은 공개적이며 과장된 다른 궁들과 달리 포근하고 아늑한 느낌을 준다.

43. (상단 왼쪽) 화려한 출입구를 지나가면 파세츠 궁의 2층 응접실이 나온다. 이 건물은 러시아식 장식을 도입한 비잔틴 양식의 전형을 보여 준다.

43. (상단 오른쪽) 도기 타일로 치장된 전형적인 스토브가 테렘 궁을 훈훈하게 데운다. 이 사진의 스토브는 홀 모퉁이에 자리 잡고 있다.

The Kremlin

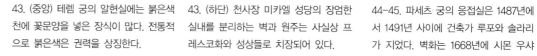

43. (중앙) 테렘 궁의 알현실에는 붉은색 천에 꽃문양을 넣은 장식이 많다. 전통적으로 붉은색은 권력을 상징한다.

43. (하단) 천사장 미카엘 성당의 장엄한 실내를 분리하는 벽과 원주는 사실상 프레스코화와 성상들로 치장되어 있다.

44-45. 파세츠 궁의 응접실은 1487년에서 1491년 사이에 건축가 루포와 솔라리가 지었다. 벽화는 1668년에 시몬 우샤코프에 의해 완성됐다.

46-47. 노트르담 성당은 프렌치 고딕 양식을 대표하는 걸작으로, 로마-골 시대에 토착 켈트족이 숭배하던 기적의 샘이 있는 신성한 숲에 자리 잡고 있다.

46. (하단) 애프스 바깥쪽의 플라잉 버트레스는 둥그스름한 작은 아치들로 이루어진 중간층 사이로 일련의 반아치를 가지고 있다.

47. (상단) 노트르담 성당의 파사드 양쪽에 높이가 다른 2개의 종탑이 있다. 높이가 높은 종탑은 플랑부아 고딕 양식이고, 다른 하나는 로마네스크 양식에 기초를 두고 있다.

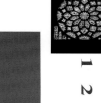

47. (중앙) 왕의 주랑 위에 있는 파사드 맨 꼭대기 벽감에 〈아기 그리스도를 안고 있는 성모 마리아〉 상과 〈작은 천사〉 상이 있다.

47. (하단) 성당 북쪽 측면에 있는 일련의 작은 고딕 아치들이 생김새와 자세가 다른 인물들의 행렬을 에워싸고 있다.

노트르담 성당

샤르트르, 프랑스

샤르트르Chartres에 있는 노트르담 성당Tne Cathedral of Notre Dame은 프랑스의 아크로폴리스라고 불린다. 원래 건물은 초대 주교 아드벤투스의 요청에 의해 4세기에 지어졌지만 화재로 소실되었다. 같은 터에 성당을 다섯 번이나 지었지만 모두 화마에 희생되었다. 1194년에 화재로 다섯 번째 성당을 잃었을 때, 르노 주교Bishop Regnault de Moucon는 새 설계도에 따라 성당을 지어야 겠다는 결정을 내렸다. 여섯 번째이자 마지막 성당은 순수한 프렌치 고딕 양식으로 1194년에서 1225년 사이의 짧은 기간에 완공되었으며, 그 덕분에 드물게 양식상의 통일성을 유지하고 있다.

파사드(12세기 말에 건축) 하단은 3중문 출입구, 3개 부분으로 된 창문, 13세기에 만든 로즈 윈도, 그리고 이 모든 것 위에 있는 왕의 주랑Kings' Gallery을 특징으로 한다. 파사드 양쪽에는 크기가 다른 종탑이 2개 있다. 왼쪽의 종탑은 1134년에 지은 것으로 1506년에 꽃문양 침탑이 증축되었다. 오른쪽의 종탑은 1145년에 지은 것으로 단순한 침탑을 가지고 있다. 파리와 부르쥬의 성당들과 마찬가지로, 지역 석공들은 이전 교회의 종탑을 재사용했다. 샤르트르에서는 동쪽 파사드도 이전 교회의 것을 재사용한 것으로, 건축

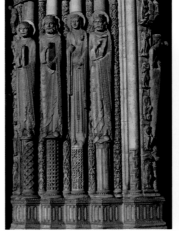

48. (상단) 중앙 파사드의 3중문 틀을 장식하는 원주에 인물상이 조각되어 있다. 원래는 24개가 있었는데 19개만 남아 있다. 일부 인물상은 왕관을 쓰고 있는데 아마도 성자나 이 교회의 후원자로 보인다.

48. (중앙) 출입구의 장식은 확실히 상징적이다. 조상이 새겨진 여러 기둥은 기독교 교리와 교회의 기초가 되는 '대들보'를 상징한다. 그 위로, 연속되는 주두에 그리스도와 동정녀 마리아의 생애가 그려져 있다.

물 복원가인 비올레-르-뒤크는 이 파사드를 없애고, 네이브와 측랑과 거대한 쌍둥이 애프스 성가대석의 비율을 바꾸기로 결정했다.

왕의 문이라고 하는 3중문 출입구는 로마네스크 건축을 대표하는 걸작이다. 1145년에서 1455년 사이에 만들어진 이 문은 구세주 예수의 이야기가 조각된 길쭉한 원주로 장식되어 있다. 남쪽에는 또 다른 출입구 앞에 3개의 아치로 된 주랑 현관과 계단이 있는데 이곳의 장식은 1220년에 완성된 것이다. 그 맞은편에 있는 북쪽 출입구는 남쪽과 대칭을 이루고 있으며 이 역시 나중에 증축된 것이다. 플라잉 버트레스를 완공한 다음에 지어진 이 출입구는 부분적으로 플라잉 버트레스를 제거할 것을 요구해 트랜셉트의 견고성을 위태롭게 했다. 이를 보완하기 위해 금속 고리를 삽입해 주랑 현관과 교회의 나머지 부분을 지탱했다.

노트르담 성당의 파사드 중 가장 우아하고 복잡한 것은 서쪽 파사드다. 1134년에서 1150년 사이에 지어진 3중문 출입구와 함께 파사드 전체가 장식물과 조각으로 치장되어 있어서 초기 고딕 양식의 가장 아름다운 표본이 되고 있다. 외관에서 가장 볼 만한 것은 당당한 플라잉 버트레스들로, 이들은 각각 겹쳐 놓인 2개의 아치로 구성되어 있다. 하단의 아치는 둥그스름하고, 상단의 아치는 연속되는 4개의 작은 아치로 이루어졌다. 일련의 플라잉 버트레스가 이루는 조화는 안타깝게도 1416년에 짓고 1872년에 대대적으로 복원된 플랑부아 예배당 Chapelle Flamboyante 때문에 깨지고 말았다. 이 성당에는 2개의 측랑, 넓은 트랜셉트, 방사상 예배당이 있는 이중 앰불라토리 ambulatory 에 에워싸인 깊숙한 성전이 있다. 네이브와 트랜셉트와 성전의 아치 위로 트리포리움 (triforium, 교회의 신자석 및 성가대석 측벽의 아치와 지붕 사이 부분) 주랑이 있고, 그 위에 큰 창문들이 있다. 전체 건물에서 가장 중요한 특징은 이 창문들이다. 12세기와 13세기에 완공된 이 창문은 모두 합쳐 176개로 성서에 나오는 이야기와 성인들의 일생을 묘사한다.

플라미니아 바르톨리니

48. (하단) 1090년에서 1116년까지 이 도시의 주교였던 이브는 중앙 파사드의 3중문(왕의 문) 장식을 명령했다. 팀파눔에는 심판의 날의 예수, 예수 탄생, 양치기들에게 주어진 예수의 계시, 성령 강림, 제자들 앞에 나타난 예수 등 신의 현현과 관련된 이야기가 조각되어 있다.

49. 성당의 북쪽 출입구는 그리스도의 '선구자들'로 알려진 성경의 인물들이 장식되어 있다. 그중 하나는 세례 요한으로, 초라한 낙타 가죽 튜니카(사막 수행자들이 입었던 것)와 그의 상징물인 양을 품에 안고 있다.

The Cathedral of Notre Dame

50-51. 성가대석에는 그리스도와 동정녀 마리아의 생애가 조각된 돌 울타리가 있다. 남쪽 파사드의 상형 기호로 장식된 벽 (대형 시계와 성 엘리사벳이 자신을 찾아온 동정녀 마리아를 맞이하는 장면 사이)은 이 시계의 기계 장치로 연결되는 계단을 가리고 있다. 시계는 남아 있지만 기계 장치는 망가지고 없다.

50. (왼쪽) 성가대석 벽에 〈그리스도의 세례〉 상이 있다. 세례 요한이 요르단 강변에 서서 그리스도(왼쪽)의 머리에 물을 끼얹고 있고, 그리스도는 강물에 들어가 있기 때문에 낮게 보인다. 이 조각품은 니콜라스 기버트의 작품이다(1543년 경).

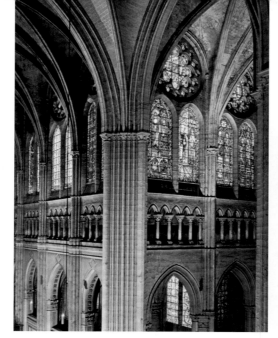

51. (상단 왼쪽과 오른쪽) 노트르담 성당의 내부는 3층으로 되어 있다. 맨 아래층에는 아치와 관판(abacus, 대접받침) 높이에서 위로 뻗어 올라가는 기둥이 있다. 트리포리움은 작은 아치들로 한 층을 이루고, 맨 위의 고창층은 창문으로 되어 있다.

51. (하단) 기둥이 네이브와 트랜셉트의 천장까지 높이 뻗어 올라간다. 이 건물의 수직 추력을 증가시키는 둥근 아치가 만나는 지점에서 육각 십자 볼트가 만들어진다.

52. 북쪽 트랜셉트에 있는, '프랑스의 장미'라고 알려진 로즈 윈도는 루이 9세와 카스티야의 블랑슈(루이 9세의 모후)의 요청으로 동정녀 찬미 Glorification of the Virgin를 위해 만들어졌다. 장식 테마는 두 왕가를 상징하는 것으로, 청색 바탕의 금빛 백합은 프랑스를, 성은 카스티야를 나타낸다. 중앙의 원형 그림은 아기 예수와 함께 왕좌에 앉아 있는 동정녀를 묘사한다. 5개의 뾰족 창문 중 가운데 창문은 동정녀 마리아를 안고 있는 성 안나를 보여 주고, 그 양쪽에는 성경에 나오는 인물들이 묘사되어 있다.

53. (왼쪽 상단과 하단, 오른쪽) 십자가에 못 박힌 예수, 천사의 방문과 예수 탄생, 아기 예수와 함께 왕좌에 앉은 마리아는 왕의 문 위 창문에 그려진 장면들이다.

53. (왼쪽 중앙) 네이브 남쪽 측면에 있는 이 세부화는 에덴에서의 추방을 보여 준다. 이 창문은 성경에 나오는 착한 사마리아인에게 바쳐졌으며 13세기 제화공들의 기부금으로 만들어졌다.

55. 두오모의 파사드는 벽감, 조상, 상징적인 모티프 등 화려한 장식물에도 불구하고 우아한 느낌을 준다. 이것은 니콜라와 죠반니 피사노 부자가 설계했다.

시에나의 두오모
시에나, 이탈리아

54. (상단) 공중에서 찍은, 1382년에 완공된 시에나 두오모의 모습을 보면 라틴 십자형 설계의 조화와 장엄함을 볼 수 있다.

54. (왼쪽 하단) 두오모의 파사드는 백색, 적색, 흑색 대리석으로 만들어졌고, 14세기에 완공되었다.

54. (중앙과 오른쪽 하단) 이 교회를 장식하는 조상은 대부분 수준 높은 복제품으로 교체되었다.
이탈리아 고딕 장식에 영향을 받아 말과 사자와 같은 상징적인 동물들이 반복적으로 사용되고 있고, 이런 반복적인 요소는 패턴과 유색 소재의 결합 면에서 르네상스 양식의 도래를 예고했다.

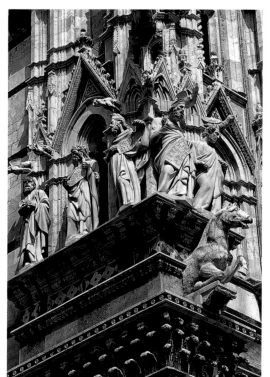

이탈리아의 고딕 건축을 대표하는 시에나Siena의 두오모The Duomo는 1229년에 착공되어 그 다음 세기 말에 완공되었다. 1258년에서 1285년 사이에는 산 갈가노의 시토 수도회 수도사들이 공사 감독을 맡았으며, 이들은 니콜라와 죠반니 피사노 부자를 시에나로 초빙해 공사를 맡겼다. 14세기 말에 완공된, 백색, 적색, 흑색의 대리석으로 된 화려한 파사드는 피사노 부자의 작품이다. 현재 남아 있는 조상들은 대부분 원래 있던 것을 복제한 것이며, 이런 복제품들조차도 대대적으로 복원된 것들이다. 첨탑의 모자이크화는 근대 베니스풍으로 무시니와 프란치의 작품이다.

14세기 초, 시에나의 정치적 중요성이 증가함에 따라 원래의 성당을 확대해 더 웅장하게 짓겠다는 결정이 내려진다. 하지만 1317년에서 1321년 사이에 진행된 공사에서 결함이 발견되자 로렌초 마이타니는 이런 사실을 캄파나의 교무총회에 지적했다. 이에 1339년, 란도 디 피에트로가 설계를 위임받지만(이 설계에서 현재 남아 있는 것은 트랜셉트뿐이다), 이웃 국가들과의 전쟁과 1348년의 흑사병으로 오른쪽 측면을 제외하고는 공사가 전면 중단되었다.

아고스티노와 아그놀로 디 벤투라가 설계한 종탑은 1313년에 세워졌다. 이것은 사각형 평면으로 흑색과 백색의 줄무늬 대리석(대리석 메움띠)으로 치장되어 있다. 채광창이 1개에서 6개로 늘어났고, 건물의 꼭대기는 4개의 작은 피라미드에 에워싸인 8각 첨탑으로 되어 있다. 1376년에 죠반니 디 세코의 감독 아래 후면 파사드 공사가 재개되었지만, 성당이 완공된 것은 네이브의 볼트를 높이고 애프스를 다시 만든 1382년의 일이었다.

두오모의 특징은 고딕 건축과 장식을 완벽하게 융합한 데 있으며, 이것은 르네상스 양식의 도래를 예고했다. 평면은 넓은 네이브와 2개의 측랑이 있는 라틴 십자형이다. 한 쌍의 네이브 트랜셉트는 12각 돔 지붕 밑에 6각 십자형으로 되어 있다. 네이브와 성가대석을 바라보는 교황들의 테라코타 흉상은 15세기 말과 16세기 초에 만들어졌다.

56-57. 트랜셉트의 천장은 돔과 그것을 받치는 12각형 기단으로 되어 있다. 5단 동심 잠함의 정점에는 원형 창이 있다.

56. (하단) 이 교회는 라틴 십자형 설계로 네이브와 2개의 측랑 및 트랜셉트가 있다. 1392년에 건물을 더 크게 지으려던 원래의 설계를 포기하고, 트랜셉트를 본체로 변형시켰다. 별 문양으로 장식된 아치 지붕이 네이브를 지배하는 로마네스크 양식의 중후한 분위기를 경쾌하게 만들어 준다.

57. (상단) 왼쪽 측랑 끝에 있는 피콜로미니 도서관은 귀한 채색 사본을 많이 소장하고 있다. 프란체스코 테데스치니 피콜로미니 추기경이 지은 이 도서관은 핀투리치오가 장식을 맡았다.

57. (하단) 두오모의 실내에는 특히 사각형 상감이 들어간 바닥을 비롯해 재미있고 아름다운 모티프가 많이 있다. 또 다른 볼거리로는 1661년에 베르니니가 설계한 키지chigi 예배당과 발다사르 페루치가 설계한 중앙 제단(사진)이 있다. 성가대석에는 두치오 디 부오닌세그나가 설계한 이탈리아에서 가장 오래된 창문이 있다.

The Duomo

대리석 상감이 들어간 화려한 바닥은 1370년에서 1550년 사이에 여러 단계에 걸쳐 시공되었는데, 인간과 인간의 구원의 역사를 그리고 있다. 전통적으로 이 걸작은 두치오가 만들었고 단테가 여기에서 영감을 받아 《신곡》의 연옥 편 Purgatorio을 썼다고 알려져 있다. 하지만 고문서를 통해 밝혀진 바로는 이것이 죠반니 다 스폴레토의 작품이며 1369년 이후에 시공된 것이라고 한다.

왼쪽 트랜셉트에는 1268년에 니콜라 피사노가 조각한 설교단이 있다. 이것은 이탈리아의 고딕 양식을 대표하는 걸작으로 피사노의 제자들에 의해 완성되었다. 왼쪽 측랑 끝에는 피콜로미니 도서관으로 들어가는 출입구가 있다. 르네상스 시대의 이 건물은 프란체스코 테데스치니 피콜로미니 추기경이 자신의 삼촌인 교황 피우스 2세의 장서를 보관하기 위해 지은 것이다.

플라미니아 바르톨리니

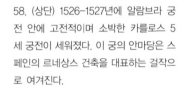

58. (중앙) 사자 궁전이라는 이름은 사자 분수에서 비롯된 것인데, 이 분수에는 동서남북으로 하나씩 수로가 나 있고 수로의 물은 궁전 안까지 계속 흘러간다.

58. (하단) 사자 궁전은 섬세한 레이스를 연상시키는 화려한 조각이 들어간 일련의 출입구에 둘러싸여 있다. 사실 여기에 사용된 소재는 대리석과 상아와 삼나무 목재다.

58. (상단) 1526-1527년에 알람브라 궁전 안에 고전적이며 소박한 카를로스 5세 궁전이 세워졌다. 이 궁의 안마당은 스페인의 르네상스 건축을 대표하는 걸작으로 여겨진다.

알람브라 궁
그라나다, 스페인

이슬람 지배권의 마지막 거점이었던 스페인 그라나다 Granada는 1492년에 가톨릭교도인 아라곤의 페르디난드와 카스티야의 이사벨라에게 점령당할 때까지 칼리프 통치 구역의 중심지로 남아 있었다. 장기전으로 발전한 스페인 재정복 전쟁은 1212년의 '라스나바스데톨로사' 전투와 함께 시작되었다. 이 전투에서 기독교도들은 나스리드 왕조의 술탄들로부터 스페인 영토를 탈환했다. 1236년에 코르도바, 1248년에는 세빌랴가 점령당했지만, 그라나다는 술탄 무함마드 1세가 카스티야 왕국의 봉신이 되겠다고 선언함으로써 250년이나 더 자치권을 유지했다.

그라나다 시가 내려다보이는 언덕에 자리 잡은 나스리드 왕조의 웅장한 알람브라 궁전 The Alhambra은 이슬람 문화의 세련됨을 상징하는 건축물이다. 알람브라라는 이름은 처음 성채의 소재였던 벽돌의 색깔에서 나온 '붉은 성'이라는 뜻의 '알칼라탈람브라'에서 비롯되었다. 옛 건물(11~12세기에 건립)은 성벽으로 둘러싸여 있었다.

새 건물은 무함마드 1세의 명령에 의해 지어졌는데, 1238년에 시작하여 놀랍게도 바로 그 다음 해에 공사를 끝냈다. 사실상 알람브라에 거주하기 시작한 최초의 술탄은 무함마드 4세(1325~1333년)였지만, 이 궁에 화려한 장식을 한 것은 그의 후계자인 유수프 1세(1333~1354년)였다. 이븐 알야이야브(1274~1349)년의 비명 시에 나와 있듯이, 코마레스 탑 Torre de Comares과 카우티바(포로의) 탑 Torre de la Cautiva이 장식된 것도 유수프가 집권할 때였다.

알람브라의 최대 전성기는 1354년에서 1359년, 1362년에서 1391년까지 두 차례 재위한 무함마드 5세가 그라나다를 통치할 때였다. 사자 궁전과 은매화 궁전은 무함마드 5세가 지었다고 알려졌지만, 나스리드 궁의 건물이나 그것을 지은 건축가, 또는 거기에 든 비용에 관해서는 아무것도 알려져 있지 않다. 알람브라 궁전 내부의 생활상이나 궁전의 방들에 관해서도 알려진 것이 별로 없다. 건물은 벽돌로 지어졌고, 원주와 주두와 바닥은 대리석으로 되어 있

58-59. 사자 궁전 주랑 현관의 홀쭉한 원주는 구조물 전체의 경쾌함을 돋보이게 한다. 이 건물은 대부분의 무어 양식 건물들과 마찬가지로 우아하고 섬세하다.

59. (하단) 알카사바(이 사진은 헤네랄리페의 정원에서 본 모습)는 알람브라 궁전의 3개 구역 가운데 하나다. 요새화된 외관에서 알 수 있듯이 이 건물은 군사 목적으로 쓰이던 구역 가운데 하나였다.

다. 벽과 천장은 상감 세공된 목재, 도기, 스투코로 장식되어 있다. 대사의 방 천장은 목공술의 진수를 보여 주며, 이곳을 통해 스며들어온 빛이 온 방을 환하게 비춰 준다. 궁전의 내부와 외관이 모두 기하학적 문양이 들어간 밝은 색 도기로 장식되어 있지만, 가장 눈에 띄는 장식은 문자와 식물을 모티프로 한 스투코들이다. 가장 아름다운 장식으로는 두 자매의 방과 아벤세라헤스의 방에 있는 무카르나(종유 장식) 천장을 꼽을 수 있다.

알람브라 궁전은 세 개의 구역으로 구분되는데, 순전히 군사적인 목적으로 지은 알카사바(성채), 메디나, 궁전 구역이다. 코마레스 궁의 직사각형 마당은 시원스럽게 물을 뿜어내는 길쭉한 분수에 의해 남북으로 분리된다. 사자 궁전의 주랑 현관은 알람브라에서 가장 세련되고 유명한 곳이다. 중앙에는 사자 분수가 있고, 이 것은 124개의 원주가 늘어서 있는 궁전의 방으로 흘러가는 4개의 긴 수로에 둘러싸여 있다.

알람브라 궁전 담 밖에는 무함마드 2세를 위해 지은 장군 궁이 있는데 이것은 이슬람식 정원에 둘러싸인 일종의 별장과 같은 곳이다. 최종적으로 증축된 건물은 신성 로마제국의 황제로 선출되었으며 또 그 자격으로 오스트리아와 헝가리를 통치했던 카를로스 5세를 위해 1527년에 지은 궁이다. 그는 스페인의 왕이기도 했지만 말년에 왕위에서 물러날 때까지 그곳에 오래 머문 적이 없었다. 카를로스 5세 궁전의 고전적인 배치와 소박한 장식은 무어인의 경쾌하고 우아한 장식과 대조를 이루며, 기독교 문화와 이슬람 문화 간의 차이를 강조해 준다.

플라미니아 바르톨리니

60-61. 수많은 연못 중 하나가 정원의 수목에 둘러싸여 있다. 관개용 수로로 만들어진 이런 연못은 일상적인 기능을 위해 물이 필요했던 알람브라의 규칙적인 운영에 중요한 역할을 했다.

61. (상단 왼쪽) 아세퀴아 페티오가 은매화, 오렌지 나무, 꽃, 분수와 함께 옛 궁전의 중심부에 위치하고 있다.

61. (상단 오른쪽) 코마레스 탑이 아라예네스 페티오의 북쪽 측면을 내려다보고 있다. 지붕과 측면 탑은 최근에 증축된 것이다.

61. (중앙) 하렘이었던 것으로 추정되는 건물이 아라예네스 페티오의 남쪽 측면에 접해 있다. 쇠창살이 창문을 보호하고 있다.

61. (하단) 알람브라 궁전의 다른 안마당들과 마찬가지로 사이프러스 페티오에는 물과 식물과 주랑 현관이 달린 시원한 건물이 있다.

The Alhambra

62. (상단) 때로는 세부 장식이 실내 장식의 화려함을 더 잘 나타낸다. 이 스투코 타일이 바로 그런 경우로, 이것을 통해 양식화된 모티프와 완벽하게 사용된 부조의 예를 볼 수 있다.

62. (하단) 미라도르 데 다락사Mirador de Daraxa는 꽃문양과 기하학적 문양으로 화려하게 장식되어 있기도 하지만 테라스 삼면의 큰 창문을 통해 내부 정원을 들여다볼 수 있게 해 준다.

62-63. 폭발적인 장식 효과를 보여 주는 두 자매의 방은 무콰르나 건축의 최고 걸작이다. 이 방의 또 다른 특징은 벽면에 시인 이븐 잠라크의 시구가 새겨져 있다는 것이다.

63. (하단) 알람브라의 전체적인 장식 효과는 풍요로움을 유지하는 한편 구조물을 경쾌하게 보이게 하고, 빛과 그림자 효과를 이용해 방들 간의 변환을 해소하도록 신중하게 계획되었다.

64. 산타 마리아 델 피오레는 이탈리아의 르네상스 건축을 대표하는 걸작이다. 돔의 옆모습과 종탑은 600여 년 동안 플로렌스의 스카이라인을 상징했다.

65. (상단) 루도비코 치골리가 그린 16세기의 이 스케치는 바실리카의 건축상의 중요한 선을 보여 준다.

65. (하단) 필리포 브루넬레스키가 설계한 돔이 두오모 성당의 중심이라는 것은 두말할 여지가 없다. 공중에서 찍은 이 사진은 돔과 구조물의 나머지 부분 간의 비율을 잘 보여 준다. 수직적으로는 지오토의 종탑이, 수평적으로는 세례당이 이 복합 건물의 균형을 잡아 준다.

산타마리아
델 피오레의 돔
플로렌스(피렌체), 이탈리아

1296년, 플로렌스Florence에 위치한 낡은 '산타 레파라타 교회'를 대체할 새 성당의 설계가 아르놀포 디 캄비오에게 위임되었다. 몇 년 후인 1302년에 캄비오가 사망하자, 공사는 지오토 감독에게로 넘어가게 되었다. 1412년에 완공된 새 성당은 플로렌스 공화국의 상징인 백합을 암시하기 위해 산타 마리아 델 피오레The Dome of Santa Maria del Fiore(꽃의 성모 마리아)라고 이름 지어졌다.

산타 마리아 델 피오레(이하 두오모)는 로마의 산피에트로 대성당과 런던의 세인트 폴 교회에 이어 세계에서 세 번째로 큰 교회다. 두오모 성당은 2개의 측랑이 있는 라틴 십자형 평면으로 되어 있고, 내부는 파울로 유첼로, 안드레아 델 카스타뇨, 조지오 바사리, 페데리코 주차이의 프레스코화로 장식되어 있다. 1334년에 지오토가 공사를 시작한 종탑은 안드레아 피사노에 의해 아래 2개 층이 지어졌고, 1359년에 탈렌티에 의해 완공되었다. 에밀리오 드 파브리스가 지은 두오모의 현재 파사드는 플로렌스 고딕 양식의 원(源) 파사드를 19세기 양식으로 개조한 것이다.

플로렌스의 상징인 두오모의 돔은 원래 아르놀포 디 캄비오의 설계에는 없던 것을 필리포 브루넬레스키가 증축한 것이다. 하지만 내부 직경이 45미터나 되는 엄청난 규모 때문에 공사 중에 여러 가지 문제가 발생해, 1418년에는 공사 관리를 공모에 부치게 되었다. 이 공모전에서 브루넬레스키가 당선되었다. 그는 로마에 있는 판테온의 로툰다를 연구한 결과를 바탕으로, 지층에서 올라오는 비계를 사용하지 않고 자체적으로 지탱하는 버트레스를 사용해 공사를 진행시켰다. 돔은 이중 골조로 되어 있고, 바깥쪽 골조가 뾰족하게 위로 들어 올려져 있다. 이중 골조 사이의 공간에 들어 있는 강화 구조가 바깥으로 드러난 흰색 서까래다. 이 돔은 1434년에 완공되었으며, 꼭대기의 채광창은 그로부터 2년 후에 증축된 것이다.

플라미니아 바르톨리니

The Dome of Santa Maria del Fiore

66. (상단 왼쪽) 언뜻 보면 교회 본체와 종탑 사이에 돔이 끼여 있는 것 같지만, 사실 돔은 그 크기만도 거대하다.

66. (상단 오른쪽) 돔 꼭대기의 채광창은 건물이 완공되고 2년 후에 증축되었다.

66. (하단) 19세기에 나온 이 스케치는 돔의 이중 골조를 보여 주고 있으며, 이 돔은 지층에서 올라오는 비계를 사용하지 않고 자체적으로 지탱하는 버트레스를 사용해 만들어졌다. 그러나 꼭대기에 채광창을 올려놓는 데에는 비계가 필요했다.

66-67. 성당의 내부는 다양한 장식을 자랑한다. 파울로 유첼로, 안드레아 델 카스타뇨, 조지오 바사리, 페데리코 주차이의 프레스코화와 루카 델라 로비아와 피산 학파의 조각이 넓은 내부 공간에서 나오는 중후함을 완결시킨다.

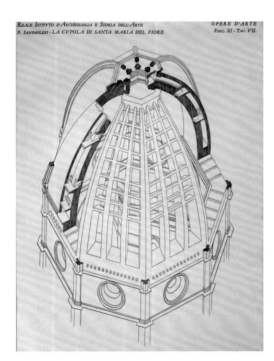

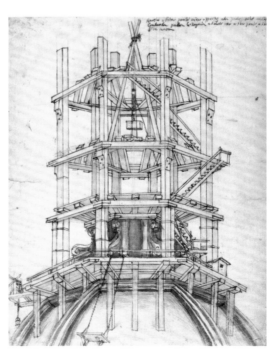

68-69. 베르니니는 산피에트로 대성당 광장에, 타원형 안에 다이아몬드형 공간을 설계했다. 약간 한곳으로 모인 짧은 변이 마데르노가 지은 파사드의 수평성을 보완한다.

68. (하단) 베르니니는 스스로 '주랑 현관 극장'이라고 이름을 붙인 주랑에 관해 "두 개의 반원형 건물이 두 팔 벌려 가톨릭교도들을 환영하고… 이교도와 무신론자들을 교회와 화해시킨다"고 기록했다.

69. (상단) 열주랑이 있는 반원형 건물 꼭대기에는 이 사진에 나온 성인 비탈레와 성녀 베드로닐라 조상을 비롯해 조상 140개와 교황 알렉산더 7세(1656~1667년)의 대형 문장(紋章)이 있다.

69. (하단) 이 오벨리스크(높이 25미터)는 AD 37년에 칼리굴라 황제의 명령에 따라 이집트에서 로마로 운송되어 네로의 전차경주장에 세워졌다. 원래는 광장 측면에 있었지만, 1586년에 교황 식스투스 5세가 중앙으로 옮겼다.

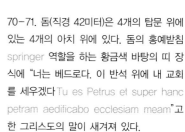

70-71. 돔(직경 42미터)은 4개의 탑문 위에 있는 4개의 아치 위에 있다. 돔의 홍예받침 springer 역할을 하는 황금색 바탕의 띠 장식에 "너는 베드로다. 이 반석 위에 내 교회를 세우겠다 Tu es Petrus et super hanc petram aedificabo ecclesiam meam"고 한 그리스도의 말이 새겨져 있다.

산피에트로 대성당

바티칸 시국, 이탈리아

바티칸 시국Vatican City에 있는 산피에트로 대성당St. Peter's Basilica은 가톨릭에서 가장 큰 교회다. 이 건물의 기원은 바티칸 언덕의 공동묘지에 있던 사도 베드로의 무덤으로 거슬러 올라간다. 326년에 콘스탄티누스 황제가 지은 이 건물은 최초의 바실리카로 사도 베드로의 묘지 위에 자리 잡고 있다.

1300년에 지오토와 그의 공방 동료들이 모자이크화 〈천사의 흉상〉과 중앙 제단의 폴립티크 (polyptych, 병풍처럼 몇 개의 널빤지를 연결해서 만든 장식품)를 만들었다. 1452년에 교황 니콜라스 5세가 베르나르도 로셀리노에게 교회 개조 공사를 위임했지만, 그로부터 3년 후에 니콜라스가 사망하자, 야심에 찬 여러 가지 새로운 계획을 가지고 있던 교황 율리우스 2세가 즉위할 때까지 사실상 공사가 중단되었다. 율리우스 2세는 교황권의 상징으로 이 바실리카를 전례 없는 대규모의 아름다운 건물로 개조하려 했다. 신임 건축가 도나토 브라만테가 완전히 새로운 설계도를 내놓았고, 이것은 로셀리노가 지은 새 애프스뿐만 아니라 옛 교회의 모든 부분을 해체할 것을 요구했다.

우선 베드로의 묘지를 보호하기 위해 나선형 원주를 가진 작은 건물을 짓고 나서, 1506년 4월 18일에 새 교회를 짓는 공사를 시작했다. 새 교회는 중앙에 거대한 돔이 있고 양끝에 애프스가 있는 그리스 십자형 평면이었다. 각 측랑에는 여유 공간에 자체적인 애프스가 증축되었고, 파사드를 장식하기 위해 2개의 높은 탑이 건조되었다. 그러나 1513년에 교황 율리우스 2세가 사망했을 때는 훗날 완공될 돔을 지탱할 연결 아치와 함께 4개의 중앙 기둥만이 완성된 상태였다.

레오 10세는 라파엘로를 초빙해 안토니오 다 상갈로와 공동 작업을 하게 했고, 두 사람은 힘을 합쳐 라틴 십자형 평면의 설계도를 내놓았다. 라파엘로는 본래 화가였기 때문에 그를 건축가로 선택한 것은 이례적인 일이었으며, 건축에 경험이 없는 그는 상갈로의 경험에 의존해야만 했다. 수많은 예비 스케치를 거쳐 설계도가 완성되었지만, 실제 공사는 또 한 차례의 난관을 만났다. 이번에는 1520년 라파엘로의 사망과 함께 1527년 신성 로마제국의 황제 카를로스 5세가 이끄는 군대에 의한 극적인 '로마의 약탈'이 문제였다.

1547년에 바오로 3세는 미켈란젤로 부오나로티를 초빙해 공사 감독을 맡겼고, 미켈란젤로는 1564년 자신이 사망할 때까지 이 일을 맡았다. 그는 브라만테가 설계했던 그리스 십자형 평면으로 복귀하는 한편, 한층 더 장엄한 돔을 추가했다. 이 거장이 사망할 무렵 고상부와 3개의 주요 애프스는 거의 완공 단계에 있었지만, 미켈란젤로가 설계한 이중 골조 돔은 자코모 델라 포르타에 의해 건조되었다.

72-73. 1962년에 교황 요한 23세가 소집한 바티칸 제2차 공회의는 1965년 바울 6세에 의해 종결되었다. 2천 명이 넘는 사제가 모인 이 공회의는 바실리카의 네이브에서 열렸다.

72. (하단 왼쪽) 중앙 제단 위의 캐노피(canopy, 덮개)는 교황 우르반 8세의 명령으로 베르니니가 설계했다. 꼭대기에 천사상이 있는 나선형 원주가 펜던트로 장식된 코니스(cornice, 벽돌림 띠)를 받치고 있다.

72. (하단 오른쪽) 애프스 깊숙이 자리 잡고 있는 바로크 양식의 당당한 성 베드로 왕좌는 베르니니가 1656~1665년에 걸쳐 만든 것으로 청동 왕좌 안에 고대의 목조 왕좌가 들어 있다. 그 위에는 구름과 아기 천사에 둘러싸인 방사상 후광을 나타내는 스투코 조각이 있고, 배경에는 성령의 비둘기를 보여 주는 큰 창문이 있다.

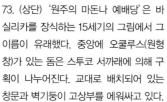

73. (상단) '원주의 마돈나 예배당'은 바실리카를 장식하는 15세기의 그림에서 그 이름이 유래했다. 중앙에 오쿨루스(원형 창)가 있는 돔은 스투코 서까래에 의해 구획이 나누어진다. 교대로 배치되어 있는 창문과 벽기둥이 고상부를 에워싸고 있다.

73. (하단) 1983년에 열린 종교회의 개회식에 많은 성직자와 신도들이 참가했다. 교황 제단은 순교자의 묘Confession를 향하고 있고, 난간 위의 램프 99개가 항상 이 묘지를 밝게 비추고 있다.

Saint Peter's Basilica

1607년부터는 포르타의 뒤를 이어 카를로 마데르노가 성당 준공에 대한 책임을 맡았다. 당시 마데르노는 바오로 5세를 위해 그리스 십자형 평면 설계를 라틴 십자형 평면 설계로 변경했다.

미켈란젤로가 설계한 세 개의 애프스 부분에 세 개의 베이와 주랑 현관을 추가했다. 현재의 파사드는 미켈란젤로의 설계가 다른 것들과 뒤섞여서 나온 결과다. 미켈란젤로가 설계한 것은 로마 사원의 전통에 기초한 것이다. 그의 설계는 두 개의 수평탑이 없는 데다 지나칠 정도로 길어서 천장에서 웅장함이나 위엄이 느껴지지 않는다.

산피에트로 대성당은 실제로 1612년에 거의 완성이 되었지만 우르반 8세 때인 1626년에 이르러서야 마침내 봉헌되었다. 산피에트로 대성당이 완공된 데는 잔 로렌조 베르니니라는 또 한 사람의 위대한 건축가의 지대한 공헌이 있었다. 잔 로렌조는 건물에 웅장한 곡선 콜로네이드를 추가해서 1666년에 완성하게 되는데 이로 인해 광장은 더욱 화려해졌다. 높은 제단 위의 화려한 청동 덮개는 성 베드로의 무덤을 본따 1663년에 씌워진 것이다.

산피에트로 대성당 안에는 미켈란젤로의 피에타 상, 거대한 묘비들, 안토니오 델 폴라이올로의 인노첸트 3세의 묘, 베르니니의 우르반 8세 그리고 알렉산더 8세의 묘비, 카노바가 조각한 클레멘트 8세의 무덤 등을 비롯해 역사상 위대한 예술 작품들이 많이 있다.

플라미니아 바르톨리니

라 로톤다

비첸차, 이탈리아

'라 로톤다La Rotonda'라고 불리는 빌라 아르멜리코는 안드레아 팔라디오의 작품 중 가장 잘 알려진 것이다. 대수도원장 파올로 아르멜리코의 시골 별장으로 지어진 이 빌라는 1566년에 착공되어 3년 후에 완공되었다.

빈센초 스카모치가 돔과 외부 계단의 공사를 감독했고, 1620년에 지은 별관의 설계도 맡았다. 이것은 팔라디오가 설계한 일련의 빌라 중 유일하게 사각형 기단을 가지고 있으며 주변의 전원 풍경에서 영감을 얻어 설계한 것으로 보인다. 언덕 가까이에 있는 이 빌라는 삼면이 베리코 언덕 골짜기에 둘러싸여 있고, 나머지 한 면에 정문이 있다. 각 출입구 앞에는 꼭대기에 삼각 팀파눔과 조상대(彫像臺)가 있는 6주식 프로나오스가 있다. 팔라디오 본인은 이 건물을 극장에 비유했는데, 이것은 건물의 각 변에 계단을 설치한 것을 정당화하는 해석이었다.

돔 밑에 있는 중앙의 원형 방은 부속실과 바로 연결되는 통로가 없다는 점이 특이하다. 이런 모티프는 종교적인 건물을 연상시키고, 이것은 파올로 아르멜리코와 바티칸과의 관계를 말해 준다.

돔의 설계는 중앙의 오쿨루스를 비롯해 판테온의 설계에 의존했다. 이 돔은 원래 개방되어 있었지만(방 중앙에 있는 배수로가 빗물을 지하 우물로 운반했다), 스카모치가 설계를 변경해 오쿨루스를 축소했다. 현재 이 돔은 베로나에 있는 로마식 극장의 설계와 비슷하다.

스투코 부조는 로렌초 루비니, 로게로 바스카페, 도미니코 폰타나의 작품이며, 프레스코화는 알레산드로 마간자와 루이스 도리니가 그린 것이다.

플라미니아 바르톨리니

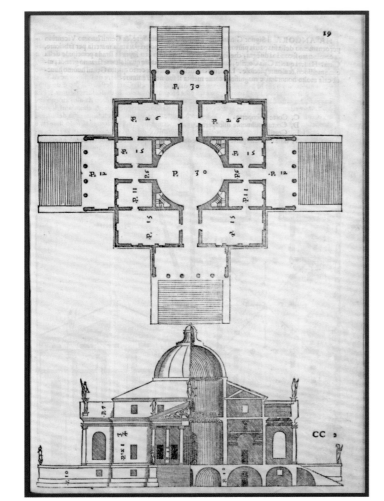

74. (상단) 1570년에 발행된 빌라의 전망도에 팔라디오가 손수 남긴 기록이 있는데 이것으로 볼 때 이 빌라에 있는 조상들(사진의 작품은 괴물과 함께 있는 남성상)은 로렌초 루비니의 작품으로 추정된다.

74. (하단) 이 평면도와 로톤다의 축측 투영도는 안드레아 팔라디오가 집필하고 1570년에 베니스에서 발행된 《건축 4서, Four Books of Architecture》 중 제2권에 나오는 것이다.

74-75. 로톤다의 사면을 둘러싸고 있는 전원 풍경은 설계의 기초가 된 초점의 하나다.

75. (하단) 로톤다는 팔라디오의 대표적인 건축물로 구조나 설계상의 요소들이 완벽하고 조화롭게 통일되어 있다. 건물 양쪽의 동일한 프로나오스와 길쭉한 계단은 그 반복성이 놀라울 정도다.

성 바실리 성당

모스크바, 러시아

성 바실리 성당 St. Basil's Cathedral은 1555년에서 1561년 사이에 건축되어 모스크바의 붉은 광장에 세워졌다. 일반적으로 '폭군 이반'이라고 알려진 이반 4세는 1552년에 몽고군을 무찌르고 몽고의 도시 카잔을 정복한 것을 기념해 새 성당을 짓고 싶어 했다. 이 성당을 지은 건축가 포스니크와 바르마는 고문서가 발견된 1896년에야 그 이름이 알려졌지만, 그 후에 나온 문서에서 이 두 이름은 모두 바르마라고 알려진 포스니크 야코블레프 한 사람을 가리키는 것으로 확인되었다.

원래 성모 중보 교회 Church of the Intercession of the Virgin 라는 이름을 가지고 있던 이 교회는 은총 받은 바실리 Basil the Blessed (1468~1552년)가 성인화된 다음에 성 바실리에게 봉헌되었다. 중앙 예배당은 성 바실리의 묘지 위에 자리 잡고 있다. 이 성당은 성삼위일체 교회가 있던 자리에 세워졌다. 이반 4세는 카잔을 점령하기 전에 있었던 8번의 기습 공격을 기념하기 위해 8개의 예배당을 짓기로 결정했는데 그중 하나는 중앙에 두고 나머지는 그것을 중심으로 방사상으로 배치하려 했다. 그러나 건축가의 조언에 따라 중앙의 예배당을 중심으로 8개의 예배당을 짓고 주랑으로 이들을 서로 연결했다.

이 8개의 예배당은 큰 예배당 4개와 작은 예배당 4개로 나눠지고, 크기와 높이가 서로 다르다. 작은 예배당 4개는 각각 카잔 정복 때 있었던 사건들과 관련이 있다. 북쪽 예배당은 처음에는 성 키프리안과 성 파우스티나에게 바쳐졌지만, 1786년에 권력가 나탈리아 흐루세바의 압력을 받아 성 아드리안과 성 나탈리아에게 바쳐졌다. 남쪽 예배당은 러시아 장군인 니콜라 벨리코레츠키에게 바쳐졌으며, 서쪽 예배당은 승전한 러시아군의 귀환을 예루살렘 입성에 비유해 그 이름이 지어졌다. 동쪽에는 원래의 교회를 기념하는 삼위일체 예배당이 있다. 큰 예배당 4개는 대각선상에 자리 잡고 있다. 북동쪽의 예배당은 카잔을 점령한 날 성인화된 성 그레고리 아미안스키의 이름에서 유래했고, 남동쪽의 예배당은 타타르족 군대를 무찌른 사령관 알렉산더 스비르스키에게 바쳐졌다. '알렉산드라의 세 장로' 예배당도 카잔을 점령하던 날 성인화된 사람들의 이름에서 유래한 것이다. 마지막으로 바를람 후틴스키를 위한 남서쪽 예배당은 그 이름이 몽고군 타파와 관련되지 않은 유일한 것이다.

17세기에 주랑 현관 2개가 증축되었고, 출입구 양쪽에 피라미드 탑이 세워졌다. 8각형 기단에 일련의 둥근 아치가 있다. 가장 큰 중앙 예배당 포크로프('보호하는 베일'이라는 뜻)는 1784년에 그린 프레스코화와 19세기에 추가된 프레스코화로 장식되어 있다. 이 예배당(높이 57미터)은 주변의 8개 돔보다 더 높다. 주랑은 17세기에 그린 프레스코화로 장식되어 있고, 한 예배당의 실내에는 예루살렘 입성을 묘사하는 16세기에 만든 귀한 성상이 있다. 삼위일체 예배당에는 모스크바에서 가장 오래된 성화 벽이 있다.

성당은 1812년 나폴레옹이 모스크바를 점령한 후로 프랑스군에 의해 가장 많이 손상되었다. 1817년에는 성당을 둘러싸고 있던 묘지가 제거되었고 20세기 초에는 무신론자인 볼셰비키들의 표적이 되었다. 1918년에 소련 당국자들이 사제 이오안 보스토고프를 살해하고 성당을 몰수했는데 이때 종이 제거되고 성당은 폐쇄되었다. 1930년에 스탈린의 측근인 가가노비치가 열병식을 할 더 넓은 공간을 마련하기 위해 이 성당을 헐어야 한다고 주장했지만, 그 임무를 부여받은 건축가 표트르 바라노프스키는 이 명령을 거부하며 명령을 취소하지 않으면 목을 베어 자결하겠다고 위협했다. 이 성당이 구제된 것은 오로지 이런 제스처의 결과였다.

플라미니아 바르톨리니

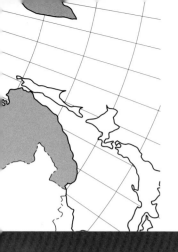

76. (상단) 성 바실리 성당은 1555-1561년에 폭군 이반의 명령으로 지어졌으며, 붉은 광장에서 가장 매력적인 건물 가운데 하나다.

76. (하단) 이 성당에는 각 예배당에 하나씩 모두 9개의 돔이 있다.

76-77. 이 성당은 '은총 받은 바실리'가 성인화되고 난 후에 성 바실리에게 봉헌되었다. 중앙의 예배당이 8개의 작은 예배당으로 둘러싸여 있는 이 건물은 카잔에서 몽고군과 싸워 최후의 승리를 거두기 전에 있었던 8번의 공격을 기념하기 위해 이반 4세의 명령으로 지어졌다.

77. (하단) 성당의 본체가 되는 예배당들은 높이와 크기가 서로 다르고, 돔의 모양도 각각 다르다. 그 결과 이 건물은 비현실적이고 비전통적이지만 믿을 수 없을 정도로 우아한 모습을 하고 있다.

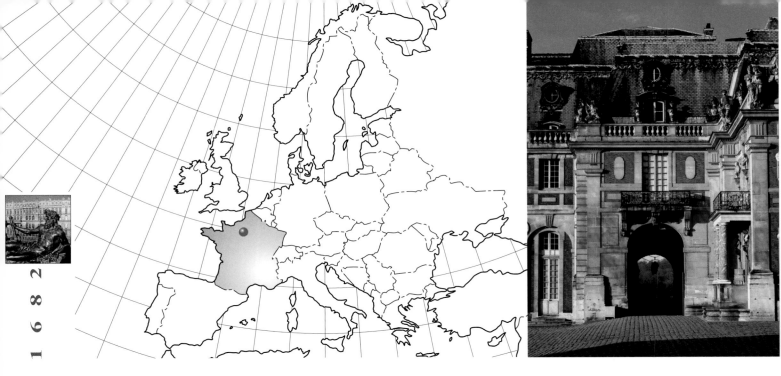

베르사유 궁
파리, 프랑스

원래 파리 근교의 작은 마을이었던 베르사유Versailles 의 운명은 루이 13세가 즉위 전부터 가졌던. 사냥에 대한 열정에서 비롯되었다. 루이 13세는 1623년에 왕위에 오르자 베르사유를 매입하고 필리베르 르로이에게 사냥용 별장을 짓게 했다. 그러나 이 별장(아직도 고성(古城)이라는 뜻의 '뷔 샤토Vieux Chateau'로 불리고 있다)을 지금의 궁으로 개조하기 시작한 것은 태양왕 루이 14세다. 그는 1661년 스페인의 공주 마리아 테레사와 결혼한 직후 이 곳을 궁전으로 개조했다. 프랑스 왕실과 정부는 1682년부터 프랑스 혁명이 일어날 때까지 이 궁에 주재했다.

루이 14세는 처음에는 루이 르보, 그 다음에는 줄레 아르두앵-망사르에게 공사를 맡기고 앙드레 르노트르에게 정원과 공원의 설계를 맡겨 18세기 말까지 유럽의 모든 궁전의 모델이 된 화려한 궁을 만들었다. 르보는 궁의 양 측면과 평행이 되는 별관 2채와 정원이 내려다보이는 넓은 파사드를 증축했으며, 망사르는 1667년에 남쪽과 북쪽에 대형 건축물을 하나씩 증축했다. 이렇게 확장시킨 궁은 처음부터 전체 건축과 조경 프로젝트의 중심으로 간주되었다.

망사르는 궁의 정면 동쪽에 있는 무기고Place d'Armes의 반원형을 가로막는 대 마구간과 소 마구간을 설계했고, 공원에는 온실 Orangerie과 그랑 트리아농Grand Trianon을 설계했다. 그랑 트리아농은 왕이 사적으로 이용했던 작은 빌라로 지금은 프랑스 대통령의 별장과 영빈관으로 사용되고 있다.

망사르의 최대 업적은 르보가 공원을 향하도록 설계한 테라스를 화려한 거울의 방Hall of Mirrors으로 개조한 것이다. 이 방은 프랑스 왕권의 절대성을 세련되게 상징했다. 베르사유 궁은 절정에 있던 프랑스 군주제의 권력과 당당함과 세련됨을 가장 잘 표현한 것으로 널리 인정받고 있으며, 지금도 방문객들에게 경외심을 불러일으킨다. 중앙 출입구를 지나면, 3개의 안마당이 나오는데 첫 번째 것은 대신들의 궁정Cour des Ministres으로 르 보가 지은 별관과 루이 14세의 기마상과 접하고 있다. 이것은 3개의 안마당 중 가장 큰 것으로 1783년에서 1784년에 몽고피에르와 필라트르 드 로지에가 경항공기 비행을 최초로 시도했던 곳이기도 하다. 그 다음 것은 왕의 궁정Cour Royale으로 조신(朝臣)들이 탄 마차만이 드나

78. (상단) 대리석 궁정의 북쪽에 있는 이 문은 베르사유의 정원으로 통한다.

78. (하단) 건물의 중심축과 연결된 파리의 길Avenue de Paris에서 바라본 베르사유의 모습이다.

78-79. 궁의 서쪽 파사드(정원을 바라보는 쪽)가 2개의 물의 화원Parterre d'Eau에 그림자를 드리우고 있다.

79. (하단) 대리석 궁정은 왕의 궁정보다 5계단 위에 있고, 루이 13세 때 지은 일련의 건물들 중심에 있다.

80. 장-밥티스트 터비가 설계한 아폴로 분수의 중앙에는 전차를 탄 아폴로 상이 있다. 이 분수는 레토 상과 그녀의 아들인 아폴로 상을 연결한다고 해서 태양의 축이라고 알려지기도 한 넓은 가로수길인 잔디밭 길Tapis Vert의 끝에 있다.

81. (상단) 물의 산책로Allee d'Eau 끝에 있는 직경 39미터에 이르는 용의 분수Bassin de Dragon 중앙에는 마시 형제가 주조한 그랜드 드래곤이 있다.

81. (중앙) 아폴로 분수에서 태양신 아폴로가 새벽에 야생마가 이끄는 전차를 타고 물에서 나와 창공을 가로지르며 하루 일정을 시작한다. 트리톤이 고동을 불어 그의 출현을 알린다.

81. (하단) 라토나 분수에는 레토가 자신의 아들딸인 아폴로 및 다이애나와 함께 있는 대리석상으로 장식된 몇 개의 풀이 있다. 이 조상은 마시 형제의 작품이다.

The Palace of Versailles

들 수 있었다. 세 번째 것은 대리석 궁정Cour de Marbre으로 루이 13세가 처음 주거하던 궁의 중심부에 있다.

궁 뒤에는 약 250에이커에 이르는 넓은 정원과 분수가 시야가 닿는 데까지 넓게 펼쳐진다. 르노트르는 이곳에서 처음으로 자신이 꿈꾸던 '프랑스식' 정원을 시험했다. 그는 이탈리아식 정원의 특징인 대칭 배치에서 시작해 방사상 축 모양으로 가로수 길과 통로를 만들고, 간간이 누각과 수목과 의외의 빈터를 배치해 공간 인식을 자극하고, 수십 년에 걸쳐 계단, 테라스, 거대한 풀장과 분수 등을 증축해 이 모든 것을 단장했다.

정원에는 물의 화단Parterre d'Eau이라고 불리는, 24개의 청동 조상으로 둘러싸인 2개의 동일한 풀, 아폴로 및 다이애나와 함께 있는 레토의 대리석상이 장식된 라토나 분수Bassin de Latone, 전차를 타고 있는 태양신 아폴로의 조상이 있는 아폴로 분수Bassin d'Apollon, 소 운하Petit Canal와 교차해 둘레 4.8킬로미터가 넘는 거대한 십자형 탱크를 형성하고 가장 화려한 궁정 파티가 열렸던 대운하Grand Canal 등이 중심축에 집중적으로 몰려 있다.

중심축에서 벗어난 유일한 정원은 쁘띠 트리아농Petit Trianon 궁에 있는 영국식 정원으로, 이것은 1762년에서 1768년 사이에 루이 15세를 위해 건축가 자크-앙쥐 가브리엘이 설계한 것이다. 이 정원에는 아름답고 이국적인 수목들이 많이 심겨 있고, 누각과 작은 교회당이 군데군데 있으며, 일부러 구불구불하게 만든 통로들이 교차한다. 베르사유 궁은 프랑스 혁명 때 약탈당하고 파괴된 뒤로 거의 50년 동안 방치되어 있다가, 또 다른 왕에 의해 오랫동안 잃었던 권위를 되찾았다. 1837년에 루이 필리프가 복원 공사를 시작해 '프랑스의 모든 영광'을 기리기 위해 남쪽 별관을 박물관으로 개조했으며, 이로써 베르사유 궁의 근대사를 위한 토대가 마련되었다.

미리암 타비아니

82. (상단) 전쟁의 방Salon de Guerre 은 왕의 궁King's Apartment과 거울의 방 사이에 있다.

82. (중앙 상단) 다이애나의 방(그랑 다 파르망에 있는 6개 방 중 하나)에 장 로 렌초 베르니니가 만든 루이 14세 흉상이 있다.

82. (중앙 하단), 평화의 방Salon de la Paix은 거울의 방 한쪽 끝에 있다.

82. (하단) 왕의 방(이 방은 비너스의 방 이다) 이름은 어번던스, 비너스, 다이애나, 마르스, 머큐리, 아폴로 등 천장에 그려진 신의 이름에서 비롯되었다.

82-83. 거울의 방에는 정원을 향한 대형 창문 17개가 있고, 주랑 반대쪽에 대형 거 울 17개가 있다. 중요한 행사가 있을 때에 는 전구 3,000개에서 나오는 불빛이 거울 에 반사되어 번득이는 효과를 낸다. 바로 이 방에서 1871년 독일 제국이 선포되고, 1919년 베르사유 조약이 조인되었다.

1 6 8 2

84. (왼쪽) 나폴레옹 1세는 오스트리아의
마리-루이스와 결혼한 뒤, 거처를 베르사
유로 옮겨 왕비의 궁(사진)을 사용할 것
을 고려한 적이 있다. 만약 그렇게 했다
면, 그의 아내는 아래층을 사용하고, 그의
여동생 폴린은 쁘띠 트리아농을 사용했을
것이다.

84. (하단) 오페라의 방은 금박을 입힌 목
각으로 장식된 타원형 방이다. 이것은 자
크 가브리엘이 루이 16세와 오스트리아
의 마리 앙투아네트의 결혼을 위해 2년
도 안 되는 짧은 기간에 완공했다.

84-85. 르 브룅Le Brun의 양식을 본떠 양토앙 코이펠Antoine Coypel, 샤를르 드 라 포스Charles de la Fosse, 장 주브네Jean Jouvenet가 그린 왕실 예배당 Chapelle Royale의 그림 장식은 성삼위 일체의 주제에 바탕을 두고 있다.

85. (상단) 그랑 트리아농은 루이 14세가 사적으로 안식할 있도록 망사르가 지은 작은 별궁이었다. 이 궁 뒤에 있는 분홍 색 대리석 기둥과 원주가 늘어선 열주랑 은 공원으로 가는 출입구 역할을 한다.

85. (하단) 망사르가 설계하고 그의 처남 인 로베르 드 코트가 완공한 왕실 예배당 은 성 루이에게 바친 것이었다. 위층 주랑 은 왕족과 궁녀들이 사용했고, 네이브는 조신들이 사용했다.

86-87. 페테르호프의 그레이트 팰리스 파사드 앞에서 건축가 바르톨로메오 프란체스코 라스트렐리가 설계한 그레이트 캐스케이드가 물을 뿜어내고 있다. 이 물은 사자와 싸우고 있는 삼손의 조상이 있는 반원형 풀로 들어갔다가 거기서 다시 해상 운하를 거쳐 핀란드 만으로 흘러간다.

86. (하단) 궁의 남쪽 파사드가 향하고 있는 위쪽 정원의 중앙에 넵튠 분수가 해마와 돌고래와 강을 상징하는 조각들에 둘러싸여 있다.

페테르호프 궁
상트페테르부르크, 러시아

큰 키와 위대한 업적, 방대한 건축 사업 때문에 '대제'라고 불리는 러시아의 짜르표트르 1세는 유럽 여행중에 베르사유 궁에서 많은 감명을 받았다. 서구 세계에 러시아의 문호를 개방했던 표트르 대제는 1709년에 폴타바 전투에서 스웨덴의 칼 12세를 물리치고 나서, 베르사유 궁의 영향을 받기는 했지만 그보다 더 웅장한 여름 궁전을 지어 발트 해로 가는 교두보를 확보한 승리의 기쁨을 기념하기로 했다. 러시아에서 가장 중요하고 독특한 18세기의 궁전인 페테르호프(Peterhof, '표트르의 집'이란 뜻)는 이렇게 해서 1714년에 공사가 시작되었다.

페테르호프 궁은 1712년에 표트르 대제가 궁전과 정부를 이전한 새로운 수도 상트페테르부르크St. Pettersburg에서 30킬로미터가량 떨어진 곳에 자리 잡고 있다. 이 궁은 독일인 건축가 요한 프리드리히 브라운스타인Johan Friedderich Braunstein이 설계하고, 베르사유 궁의 정원 설계를 맡았던 르노트르의 제자인 프랑스인 건축가 장-밥티스트 알렉상드르 르블롱이 공사를 맡았다. 르블롱은 1917년 표트르 대제의 몇몇 친필 스케치에서 확인되었듯이 황제가 직접 설계에 참여한 가운데 황제의 감독을 받으며 신도시 상트페테르부르크의 도시 계획을 맡기도 했다.

페테르호프 궁은 그 원형인 베르사유 궁을 주변 환경에 맞게 개조했다. 핀란드 만과 평행하는, 1.6킬로미터가 넘는 길쭉한 땅에 위치한 이 궁은 바다를 향해 비탈진 아래쪽 정원과 320×410미터 넓이의 직사각형 정원인 위쪽 정원으로 이루어져 있다. 이 둘 사이에 306미터 길이의 그레이트 팰리스Bolshoi Dvorets가 있는데, 이것은 건물의 구간들이 나타내는 일련의 오목, 볼록한 형상으로 건축상의 흥미를 불러일으킨다. 이 궁은 원래 2층이었지만, 18세기 중반에 여제 엘리자베스 1세의 요청에 따라 바르톨로메오 라스트렐리(겨울 궁전의 건축가)가 높이를 늘리고 바로크 양식으로 장식했다.

여러 궁들 중에서 그레이트 팰리스가 눈에 띄는 것은 북쪽에 있는 그레이트 캐스케이드Bolshoi Kaskad 덕분이다. 여기서 흘러내린 물은 양쪽에 분수가 있는 폭이 넓은 해상 운하Maritime Canal를 통해 핀란드 만으로 흘러간다.

캐스케이드 주변에는 금박을 입힌 많은 조상과 항아리와 20미터까지 물을 뿜어내는 분수가 있고, 물이 흘러내리는 풀에는 사자와 격투를 벌이고 있는 삼손의 조상이 설치되어 있다. 이 조상은 러시

87. (상단) 바닷가의 베르사유라고도 불리는 페테르호프의 거대한 공원에는 수많은 분수와 풀과 누각이 있다.

87. (하단) 왕실 예배당의 황금 돔(사진)과 독수리 누각 사이에 궁의 파사드가 있다.

88. (상단) 억세게 사자의 입을 찢고 있는 삼손의 조상은 표트르 대제가 성 삼손의 날에 폴타바 전투에서 스웨덴과 싸워 승리한 것을 비유한다.

88. (중앙) 궁의 중심축에서 볼 만한 것으로는 북쪽의 해상 운하와 남쪽의 위쪽 정원에 있는 3개의 분수다.

88. (하단) 트리톤 분수는 온실Orangery 옆에 있다. 이것은 장식 효과를 주기도 하지만 산책로의 초점이 되기도 한다.

89. 한 쌍의 트리톤이 분수에 에워싸여 있다. 이 조상은 그레이트 캐스케이드를 내려다보는 테라스의 중심부에 자리 잡고 있다.

Peterhof

아와 스웨덴의 전쟁을 비유한 것이다.

페테르호프 공원의 170개가 넘는 분수로 흘러 들어가는 물은 자연적이거나 인공적인 일련의 웅덩이와 수로와 수문을 통해 남쪽으로 22미터 떨어져 있는 로스핀 언덕에서 흘러나오는 것이다.

위쪽 정원은 프랑스식 정원으로 대칭 구조를 보이고, 넵튠과 두 보이의 분수가 있다. 아래쪽 정원은 개방적이면서 좀 더 구조화되어 있다. 그레이트 캐스케이드에서 부채꼴로 퍼져나가는 정원의 중앙에 해상 운하가 있고, 오른쪽에는 은자의 누각Hermitage Pavilion으로 가는 가로수, 왼쪽에는 몽플레지르Monplaisir로 가는 가로수가 있다. 구불구불하거나 일직선으로 곧은 통로가 주요 분수들을 연결한다. 예를 들면, 체스보드와 몽플레지르 사이의 로마식 분수, 피라미드 분수, 우산 분수, 오크 앤 선 분수가 그렇고, 몽플레지르와 마를리 궁Palace of Marly 사이의 사자 분수와 금박을 입힌 청동 계단이 있는 황금 산의 분수가 그렇다. 궁 동쪽에는 19세기 초에 니콜라스 1세가 한층 현대적인 개인 저택을 지은 알렉산더 공원이 있다.

페테르호프는 제2차 세계대전 중에 레닌그라드가 900일간 포위 공격을 당했을 때 심하게 손상되었지만, 그 후 복원 가능한 부분은 곧 복원되었고 파괴된 부분은 재건되었다. 이 궁은 개화된 창건자가 얼마나 웅장한 건물을 원했었는지를 지금까지도 잘 보여 주고 있다.

미리암 타비아니

90–91. 2단 창문을 통해 환하게 빛이 들어오는 알현실은 금박을 입힌 스투코와 메달리언(medallion, 원형 돋을새김)과 화판에 든 초상화들로 비교적 수수하게 장식되어 있다. 대형 거울을 사용해 빛과 색채의 매력적인 효과를 보여 준다.

91. (상단) 환상적인 난간동자로 꾸며진 중앙 계단은 알현실로 연결된다.

91. (중앙 상단) 접견실의 창문, 문, 거울은 혼합식 벽기둥에 둘러싸여 있다.

91. (중앙 하단) 몇몇 방에는 제국 도자기 공장에서 제조한 정교한 도자기들이 진열되어 있다.

91. (하단) 초상화의 방 Portrait Room 에는 베로나 출신의 화가 피에트로 로타리가 그린 여인의 초상화 368점이 전시되어 있다.

에스테르하지 궁

페르퇴드, 헝가리

92. (상단) 성의 건물들로 둘러싸인 에스테르하지의 안마당 중앙에는 관목과 화단으로 둘러싸인 둥그스름한 대형 분수가 있다.

92. (중앙) 오스트리아 출신의 건축가 멜키오르 헤펠레는 1764년에 미클로스 에스테르하지 황태자의 요청으로 파사드의 중앙 구간이 프랑스식 정원을 향하도록 설계했지만, 지금은 그 정원이 사라지고 없다.

이 호화스러운 로코코식 궁전은 미클로스 에스테르하지 황태자Prince Mikl s Esterh zy를 위해 헝가리 서부 기외르소프론Gyor-Sopron 지방의 페르퇴드Fertod에 세워졌으며, 황태자는 이곳에서 수십 년 동안 유럽 왕족들의 행동 양식과 화려함과 우아함을 추종하며 오스트리아 궁정과 경쟁적으로 사치스러운 생활을 했다.

이 건물은 원래 1721년에 건축가 안톤 에르하르트 마르티넬리가 평범한 전원 별장으로 지은 것이었다. 이후 미클로스 황태자는 1764년에 '대유럽 여행Grand Tour of Europe'에서 얻은 문화적, 세속적 경험을 바탕으로 오스트리아 왕실에서의 자신의 중요한 위치와 가문의 상속 재산에서 힘을 얻어, 자신이 직접 감독해 이 별장(그는 이것에 에스테르 궁이라는 이름을 붙였다)을 대대적으로 개조했다.

미클로스 황태자는 이탈리아인 건축가 지롤라모 본의 충고에 따라 베르사유 궁과 쇤부른 궁을 모델로 하는 설계를 선택했다. 공사에 참여한 여러 건축가들 중에서 멜키오르 헤펠레Melchior Hefele는 우아한 단철 문과 정원을 향한 파사드를 설계했고, 미클로스 자코비는 1766년에 길이를 약간 연장하고 그 당시 유행하던 로코코 양식에 맞춰 화려하게 장식한 중앙 파사드를 설계한 것으로 보인다. 1784년에 이 궁이 완공되었을 때는 '헝가리의 베르사유'라고 불러도 손색이 없을 정도였으며, 미클로스 황태자는 '위대한Magnificent'이라는 칭호에 걸맞게 되어 왕가에서 신망을 얻었다.

에스테르하지 궁은 U자형으로 지어졌다. 중앙 구간의 1층에서 3층까지는 발코니 딸린 11개의 창문이 나란히 줄지어 있고, 중앙의 4층에는 3개의 창문이 거대한 벽기둥과 교대로 배치되어 있다. 별관 두 채가 완만한 곡선을 그리며 아기 천사와 돌고래로 장식된 분수를 중앙에 두고 명예의 궁정cour d'honneur을 형성한다. U자형의 제일 바깥쪽은 대형 아케이드와 항아리와 단철 장식으로 꾸며진 단층 건물로 되어 있다. 궁전 잔디밭과 프랑스식 정원(지금은 사라지고 없음)과 공원은 종종 음악회와 파티의 무대로 사용되었다.

궁 안에는 126개의 방이 있고, 이들은 모두 지금까지 거의 그대로 남아 있는 유일한 부분인 궁의 중앙 구간에 있다. 꼭두각시 극장, 중국식 방, 화랑, 겨울 정원, 프란츠 조셉 하이든이 자작곡을 직

92. (하단), 93. (하단) 에스테르하지 궁은 이탈리아 양식의 영향을 많이 받은 로코코 양식의 대표적인 건축물이다. 이 궁은 U자형으로, 겨울 정원과 화랑을 수용하기 위해 지은 2개의 별관이 있다.

92–93. 멜키오르 헤펠레가 소용돌이 문양, 격자 문양, 식물 문양으로 만든 우아한 단철 장식물이 2층으로 올라가는 중앙 계단의 석조 난간과 발코니의 난간을 장식한다.

Esterházy
Palace

접 연주했던 홀을 비롯해 별관에 있던 많은 볼거리들은 파괴되어 사라졌다. 하이든은 에스테르하지 가문이 고용한 악장이었으며, 에스테르하지 가문은 아름다운 음악이 궁의 사교 생활에 가져오는 명성을 잘 알고 음악가들을 후원했다.

비엔나에서 초빙된 화가 조세프 이그나츠 밀도르퍼가 그린 매력적인 프레스코화는 아직까지 남아 있다. 그는 예배당과 살라 테레나Sala Terrena와 요한 요셉 로슬러의 아름다운 조각이 있는 연회실Banquet Room을 장식하기도 했다.

에스테르하지 궁은 오랫동안 방치되어 있다가 19세기 말에 지스몬트 바빅스Zsismond Babics에 의해 복원되었고, 최근에는 2차 세계대전 때 손상되었던 부분이 복원되어 원래의 화려한 모습을 많이 되찾았다.

마리아 엘로이사 카로차

94. (상단) 에스테르하지 궁의 2층은 사치스럽고 창의적으로 꾸며진 여러 접견실과 개인 전용 침실로 되어 있다. 일련의 통로가 건물의 공간성을 만들어낸다.

94. (하단) 많은 방들이 중국식 패널화로 꾸며져 있다. 1773년에 에스테르하지 황태자는 헝가리와 보헤미아의 여왕인 마리아 테레사에게 경의를 표하기 위해 이들 방 중 하나에서 동양식 복장을 하고 동양식 무도회를 열었다.

94-95. 연회실은 후기 헝가리의 바로크 양식을 대표한다. 대리석과 거울 및 부아세리 장식이 화려하다. 흰색과 황금색의 우아한 스투코 꽃들이 통로와 프레스코화 및 가구를 치장하고 있다.

95. (하단) 연회실 모퉁이에 있는 다색채 조각 〈사계절〉은 요한 요셉 로슬러의 작품이다.

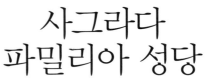

사그라다
파밀리아 성당

바르셀로나, 스페인

96. (상단) 그리스도의 수난을 나타내는 서쪽 파사드의 현관 밑에 있는 조상은 그리스도 생애의 마지막 순간을 나타낸다.

96. (하단), 97. 이 홀쭉한 건물은 고딕풍이며, 빽빽하게 조각이 들어간 3중 문과 4개의 종탑을 가지고 있다.

카탈로니아의 모더니즘을 대표하는 젊은 건축가 안토니 가우디 이 코르네는 1883년에 바르셀로나Barcelona의 사그라다 파밀리아 성당(The Sagrada Familia, 성 가족 성당)을 완공하라는 임무를 맡았다. 가우디는 프란시스코 델 빌라르가 설계한(1882년) 신고딕 양식의 도면을 근본적으로 수정하고, 43년이나 심혈을 기울인 끝에 매우 혁신적인 도면을 만들어냈다. 우뚝한 높이와 독특한 조형, 자연스러운 입체감과 독창적인 색채, 이와 더불어 포물선과 과장된 쌍곡선 및 나선형이 결합한 이 도면은 이색적이면서도 탁월하여 건물의 구조와 형태 및 색채 간에 완벽한 조화를 이루어내고 있다.

그의 설계는 하늘을 찌를 듯이 높이 치솟은 수직선이 지배적이다. 네이브, 4개의 측랑, 라틴 십자형 평면, 3개의 측랑을 가진 트랜셉트로 이루어진 이 건물은 1926년 가우디가 사망할 때까지 완공되지 못했으며, 아직까지 미완의 상태로 남아 있다. 3개의 파사드에는 그리스도의 탄생, 수난, 영광을 기리는 이름이 붙여졌다. 여

기에 사용된 장식이나 건축상의 모든 요소는 개개의 주제와 관련이 있다.

떠오르는 태양을 향해 동쪽을 바라보는 그리스도 탄생의 파사드는 장식적인 각 석재의 형성력을 통해 힘과 활력의 개념을 표현한다. 그 자체가 풍요와 삶의 환희를 비유하는 풍부한 장식은 지중해에서 나는 동식물상에 바탕을 두고 있다. 이것은 카탈로니아 출신의 이 건축가에게 끊임없는 영감의 원천이 되었으며, 그의 자연주의적이며 상징적인 건축 언어는 이런 문화적인 뿌리에서 나온 것이었다. 구불구불하고 현대적인 구조물 도처에서 거북, 달팽이, 거위, 암탉, 새, 특히 봄꽃들을 많이 볼 수 있다. 3중 문은 그리스도의 가르침의 근본인 믿음, 소망, 사랑을 상징한다.

그리스도 탄생의 파사드와 달리 서쪽을 향하고 있는 수난의 파사드는 죽음이 가져오는 돌이킬 수 없는 상실감을 나타낸다. 여기서는 건물이 더 이상 유연하게 구불구불하지 않고, 정돈되어 있고 딱딱하다. 버트레스라기보다는 살을 벗긴 뼈대처럼 생긴 6개의 양

98-99. 그리스도의 탄생을 나타내는 동쪽 파사드의 가운데 문은 꼭대기가 높다란 첨탑으로 되어 있다. 풍성하고 화려한 장식은 삶의 충만함을 상징한다. 문 뒤에 마태, 유다, 시몬, 바나바에게 봉헌된 4개의 종탑이 있다.

99. 마욜리카 타일 외장은 가우디 양식의 특징으로 구엘 공원에서도 이것을 볼 수 있다.

100-101. 이 세부 장식물은 서쪽 파사드에 있는 것으로, 절제되고 간소한 장식은 그리스도의 죽음을 상징하는 것들과 잘 어울린다. 조상들이 모두 슬픈 표정이다.

100. (상단) 서쪽 파사드는 돌을 깎아 만든 딱딱한 조각물로 현관을 받치는 가늘고 팽팽한 6개의 플라잉 버트레스에서조차 상실감과 황폐함을 표현한다.

101. (중앙) 벽에 뚫린 구멍을 통해 빛이 들어간다. 가우디가 영감을 얻은 위대한 고딕 양식 성당의 전례를 따라, 빛은 신의 존재의 상징물로서 이 건물의 중요한 요소가 되고 있다.

101 (하단) 가운데 문은 '믿음'을 위한 것으로 상층부는 동정녀 마리아의 대관식을 나타내고, '소망'의 문은 그리스도의 어린 시절 이야기로 꾸며져 있다.

The Sagrada Familia

식화된 플라잉 버트레스가 신의 아들의 죽음이 주는 비참함과 황폐함을 나타내기 위해 거의 아무런 장식도 하지 않은 채 구조물을 받치고 있다. 파사드에 나타나는 과일은 밤, 석류, 오렌지 등 가을과 겨울에 나는 것들이다. 8개의 종탑 가운데 4개 종탑의 꼭대기에서만 삶의 희망이 다시 나타난다. 밝은 색 타일로 치장된 꽃과 십자가가 달린 첨탑 꼭대기는 부활과 영광의 기적을 예고한다.

미완 상태로 남아 있는, 남쪽을 향한 세 번째 파사드의 주제는 영광이다. 높이 87~108미터 사이의 종탑 8개가 동쪽과 서쪽 파사드에 각 4개씩 나누어져 그 꼭대기를 장식한다. 12개의 종탑(남쪽 파사드 꼭대기를 장식할 종탑 4개는 아직 짓지 않았다)은 12사도를 상징한다. 가장 높은 종탑은 그리스도를 위한 것으로 높이 166미터에 반짝이는 십자가로 꼭대기를 장식하고 동정녀 마리아와 4대 복음 전도사를 위한 5개의 작은 종탑으로 둘러싸이게 될 것이다. 신고딕 양식의 애프스, 트랜셉트, 납골당(가우디는 동정녀 마리아에게 봉헌된 예배당의 납골당에 묻혀 있다), 외부 회랑cloister 등이 완성된 구간의 전부이지만, 이들은 아직 서로 분리되어 있다. 빠진 구간이 하나씩 완공됨에 따라, 건물의 통일성이 분명해질 것이다.

사그라다 파밀리아 성당의 풍성한 장식은 믿음을 나타낸다고 기록되어 있다. 건물 외관에는 탄생에서 죽음에 이르기까지 그리스도의 일생이 묘사되어 있고, 내부에는 '천상의 예루살렘'이 묘사되어 있다.

이 성당은 종교적인 영감이 중요한 요소가 되고 있다. 풍부한 장식과 가시적인 강력한 표현력을 지닌 건축적인 상징물에 가톨릭 교리, 통속적인 전통, 신화, 이교도 도상 등의 요소들이 결합되어 있다.

베아트릭스 힐링/마리아 로라 베르겔리

102-103. 에펠탑은 1889년부터 뉴욕에 크라이슬러 빌딩이 완공된 1930년까지 세계에서 가장 높은 건물이었다.

102. (하단) 에펠탑은 새로운 건축 소재로서 강철에 관심을 집중시켰다. 위로 올라갈수록 점점 뾰족해지는 옆모습이 파리의 평지에 우뚝 솟아 있고, 도시의 어디에서나 이 모습을 볼 수 있다.

103. 에펠탑은 파리의 상징물 가운데 하나다. 전구 2만 개가 설치되어 있고, 매 시간마다 처음 10분간 불이 켜진다.

에펠탑
파리, 프랑스

프랑스 혁명 100주년을 기념하는 만국 박람회를 위해 알렉상드르 구스타브 에펠이 설계한 에펠탑The Eiffel Tower은 파리 시를 상징하는 가장 매력적인 건축물이다.

탑의 건립 계획이 처음 검토된 것은 1884년이었지만 여러 가지 어려움 때문에 1887년에야 공사가 시작되었다. 그리고 26개월 후에 완공되었다. 당대 프랑스 최고의 신문이었던 〈르 땅 Le Temps〉은 연일 에펠탑의 건립을 반대하는 항의문을 실었고, 만국 박람회가 끝나면 이것을 철거해야 한다는 주장이 비등했다. 샤를르 구노, 기 드 모파상, 알렉상드르 뒤마 피스, 기욤 부게로, 에르네스트 메소니에, 샤를르 가르니에와 같은 문화계 인사들을 비롯해 많은 사람들이 반대의 목소리를 높였다.

거의 돌과 벽돌만으로 건물을 짓던 시절에 강철로 탑을 만든다는 계획이 얼마나 경악스럽고 경우에 따라서는 무례하게 느껴졌을지 충분히 짐작이 간다. 게다가 도시 한복판에 높이 300미터 되는 경박한 강철 탑이 세워진다면 눈에 띄지 않을 수 없을 것이다. 이 탑의 건립 목적은 그 당시(산업 혁명 덕분에) 인기를 얻기 시작하던 강철의 기술적인 능력과 유연성과 저항력을 보여 주는 것이었다. 이 '실험적 건물'을 짓는 데는 현장에서 조립하는 가공 부품의 형태로 강철 6,300톤이 필요했다.

이 탑의 철거 문제를 종결시킨 것은 1908년 1월에 프랑스군이 보낸 최초의 무선 송신이었다. 이 탑이 매우 강력한 형태의 통신을 할 수 있고, 현대적이며 역동적인 파리에 없어서는 안 될 존재라는 것이 입증된 후로 에펠탑은 언제까지나 남아 있어도 좋다는 공식 승인을 받게 된다.

에펠탑은 1920년부터 파리의 상징물로서 파리의 진보적인 기질을 강조했다. 많은 시인, 감독, 사진작가, 화가들이 그 형태에서 영감을 얻었다. 에펠탑에서 최초로 영감을 얻은 사람은 점묘법(분할 묘사법과 비슷한 화풍)의 창시자인 조르주 쇠라로 이 탑의 공사가 끝나기도 전인 1888년에 이것을 그림의 주제로 삼았다. 루소, 시냐크, 보나르, 유트릴로, 그로메르, 뷔야르, 뒤피, 샤갈 등 많은 유명 화가들이 그의 뒤를 이었다. 로베르 들로네가 1910년에 그린 〈에펠탑Le Tour Eiffel〉이라는 제목의 연작은 이 탑의 현대적인 모양을 입체파의 관점에서 옮겨 놓았다는 점에서 매우 유명하다.

1889년에 이 탑은 대략 311미터 높이로 세계에서 가장 높은 건

물이었다. 1957년에는 여기에 텔레비전 안테나가 추가되면서 324 미터로 높아졌다. 기단은 구조물을 함께 떠받치는 4개의 거대한 아치형 기둥으로 이루어졌다. 위로 올라갈수록 폭이 점점 가늘어지는 이 탑은 3개의 전망대로 구간이 분리된다. 에펠탑의 전체적인 설계는 바람이 일으키는 하중과 압력에 관한 연구의 결과였다. 에펠탑에 빈 공간이 많은 것은 표면적을 줄여 바람의 저항을 피해 보려는 결정에서 비롯되었다.

에펠탑에는 3개의 전망대로 올라가는 계단과 엘리베이터가 있다. 1층에는 레스토랑이 있고, 꼭대기 층에는 기상대, 라디오 방송국, 텔레비전 중계소가 있고, 과거에는 에펠탑 사무실이 있기도 했다.

The Eiffel Tower

104-105. 탑의 기단에서 찍은 철골조의 모습이다. 구스타브 에펠은 주로 다리를 설계했으며, 유럽 전역에 많은 다리를 만들었다.

104. (하단) 이 연작 사진은 1887년에서 1889년 사이에 기단에서 꼭대기까지 탑의 공사 과정을 보여 준다.

105. 에펠탑 꼭대기에는 탑이 완공되고 약 70년 후인 1957년에 설치된 대형 텔레비전 안테나가 있다. 현재 이 탑은 관광 명소로 인기를 끌고 있고, 방문객들은 엘리베이터나 계단을 이용해 전망대 테라스로 올라가 파리의 풍경을 감상할 수 있다.

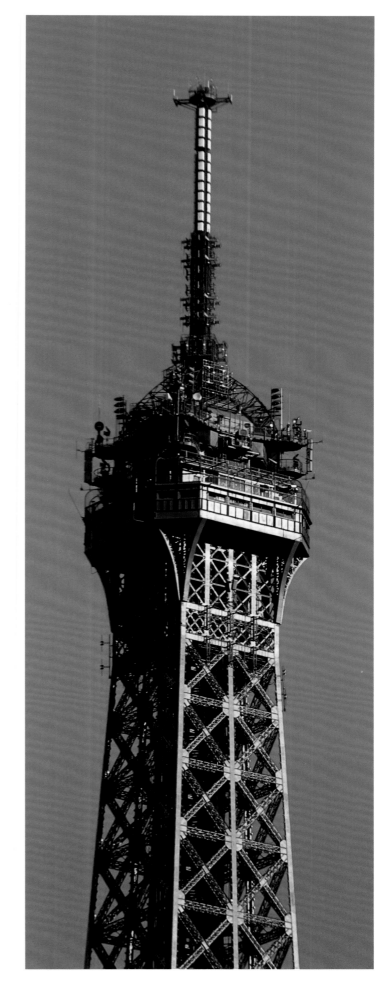

형식적인 면을 제외하고 에펠탑의 혁신적인 특성은 그것을 인식하는 방식에 있다. 그 전에는 대개 도시를 배경으로 어느 한 방향에서만 건물을 볼 수 있었지만, 에펠탑은 파리의 어느 곳에서나 볼 수 있다.

구글리엘모 노벨리/마리아 로라 베르겔리

타워 브리지

런던, 영국

19세기 초까지 템스 강을 가로지르는 다리는 런던 브리지 하나뿐이었다. 런던이 유럽의 중심지로 자리 잡기 시작하면서, 도시는 경제적으로 성장했고 인구도 폭발적으로 늘어났다. 이 때문에 새로운 시설을 증축할 필요가 생겼는데 특히 강의 양 제방 사이를 건너는 수단에 대해서는 더욱 그랬다. 도시의 서반부에 일련의 다리가 건설되었지만, 19세기 중반부터는 이스트 엔드(이미 포구가 붐비는 곳)에 인구가 증가하면서 선박의 원활한 교통을 방해하지 않으면서 양 제방을 연결하는 새로운 수단이 필수불가결하게 되었다. 이런 이유에서 1876년에 강을 건너는 새로운 수단을 승인하고 건설하기 위해 '특별 교량 또는 지하도 위원회'가 구성되었다. 50개가 넘는 설계도가 제출되었고, 그중에서 1884년 10월에 호레이스 존스 경(도시 건축가)과 토목기사 존 울프 배리의 설계도가 당선작으로 발표되었다.

106. (상단) 한때는 런던 타워 근처에서 템스 강을 건너려면 배를 타거나 런던 브리지를 이용하는 수밖에 없었다. 그래서 다리를 하나 더 건설해야 한다는 여론이 일었다. 이에 1885년 의회법에 따라 타워 브리지를 건설하게 되었다.

106. (하단) 다리가 86도로 완전히 열리는 데는 약 1분 정도가 걸린다. 증기 압력 펌프에서 나온 에너지가 거대한 축압기 6개에 저장되었다가 모터로 방출된다.

106-107. 런던을 상징하는 타워 브리지는 1886년에서 1894년 사이에 호레이스 존스 경과 존 울프 배리 경이 설계했다. 템스 강에 있는 2개의 플랫폼이 서로 대칭을 이루는 직사각형 타워를 지탱하는 받침대 역할을 한다. 수면 위 43미터 지점에서 이중 보도로 연결되는 고딕 복고풍의 타워에는 다리를 들어 올리는 데 쓰이던 구식 장비가 아직 남아 있다.

107. (하단) 영국 토목공학의 자랑거리인 타워 브리지는 1894년 6월 30일에, 훗날 에드워드 7세가 된 왕세자와 그의 아내인 덴마크의 공주 알렉산드라가 참석한 가운데 개통되었다. 개통식을 기념하여, 왕실 선박이 지나갈 수 있도록 다리가 개방되었다. 그 당시에는 연간 6천 회 정도 다리가 개폐되었지만, 요즘은 개폐되는 일이 드물다.

다리의 육중한 골조를 짓는 데 만 천 톤이 넘는 강철이 들어갔고, 이것을 콘월 화강암과 포틀랜드석으로 치장했다. 400명이 넘는 인부가 공사에 참여했다. 호레이스 경의 원 설계도는 프랑스나 이탈리아의 전통에 전혀 영향을 받지 않은 순수한 영국 양식으로 그 당시 영국에서 한창 주가를 올리고 있던 고딕 복고풍에 어울리는 중세풍이었다.

그러나 그 다음 해에 호레이스 경이 사망하자, 설계 책임이 울프 배리에게 넘어갔고, 그는 호레이스 경의 중세 취향에서 벗어나 그보다 더 자유롭고 창의적인 빅토리아 고딕 양식의 전형을 보여 주는 설계를 도입했다.

그 당시로는 혁신적이었던 이 다리의 특징은 도개교라는 점이었다. 다리의 차도 부분이 수면에서 불과 9미터 밖에 떨어져 있지 않기 때문에 선박이 지나가려면 다리를 개방해야 하고, 이 다리는 단 90초 만에 그렇게 할 수 있었다.

템스 강을 가로지르는 29개의 다리 중 타워 브리지The Tower Bridge만이 이동식 구조물로 되어 있고, 요즘은 일주일에 몇 번만 개방하면 된다. 선착장이 동쪽에 몰려 있어, 선박들이 더 이상 서쪽으로 가기 위해 타워 브리지를 지나갈 필요가 없기 때문이다.

노스 타워에는 구식 장비를 자동 시설로 교체했던 1976년까지 도개교를 들어 올리는 데 사용했던 수압 기어가 아직까지 남아 있다. 사우스 타워는 방문이 가능한 곳으로, 이곳에는 런던의 교량 역사를 보여 주는 설계도가 수집, 전시되어 있다. 1970년대 말, 엘리자베스 여왕의 은혼식을 기념해 원래의 어두운 색에서 한층 애국심을 고취시키는 적색, 백색, 청색으로 다리를 다시 도색했다.

마리아 로라 베르겔리

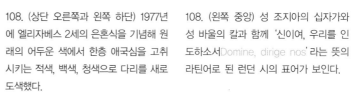

108. (상단 오른쪽과 왼쪽 하단) 1977년에 엘리자베스 2세의 은혼식을 기념해 원래의 어두운 색에서 한층 애국심을 고취시키는 적색, 백색, 청색으로 다리를 새로 도색했다.

108. (왼쪽 중앙) 성 조지아의 십자가와 성 바울의 칼과 함께 '신이여, 우리를 인도하소서Domine, dirige nos'라는 뜻의 라틴어로 된 런던 시의 표어가 보인다.

108-109. 242미터 길이의 타워 브리지
가 템스 강의 양쪽 제방을 연결한다. 움
직이는 2개의 팔이 도개교처럼 열려 받
침대와 연결하는 거대한 경첩 주변에서
오르락내리락한다.

109. (하단) 다리를 지탱하는 탑은 빅토
리아 시대 사람들이 좋아하던 고딕 복고
풍으로 지어졌다. 다리의 움직이는 구간
은 도개 구조로 되어 있고, 측면 구간은
현수교로 되어 있다.

바우하우스
데사우, 독일

바우하우스The Bauhaus는 20세기 건축, 디자인, 미술 교육 분야에서 가장 영향력 있는 기관이었다. 1919년에 건축가 월터 그로피우스가 바이마르에 설립한 이 학교의 교육 철학은 미술과 공예를 결합하고, 전통적인 공예 기술을 산업적인 대량 생산으로 전환하는 것이었다.

대량 생산품의 미적 가치를 예술가의 손을 통해 끌어올리는 것을 지론으로 하는 바우하우스는 급변하는 시대의 산물로 산업 제품을 예술적 창의성과 결합하는 데 성공해 산업 미술을 탄생시켰다. '바우하우스' 라는 이름은 이론과 실제가 건축이라는 종합 예술을 통해 단일화되어야 했던 중세의 건축 현장을 가리키는 '바우회텐Bauhütten' 이라는 말에서 비롯되었다.

바우하우스에서는 교사를 '마스터master' 라 부르고, 학생을 '도제' 와 '직공' 으로 나누었다. 이 학교는 시대의 요구에 완벽하게 부응했지만, 그 짧은 역사는 재정적인 어려움, 공식 기관들의 적개심, 마스터들 간의 불화로 점철되었다.

바우하우스는 3번의 주요 시기를 거쳤는데, 이것은 학교의 소재지 변화와 일치했다. 학교가 바이마르에 있었던 1919년에서 1924년까지는 후기인상파 시기였고, 데사우Dessau에 있었던 1925년에서 1930년까지는 합리주의에 대한 희망과 전 단계와의 갈등을 특징으로 하는 시기였다. 데사우-베를린에 있었던 1930년에서 1933년까지는 합리주의 시대였다.

바우하우스가 자체적인 교과과정을 결정할 뿐 아니라 학교 건물을 설계하는 것에서도 책임져야 했던 것은 데사우 시기가 처음이었다. 이 시기에 학교 건물과 공방이 건설되었다. 그로피우스가 설계한 새 학교는 이곳에서 일하는 사람들이 모두 사용할 수 있는 다기능 건물이었다. 여기는 교실 건물, 외벽이 유리로 된 공방 건물, 이 두 건물을 연결하고 사무실, 도서관, 교장실이 들어 있는 건물 등 3개의 건물이 있다.

각 건물의 깔끔한 분리와 물리적인 배치에서 나오는 건물의 입체감은 여러 구역을 명확하게 정의했고, 여기에 사용된 특별한 소재는 각 기능의 구분을 더욱 명확하게 했다.

그로피우스는 하나의 축을 중심으로 파사드를 대칭되게 배치함으로써 바우하우스를 르네상스와 바로크 양식의 건축물에 비유했다. 그러나 동시대의 정신을 반영하고 있는 데사우의 건물은 어느 한 방향을 선호하지 않는 3차원적인 성격을 지니고 있다. 이런 이유로 그로피우스는 이 건물의 항공사진을 보여 주는 것을 좋아했다.

그는 마스터들을 위한 집을 설계하기도 했다. 이 집들의 배치도는 L자 모양의 두 팔을 180도로 돌려놓아 S자를 형성했다. 그로피우스는 이렇게 해서 입체감에 대한 자신의 이론을 적용할 수 있었다.

바우하우스 내부는 외관과 마찬가지로 이 학교의 공방에서 디자인하고 제작한 것들로 꾸며져 있다. 건물의 개관식에 참석했던 사람들은 유리 커튼, 눈에 띄는 철제 난간이 달린 학생 기숙사의 작은 발코니, 너무 밝아 녹아내릴 것 같은, 나란히 늘어선 벽을 처음 보았을 때 분명히 깜짝 놀랐을 것이다.

바우하우스 건물은 모든 예술이 합작한 결과물이며 생활 문화, 더 정확히 말하면 삶의 질에 관한 새로운 아이디어를 실현한 것이었다.

구글리엘모 노벨리

110. 바우하우스 학교는 건축의 혁신에 지대한 영향을 끼쳤으며, 그 내부는 이 학교가 산업 미술을 강조하고 있음을 잘 보여 준다.

110-111. 이 학교는 월터 그로피우스가 설계한 것으로, 각각 교실, 공방, 사무실이 들어 있는 3개의 건물로 되어 있다. 강화 콘크리트와 눈에 보이는 철골조 및 유리벽과 같은 혁신적인 소재를 사용하고 3개의 건물을 유기적으로 배치한 것은 르네상스 시대 궁전의 전형인 유연성을 현대적인 건물에 재창조하겠다는 그로피우스의 진정한 의도를 말해 준다.

111. (하단) 그로피우스의 원 설계는 미적으로 가치가 있는 산업용 건물을 짓자는 바우하우스의 기본 철학을 나타낸다.

퐁피두 센터

파리, 프랑스

1971년에 조르주 퐁피두 대통령의 요청에 따라, 파리의 보부르 광장에 다양한 예술 분야를 총결집시키는 중요한 역할을 할 새 문화 센터를 건립한다는 공고가 전 세계적으로 났다. 이 공모전에서 렌조 피아노와 리처드 로저스의 공동 설계가 당선되었다. 이렇게 출발한 퐁피두 센터The Pompidou Center는 1972년 4월에 착공해, 1977년 1월 31일에 개관했다.

이색적인 외양 때문에 가끔 '도시 속의 기계'라고 불리는 이 건물은 파리 한복판에 10만 330제곱미터라는 넓은 면적을 차지하고 있다. 피아노와 로저스의 공동 설계가 당선된 것은 건물이 부지의 전부를 차지하지 않고, 출입구에 이르기까지 부지의 절반을 큰 광장처럼 빈 공간으로 남겨둔다는 아이디어 덕분이었다.

퐁피두 센터에는 근대 미술품을 전시하는 화랑과 임시 전시와 공연을 위한 공간이 있다. 정보 도서관, 그래픽 작품 센터, 비디오 테크, 설계도와 건축 도면 센터, 공업 창작 센터, 음악음향(IRCAM) 연구소, 조각가 콘스탄틴 브랑쿠시의 공방 재현실 등도 있다.

건물의 설계는 실험과 문화적 교류가 일어날 수 있는 장소에 필요한 유연성을 제공하고자 했다. 이것은 장애물이 없이, 시설과 장비를 필요에 따라 변경시킬 수 있는 빈 공간을 남겨둠으로써 가

능했다.

투명성과 명확성은 이 건물의 또 다른 특성으로 기능성을 갖춘 독특한 예가 된다. 구조물이 내부 경계나 중간 구조물 없이 표면적 7,430제곱미터에 이르는 거대한 고원Plateaux으로 이루어져 있어, 건물이 도시에 노출되고 따라서 활기찬 만남의 공간이 될 수 있다.

기존의 건물들과 달리, 퐁피두 센터는 철골조와 통로와 각종 설비 배관을 외부로 노출시킴으로써 새로운 미학을 창조하고 건물에 기능성과 유기적인 통일성을 부여했다.

112. 조명은 파리 퐁피두 센터 내부의 중요한 특징으로 방문객들에게 될 수 있는 대로 노출된 공간을 제공한다. 건물의 구조물과 설비가 감춰지기보다는 외부로 드러나 강조되었고, 따라서 건물 안팎에서 '도시 속의 기계'라는 개념으로 요약되는 미술과 산업의 기묘한 결합이 이루어지고 있다.

112-113. 프랑스의 전(前) 대통령 조르주 퐁피두를 위해 지은 이 문화 센터는 건축가 리처드 로저스와 렌조 피아노가 설계를 맡았다. 이 건물에는 근대 미술관, 정보 도서관, 임시 전시회가 열리는 일련의 학제적인 공간 등이 있다.

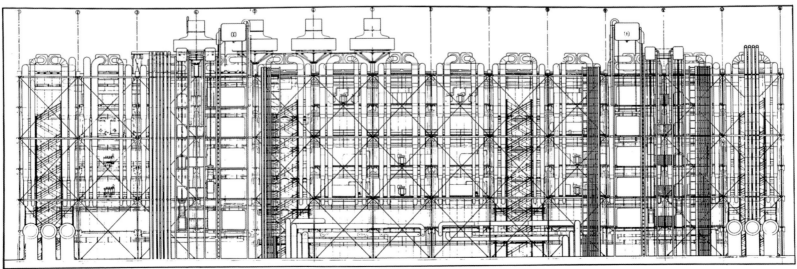

115. (상단) 노트르담의 괴물 상이 멀리서 착잡한 심정으로 퐁피두 센터를 내려다보는 것 같다. 이곳에서 보면, 센터가 진수되기를 기다리며 조선소의 파이프 구조물 사이에 매달려 있는 선박처럼 보인다.

115. (하단) 퐁피두 센터의 남쪽 파사드는 음향효과와 음악을 실험하는 IRCAM이 있는데 이것은 나중에 증축된 건물과 조화를 이룬다.

외부로 노출된 대형 파이프는 각각의 기능과 관련된 서로 다른 색으로 칠해져 있다. 냉방 파이프는 파란색, 전기 케이블은 노란색, 환기 파이프는 빨간색, 수도 파이프는 초록색으로 칠해져 있다. 그러나 가는 봉과 트러스와 세밀하게 조립된 파이프로 이루어진 기계 장치 같은 외양에도 불구하고, 이 거대한 건물은 공예품처럼 정교하게 설계되어 있다. 렌조 피아노는 이것을 "대형 프로토 타입, 손으로 하나하나 만든 거대한 공예품"이라고 표현했다.

공사를 하는 데 엄청난 정밀함과 기술이 필요했으며, 특히 피터 라이스가 설계한 구조물은 더욱 그러했다. 공업품의 재 디자인 과정을 통한 건축가와 토목기사와 건조자의 협조 체제 덕분에 외관 벽을 받치는 독특한 캔틸레버가 만들어졌다.

피아노와 로저스가 설계한 이 건물은 기계적인 것과 기념비적인 것 사이의 어딘가에 현대 대도시의 부단한 움직임에서 전형적으로 볼 수 있는 역동적인 이미지를 가지고 있다.

구글리엘모 노벨리

114-115. 전체 구조물이 강철 보와 유색 튜브로 이루어진 거대한 공업용 건물처럼 보인다. 각 파이프는 용도에 따라 다른 색으로 칠해져 있다.

114. (하단) 렌조 피아노의 스케치는 센터의 정면도와 외관상으로 복잡하게 뒤얽힌 설비를 보여 준다.

The Pompidou Center

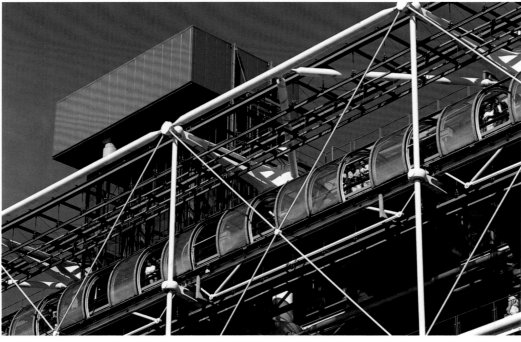

116. 센터의 바깥쪽은 보부르 광장과 파리 시내를 한눈에 볼 수 있는 통로와 투명한 갤러리, 공공 테라스로 꾸며져 있다.

116-117. 에스컬레이터를 타면 광장에서 전망 테라스와 내부로 곧장 올라갈 수 있다. 강철과 유리(이 사진에 잘 나타나 있듯이)를 소재로 사용함으로써 이 건물이 설계되었던 1970년대에는 매우 혁신적이었던 미적인 개념을 실행할 수 있었다. 특히 내부가 들여다보이는 하중 지지 구조물과 외부로 노출된 회랑과 원색으로 칠해진 파이프는 이 건물의 기능성을 강조하고 실용성과 유기적 통일성을 결합시킨다.

118-119. 1989년에 루브르 박물관의 나폴레옹 안마당에 세워진 피라미드는 관람객들이 박물관을 좀 더 쉽게 이용할 수 있도록 지하층을 대폭 확장 공사한 것 중에서 겉으로 드러난 부분일 뿐이다.

118. (하단) 건축가 I. M 페이는 기하학을 출발점으로 삼아, 대형 유리 커버를 씌운 역 피라미드를 피라미드 모양의 또 다른 고형물 위에 올려놓았다.

119. (상단) 페이는 월터 그로피우스의 건축 철학을 추종하는 중국계 미국인 건축가다. 그는 베를린에 있는 독일 역사박물관 신(新) 청사를 비롯해 혁신적인 많은 건물을 설계했다.

119. (중앙) 이 사진은 2단계로 나눠진 공사의 한 장면을 보여 준다. 피라미드는 1987년에 시작된 1단계 공사 중에 지어졌는데, 이것은 많은 비난에도 불구하고 강력하게 요구되던 것이었다.

루브르 피라미드
파리, 프랑스

파리의 루브르 박물관은 1793년에 프랑스의 왕이 살던 웅장한 궁전에 설립되었으며, 이곳에는 수많은 미술품들이 소장되어 있다. 1980년대에는 관람객이 늘어나는 추세에 맞춰 루브르를 확장하는 공사가 시작되었는데 건축가 I. M. 페이의 감독 아래 2단계 공사(1987~1993년)를 한 끝에 '그랜드 루브르'가 탄생하게 된다.

유명한 루브르 피라미드The Lovre Pyramid는 1단계 공사 때 완성된 것으로, 나폴레옹의 안마당 밑에 지은 지하 구간 위에 자리 잡고 있다. 작은 피라미드들과 접해 있는 이 거대한 구조물은 박물관의 별관과 연결된 아래의 중앙 홀로 빛을 전달한다.

확장 공사를 한 후로 관람객을 여러 목적지로 훨씬 쉽게 분산할 수 있게 되었고, 안내실, 차별화 된 매표소, 정보 도서관, 스낵 코너, 물품 보관소, 강당 등 관람객을 위한 다양한 편의 시설이 들어섰다.

피라미드는 더 작은 채광창과 더불어 넓은 지하 공간 중에서 겉으로 드러나는 유일한 구간이다. 가느다란 강철 타이로드로 된 피라미드의 구조를 드러내 보이는 유리면과 분수의 결합은 의미심장하고 역동적인 장관을 연출한다.

이 피라미드를 단순히 중앙 홀의 채광창이라고만 부르는 것은 온당하지 못하다. 이것은 과거와 현대를 연결하는 준거점이며 시각적인 경계표다.

절대적으로 순수한 부피를 선택한 것은 고의적이었다. 피라미드의 형태는 루브르 박물관의 기념비적인 파사드와 완벽한 조화를 이루는 절대성과 불가결성이라는 개념을 나타내며, 그것으로 둘 간의 비교를 미연에 방지한다.

구글리엘모 노벨리

119. (하단) 피라미드의 내부는 이것이 왜 지어졌는지를 잘 말해 주고 있다. 루브르 박물관은 관람객을 여러 구역으로 분산할 수 있는 좀 더 효과적인 수단이 필요했다.

120-121. 중앙 피라미드와 그보다 작은 부속 피라미드들의 미학은 유리 구조물이 거대한 야광체로 변하는 밤에 더욱 분명해진다.

1 9 9 7

122. (상단) 구겐하임 미술관의 설계는 형태의 극적인 성질을 실험하는 데 기초를 두고 있다.

122. (중앙) 건축가 프랭크 게리가 해체주의 건축의 첫 표본인 자신의 산타 모니카(캘리포니아) 집에서 찍은 사진이다.

122. (하단) 1999년에 루이스 부르주아가 조각한 〈마망maman, 엄마라는 뜻의 프랑스어〉이라고 하는 양식화된 거대한 거미 상이 미술관 앞 광장에 설치되었다. 청동과 강철로 된 이 조상은 자기 어머니에 대한 조각가의 이미지를 환기시킨다. 그녀의 어머니는 부모인 동시에 위협적인 성격을 지닌 무시무시한 존재이기도 했다.

빌바오
구겐하임 미술관
빌바오, 스페인

빌바오 구겐하임 미술관The Guggenheim Museum은 빌바오Bilbao의 문화적, 도시적 부활을 건축적으로 그리고 도상학적으로 상징하는 것이다. 이 건물은 자체적인 이미지와 도시 정체성을 재구축하려고 했던 바스크 정부의 이해, 그리고 예술적 창작과 연구를 지원하기 위해 설립된 구겐하임 재단의 전략과 결합해서 생긴 성공적인 결과물이었다.

"이 미술관을 짓는 것은 노트르담 성당을 짓는 것과 같았다. 노트르담 성당을 비롯해 중세의 많은 대성당은 그것을 중심으로 발달하는 도시의 초점이 되기 위해 지어졌으며, 비록 상징적이기는 했지만 종교적 건물의 구심점 역할을 하도록 배치되었다." 시각적으로나 개념적으로 대성당을 환기시키는 이 세속적인 비유는 이 미술관을 설계한 프랭크 O. 게리가 한 말이었다.

1997년에 완공된 이 건물은 선박의 옆모습을 연상시키는 극적인 조각물 형태로 네르비온 강의 왼쪽 제방에 도시 풍경을 배경으로 우뚝 솟아 있다. 물에 비친 그림자에 의해 과장되고 다양한 색조의 하늘을 비추며 바람에 흔들거리는 독특하고도 유연한 형상은 외장재로 쓰인 티타늄 판으로 인해 기이하게 살아 움직이는 듯하다. 물고기 비늘처럼 생긴 티타늄 판이 유리벽과 강철 벽과 베이지색의 돌 벽돌 막벽과 독창적으로 결합되어 있다.

형태와 공간의 개념에서 완전히 벗어날 뿐 아니라(게리의 많은 작품의 특징), 곡면의 연장을 강렬한 특성으로 하는 이런 복합 건물을 설계할 수 있었던 것은 항공 산업에 사용되는 컴퓨터 설계라는 첨단 시스템을 도입한 덕분이었다.

의외의 입체감과 다양한 측면 형태는 게리의 천재적인 창의성을 말해 준다. 그는 "나는 미술관 건물은 미술에 종속되어야 한다고 생각했지만, 내가 만나본 화가들은 그렇지 않다고 말했다. 그들은 이도 저도 아닌 전시관이 아니라 사람들이 감탄할 만한 건물을 원했다"라고 말했다.

122-123. 빌바오 구겐하임 미술관은 현대 미술품의 '전시 기계 장치'이자 그 자체가 미술품으로서의 가치를 지닌다.

123. (하단 왼쪽) 이색적으로 물 흐르듯이 배치된 것이 10,200제곱미터 면적의 미술관에 전시된 작품들을 더욱 돋보이게 한다.

123. (하단 오른쪽) 대형 미술품이 넓은 전시실에 넉넉하게 공간을 차지하고 있다.

124-125. 빌바오 구겐하임 미술관의 완만한 곡면은 항공 산업에 사용되는 첨단 설계 소프트웨어를 이용해 만들었다.

124. (하단) 외관의 매력적인 형태는 전시 중인 작품을 차분히 감상하게 하는 중립적인 실내 건축물과 조화를 이룬다.

125. (상단 왼쪽) 내부는 넓은 전시 공간을 이용한 실험적인 배치로 유명하다.

The Guggenheim Museum

실내로 들어가면 거대한 중앙 홀에서 별관과 넓은 갤러리로 자유롭게 시선이 이동한다. 천장과 유리벽을 통해서는 자연광이 흘러 들어온다. 총면적 10,962제곱미터에 이르는 전시 공간이 규칙적이거나 불규칙적인 모양의 갤러리 19개 사이에 흩어져 있다. 이 갤러리는 사각형 석조 파사드와 금속 곡면 때문에, 외부에서도 특히 두드러진다. 크기와 형태가 기존의 전시 공간에는 잘 맞지 않는 다양한 현대 미술품들도 넓은 갤러리에서 균형 있게 잘 감상할 수 있도록 전시되어 있다.

구글리엘모 노벨리/ 마리아 로라 베르겔리

125. (상단 오른쪽) 구겐하임 미술관에는 강당, 레스토랑, 다양한 상업 및 행정 구역이 있다.

125. (하단) 구겐하임 미술관은 입체파와 미래파의 일그러진 면과 선을 현대적인 디자인과 결합시켰다.

126-127. 외관의 곡면은 햇빛을 받으면 매력적인 색채 효과를 내는 생선 비늘처럼 생긴 티타늄 판 3만 3,000개로 치장되어 있다.

독일 국회의사당

베를린, 독일

128. 옛 국회의사당 건물은 나치 시대 이전과 그 기간 동안 독일 정치 세력의 중심 무대였다. 이것은 소박하면서도 우아한 19세기 건물이었다. 노먼 포스터 경이 감독한 재건 공사는 될 수 있는 대로 과거의 구조를 유지하는 한편, 유리와 강철로 된 돔같이 명백히 현대적인 요소를 추가했다.

노먼 포스터 경이 감독한 독일 국회의사당The Reichstag 재건 사업은 통일 독일에서 일어나는 사회적, 정치적 변화에 따라 조심스럽게 이루어졌다. 그 결과 베를린Berlin의 새로운 스카이라인을 상징하는 최첨단 건물이 탄생하게 되었다.

19세기에 건립된 국회의사당 건물은 제2차 세계대전과 뒤이은 역사적인 사건들에 의해 폐허가 되었다. 해체 작업을 하는 동안 과거의 중요한 흔적을 간직하고 있는 옛 건물의 골조가 하나씩 모습을 드러냈다. 포스터는 이때의 소감을 이렇게 말했다.

"우리 앞에는 이제 달라진 그 상징성이, 우리 시대에는 별 의미가 없는 건물이 서 있었다. 가장 간단한 방법은 의사당 건물을 완전히 파헤치고, 기존 골조가 있던 자리에 현대적인 새 건물을 세우는 것이었다. 그러나 그 건물의 의식을 들여다보면 볼수록 그 안에서 아직 역사가 크게 메아리치고 있는 것을 분명히 깨달을 수 있었다. 따라서 우리는 그것을 그렇게 간단하게 제거할 수 없었다."

결국 원래 있던 골조를 그대로 두고 그것이 나타내는 다양한 역사적 층을 끄집어내겠다는 결정이 내려졌다. 새로운 설계는 과거와 현재, 그리고 원래의 거대한 구조물과 새로운 투명한 돔 간의 대화를 만들어냈다.

이 건물에는 정부와 관련된 모든 활동이 노출되어 있다. 따라서 유권자나 관광객은 의원들이 일하는 모습을 아주 가까이서 지켜볼 수 있다. 국회의원들이 주로 사용하는 층은 1층이다. 2층에는 대통령과 장관 집무실이 있고, 3층에는 당 회의실과 의회가 열리지 않을 때 직원들이 사용하는 출입구가 있다.

일반인은 업무 공간 위에 있는 옥상 테라스에 올라갈 수 있으며, 그곳에는 레스토랑과 돔이 있다. 철골조와 유리판으로 새로 만든 '채광창' 돔(높이 23미터, 직경 39미터)은 곧 베를린의 새로운 표상이 되었다.

안으로 들어가면 2개의 나선형 램프를 통해 위에서 총회의실을 지켜볼 수 있는데, 이것은 시민이 정치 생활에 직접 참여한다는, 명백한 상징적 의미를 지니고 있다. 돔은 건물의 중요한 구성 요소로 밝음, 투명성, 침투성을 나타내는데 이것도 역시 공공 영역의 일부라는 사실을 외부 세계에 알리는 역할을 한다.

DEM DEUTSCHEN VOLKE

128-129. 채광창인 돔의 창문에 국회의사
당의 망루 4개 중 1개가 비친다. 이 건물
은 국회의사당인 동시에 관광 명소로서 베
를린의 근대사에서 주도적인 역할을 했다.

129. (하단 오른쪽) 전쟁이 끝나고 1949
년에 서독은 수도를 본으로 옮겼다. 그러
나 1956년에 국회의사당 건물을 해체하

지 않고 복원하기로 결정했다.

129. (하단 왼쪽) 지붕 위의 대형 유리 돔
은 1894년에 지어진 원래의 건물과는 거
리가 먼 것으로 국회의사당을 찾는 방문
객들에게 베를린의 전경을 한눈에 볼 수
있게 해 준다.

1 9 9 9

The Reichstag

이것은 건물에 에너지와 빛을 공급하는 중요한 역할을 하기도 한다. 미래파적인 이 구조물의 중심부는 '빛의 조각가' (밑면 직경이 2.4미터, 윗면 직경 15.8미터인 엎어 놓은 원뿔형)라고 불리는데, 면밀하게 방향을 설정한 360개의 거울로 치장되어 있다.

이 원뿔체는 기술적으로나 구조적으로 매우 중요한 역할을 하며, 포스터의 시론에서 없어서는 안 될 존재다.

'빛의 조각가'는 돔 바깥쪽에서 자연광을 흡수해 총회의실로 내려 보내기 때문에 본질적으로는 '거꾸로 된 등대'라고 할 수 있다. 돔으로 직접 들어가는 자연광과 태양열을 통제하고 조절하는 것은 열과 직사광이 안으로 들어가지 못하도록 태양의 노선을 따라 자동으로 이동하는 스크린이다.

밤에는 이 과정이 거꾸로 되어, 의사당의 인공조명이 밖으로 반사되어 베를린 시민들은 돔을 등대처럼 환하게 볼 수 있다. 원뿔체는 내부 조명에도 중요한 역할을 하지만, 하원에서 사용하는 자연 환기 시스템에도 중요한 역할을 한다.

이 건물은 에너지를 절약하는 한편, 수준 높은 안락함을 유지하기 위해 첨단 시스템을 사용하도록 설계된 건축의 모델이다. 이것은 공적, 사적 공간에서 일어나는 일상적인 여러 활동과 우리의 삶의 질과 밀접한 관계에 있는 내부 환경의 질을 개선하는 데 건축가가 많은 관심을 가지고 있다는 증거다.

노먼 포스터 경은 재건 공사의 사회적인 차원에 세심한 주의를 기울여 건축을 공공 예술의 차원으로 승화시키는 한편, 주변 환경의 문화와 분위기와 공공의 필요에도 주의를 기울였다.

구글리엘모 노벨리

130-131. '빛의 조각가'는 일종의 등대와 같은 것으로, 낮에는 바깥쪽에서 빛을 흡수해 조절 가능한 거울 시스템을 이용해 빛을 안으로 전달하고, 밤에는 거꾸로 베를린의 어느 구역에서나 볼 수 있는 일종의 빛의 조각품으로 돔을 변신시킨다.

131. (하단 왼쪽) 이 사진은 1999년 4월 19일에 있었던 신축 국회의사당 준공식의 한 장면이다.

131. (하단 오른쪽) 빛의 조각가가 제공하는 자연 환기 시스템이 하원에 신선한 공기를 불어 넣어 준다.

132-133, 133. (하단) 천문관의 현대적인 타원형 틀은 금속과 유리로 만들어졌고, 그 안에는 강화 콘크리트로만 된 둥근 방이 있다.

132. (하단 왼쪽) 아직 공사가 진행 중일 때 찍은 현장 전체의 항공사진이다.

132. (하단 오른쪽) 칼라트라바의 모형은 현장의 첨두아치 평면을 보여 준다.

133. (상단) 천문관의 둥근 방을 오른쪽으로 휘감으며 주랑이 나 있다.

133. (중앙) 예술관은 예술과학단지의 북쪽 구간에 있다.

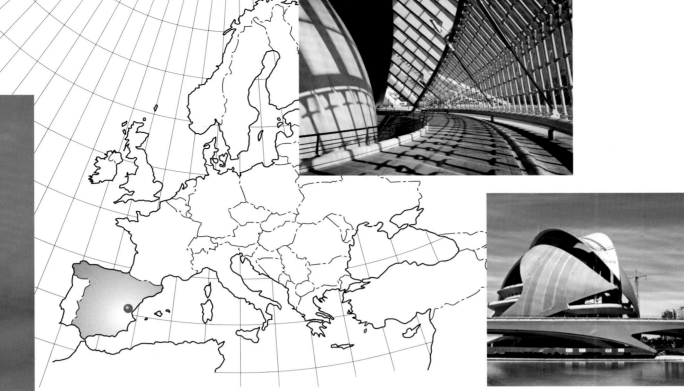

예술과학단지

발렌시아, 스페인

유명한 건축가이자 토목기사인 산티아고 칼라트라바가 설계한 예술과학단지The City of Arts and Sciences는 발렌시아 Valencia 시(市) 중심부에서 4.8킬로미터 떨어진 곳에 위치한다.

두 개의 교차로에 의해 3개 구간으로 나눠지고, 한쪽 옆에는 투리아 강이, 또 다른 한쪽에는 자동차도로가 있는 가늘고 긴 땅이 건설 부지로 선정되었다.

북쪽 구간에는 예술관, 남쪽 구간에는 해양 박물관, 중앙에는 천문관과 과학관, 진입도로 격인 주랑 현관이 있다. '움브라클'이라고 하는 이 주랑 현관에는 단지의 중심축과 평행을 이루는 수목으로 뒤덮인 통로가 있다.

움브라클은 길이 320미터, 너비 64미터로 18미터 높이의 고정 아치 55개와 변동 아치 54개로 꾸며진 겨울 정원과 같은 곳이다. 매우 경쾌한 느낌을 주는 이 구조물의 지하에는 대형 주차장이 있다.

움브라클 맞은편에는 천체관측관이 있는데, 이것은 금속과 판유리로 된 첨단 기계 장치를 이용해 위에서 밑에까지 열리는 조가비 모양의 거대한 틀을 가진 타원형 구조물이다. 경사진 아치가 받치고 있는 이 틀 안에 철근 콘크리트로 된 둥근 천체관측관 방이 있다.

중심축을 따라 북쪽으로 가면 예술관이 나온다. 칼라트라바가

설계한 한 점의 조각품 같은 이 건물은 고전 음악과 현대 음악을 연주하는 데 필요한 첨단 시설을 갖추고 있다.

개관하자마자 곧 발렌시아 풍경의 상징물이 된 현대적이며 능률적인 이 건물에서 가로수 길이 극적으로 끝난다.

천문관 너머에 있는 직사각형 건물은 반복되는 횡단면 모듈로 이루어진 프린시페 펠리페 자연 과학관이다. 이 건물에는 과학과 기술의 발전을 위한 3만 100제곱미터의 주랑이 있다.

테라스와 메자닌(1층과 2층 사이의 공간)은 방문객들이 감탄만 하고 있을 것이 아니라 실험에 직접 참여할 수 있게끔 특별한 테마로 꾸며졌다. 너비 10미터쯤 되는 일련의 콘크리트 아치가 실내를 가로지른다. 큰 서까래가 달린 지붕에는 정원을 향해 유리와 강철로 된 파사드가 있고, 남쪽 측면은 흰색 콘크리트 아치들이 받치고 있다.

중심축 맞은편에 있는 단지 남쪽 구간에는 몇 개의 건물들로 이루어진 해양 박물관이 있다.

인공 호수 변을 따라 누각이 배치되어 있고, 보도와 통로가 누각을 서로 연결한다. 해양 박물관 맨 아래층에는 지하 터널과 램프가 있다.

133

134. (하단 왼쪽) 이것은 길이 320미터, 너비 64미터쯤 되는 '움브라클'이라고 하는 경쾌한 주랑 현관이다.

134. (하단 오른쪽) 움브라클은 안에 100개도 넘는 아치가 있고 겨울 정원과 같은 느낌을 준다.

134-135. 과학관은 독창적인 테라스가 달린 주랑으로, 독특한 서까래 지붕 덮개와 유리와 강철로 된 파사드를 가지고 있다. 이것은 수많은 흰색 콘크리트 아치가 떠받치는 구조물에 경쾌한 느낌을 준다.

전체적으로 보면 이 건물은 직사각형 평면이다.

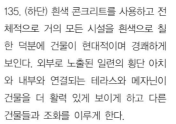

135. (상단 왼쪽) 유리와 강철로 된 큰 창문이 연속적인 아치로 이루어진 놀라운 구조물인 과학관을 미적으로 보완하고 있다.

135. (상단 오른쪽) 발렌시아의 과학관은 상호 작용에 바탕을 두고 있어서 일반인들이 참여할 수 있도록 설계되어 있다.

135. (하단) 흰색 콘크리트를 사용하고 전체적으로 거의 모든 시설을 흰색으로 칠한 덕분에 건물이 현대적이며 경쾌하게 보인다. 외부로 노출된 일련의 횡단 아치와 내부와 연결되는 테라스와 메자닌이 건물을 더 활력 있게 보이게 하고 다른 건물들과 조화를 이루게 한다.

　　이곳의 다양한 모양과 형태의 구조물 중에서 가장 눈에 띄는 것은 해양 생물의 오르락내리락 하는 모습을 연상시키는 경쾌한 쌍곡선 구조물인 지중해 누각과 거대한 돌고래 수족관이다.

　　칼라트라바의 작품은 경쾌함과 투명성, 그리고 건물의 구조를 지배하는 힘에 기초를 두고 있다. 이 스페인 건축가는 이 예술과학단지를 물로 에워쌈으로써 이런 주제를 한 단계 더 승화시켰다. 이렇게 해서 건축적인 긴장감으로 가득한 거대한 구조물이 물 위에 떠 있는 것처럼 보이고 빛의 반사로 인해 매력적인 효과가 배가된다.

구글리엘모 노벨리

136-137. 콘크리트로 된 둥근 구조물이 들어 있는 천체관측관은 진주를 품고 있는 조가비를 연상시킨다. 이 사진은 예술 과학단지의 여러 건물들을 에워싸고 있는 풀에 비친 천체관측관의 모습을 보여 준다.

136. (하단) 일련의 작은 전구가 불빛을 비추는 가운데, 과학관의 바깥쪽 구조물을 떠받치는 아치를 통해 황혼의 마지막 한 줄기 빛이 비친다.

137. (상단) 예술과학단지는 새로운 발렌시아의 상징이다. 2003년에 개관한 이 매력적인 복합 건물은 새천년 들어 발렌시아 시의 역할과 스페인 관광에 활력을 불어넣었다.

137. (중앙) 밤이 되면 천체관측관과 과학관이 빛과 그림자 효과에 의해 속이 들여다보이는 표피를 가진 선사시대의 기이한 동물로 변신한다.

137. (하단) 천체관측관의 틀은 금속과 유리로 된 첨단 장치를 이용해 위에서 밑에까지 열리도록 설계되어 있다.

The City of Arts and Sciences

138. (하단 오른쪽) 리베스킨트는 이 건물에 바로 들어갈 수 있는 출입구를 만들지 않았다. 이 건물에 들어가려면 옆에 있는 베를린 시 박물관을 거쳐야만 한다.

139. (상단) 깊게 팬 상처처럼 생긴 창문은 '대학살 탑'과 마찬가지로 이 건물이 그것에 다가가는 순간부터 고통스러운 경험이 되도록 만들어졌음을 시사한다.

138-139. 영락없이 다트처럼 생긴 베를린의 유태인 박물관은 다니엘 리베스킨트가 설계했다.

138. (하단 왼쪽) 해체주의적인 이 박물관은 바로크 베를린의 한복판에 위치한다.

유태인 박물관

베를린, 독일

해체주의 건축가 다니엘 리베스킨트가 유대인 관련 소장품을 전시하기 위해 베를린 시 박물관을 확장해 만든 이 건물은 베를린의 바로크 중심지에 위치하고 있다. 이 박물관The Jewish Museum은 유대인 수난에 관한 서류와 유물을 보관하기 위해 만들어졌다. '다윗의 별'이 일그러진 것처럼 생긴 다트 모양의 이 독특한 건물은 도시 지도에서 유대인 지성인들이 살았던 교차로에 세워졌다. 이 박물관의 유대인 구간으로 들어가려면, 바로 들어갈 수 있는 출입구가 없기 때문에, 옛 건물로 들어가서 통로를 따라가야 한다.

실내 분위기에 극적인 효과를 일으키는 부드러운 간접 광선은 창문이 아니라, 아연으로 치장된 외관에 난 상처처럼 생긴 일련의 갈라진 틈을 통해 들어온다.

일단 안으로 들어가면 박물관을 돌아볼 수 있는 3개의 길이 나온다. 구불구불한 통로를 따라가는 첫 번째 길은 로마 시대 이후 독일계 유대인의 역사에 관한 문서를 전시한다. 두 번째 길은 위로 높이 뻗은 좁은 홈을 제외하고는 완전히 폐쇄된 높이 11.8미터의 공간인 '대학살 탑'으로 통한다. 여기서는 밖을 내다볼 수 없기 때문에 방문객은 자신이 어디에 있는지 알 수가 없다.

세 번째 길은 콘크리트 원주 49개가 올리브 나무를 받치고 있는 비탈진 바닥을 특징으로 하는 '약속의 땅Promised Land'으로 이어진다.

이 박물관은 개관하자마자 베를린 시민뿐 아니라 관광객들이 가장 많이 찾는 베를린의 명소가 되었다. 이색적인 이 박물관은 예술적 실험의 선도자 역할을 하는 한편, 유대인들이 자신의 역사와 문화 전통을 되찾을 수 있게 해 주었다.

구글리엘모 노벨리

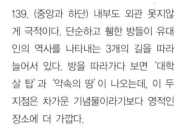

139. (중앙과 하단) 내부도 외관 못지않게 극적이다. 단순하고 휑한 방들이 유대인의 역사를 나타내는 3개의 길을 따라 늘어서 있다. 방을 따라가다 보면 '대학살 탑'과 '약속의 땅'이 나오는데, 이 두 지점은 차가운 기념물이라기보다 영적인 장소에 더 가깝다.

140. 로마 음악 공원의 목재 모형은 각각 교향악, 실내악, 현대 음악을 위한 콘서트홀이 있는 돔 모양의 대형 건물 세 채를 분명하게 보여 준다. 이것은 이탈리아의 건축가 렌조 피아노가 설계했다.

140-141. 산타 세실리아 홀은 음악 공원에서 가장 큰 콘서트홀이다. 2,700석이 있고 오케스트라 음악을 위해 설계되었다. 내부 치장에 사용된 소재와 입체적인 건물 모양이 결합해 거의 완벽한 음향효과를 낸다.

파르코 델라 무지카

로마, 이탈리아

건축의 대가 렌조 피아노가 설계한 파르코 델라 무지카 (Parco della Musica '음악 공원'이라는 뜻)는 지난 몇 십 년 동안 로마에 생긴 신축 건축물 중 가장 규모가 큰 것으로 경제, 예술, 미디어의 승리를 나타낸다.

입체적인 대형 건물 세 채로 이루어진 이 음악 공원은 그 자체가 악기이며 '영원의 도시'라는 별명을 가진 로마의 또 다른 발전상이라고 할 수 있다. 대체로 공백으로 남아 있던 공간을 철저히 조직적인 공간으로 개조함으로써 로마는 균열되어 있던 도시 부위를 재흡수했다.

음악 공원은 총 면적 7.5에이커에 400여 그루의 나무가 심겨져 있으며 지금은 로마의 새로운 상징물이 되고 있다. 무성한 숲이 공원의 중심부인 원형극장을 둘러싸고 있는데 이곳에서는 최대 관객 3천 명을 수용할 수 있는 무대 공연과 음악회가 열린다. 이 노출된 공간을 중심으로 오케스트라 음악을 위한 산타 세실리아 홀(2,700석), 실내악을 위한 시노폴리 홀(1,200석), 현대 음악과 실험적인 음악을 위한 세테첸코 홀(700석) 등 3개의 콘서트홀이 배치되어 있다. 건물들이 서로 분리되어 있기 때문에 음향의 질도 높다.

이 입체적인 3개의 대형 건물은 렌조 피아노에게 악기 그 자체였다. 그래서 지붕 덮개의 납 외장을 포함해 현대적인 음악의 대전당으로서 돔을 상징하도록 설계했다. 건축과 음악의 결합은 기술상의 많은 특징을 낳았고, 음향효과를 면밀히 연구하고 적절한 소재를 사용함으로써 거의 완벽한 음질을 만들어냈다. 지붕은 얇은 목판 빔으로 만들어졌고, 내부는 음향효과를 최대화하는 데 가장 이상적인 아메리칸 체리목 패널로 장식되었다. 3개의 콘서트홀이 모두 녹음 시설을 갖추고 있지만 크기와 공간적인 속성은 서로 다르다.

굴착 공사를 하던 중 로마 시대의 빌라 초석이 발견되어 원래의 도면이 약간 수정되기도 했지만 렌조 피아노는 이 유물을 디자인의 한 요소로 도입하기로 결정한다. 그리고 그것을 3개의 콘서트홀 중 하나의 로비에 편입시켰다.

음악 공원에는 3개의 확성기와 원형극장 외에도 악기 박물관, 도서관, 사무실, 일련의 서비스 시설, 상업 시설, 오락 시설, 전시실 등이 있다.

각 콘서트홀은 융통성이 있어 오페라, 실내악, 바로크 음악, 교향악 공연은 물론 연극 공연도 가능하다. 이 건물들은 장인의 전형이라 할 수 있는 투철한 정신과 세심한 관심으로 최후의 하나까지 면밀하게 설계되었다.

구글리엘모 노벨리

141. (중앙과 하단 오른쪽) 3개의 콘서트 홀은 납으로 치장되었고 얇은 목판 빔이 떠받치고 있는 거대한 조가비 모양을 하고 있다. 이들은 크기는 다르지만, '사운드박스', 즉 뛰어난 음향효과를 내는 악기의 성질을 공유하고 있다.

141. (하단 왼쪽) 렌조 피아노가 그린 이 스케치를 보면 최대의 음향효과와 음질을 얻기 위해 입체적인 3개의 대형 건물을 분리해서 지으려고 했던 그의 의도를 금방 이해할 수 있다.

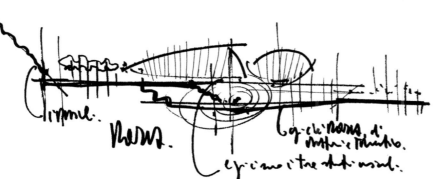

2002

142. (상단) 시가처럼 생긴 41층 높이의 스위스 르 타워는 노먼 포스트의 영감 어린 설계 중 하나다.

142. (하단) 이 탑은 근처의 다른 고층 건물들이 모두 사각형 또는 직사각형 평면인데 비해 방사상 평면으로 되어 있다.

143. 십자 보 골조가 떠받치는 유리 패널이 건물의 곡면을 따라가며 햇빛이 환하게 비칠 때 특히 뚜렷해지는 투명성을 만들어낸다. 외장 곳곳에 자연 환기시스템을 가능하게 하는 홈이 분포되어 있다.

스위스 르 타워

런던, 영국

노먼 포스터 경이 설계한 스위스 르 타워The Swiss-Re Tower는 런던의 금융가에 있는 특이한 모양의 타워로 새로 생긴 광장을 지나 41개 층에 사무실과 상가가 입주해 있다. 공기 역학을 고려해 만든 이 고층 건물은 주변의 도시 풍경과는 이질적인 모습이며, 근처에 들어선 비슷비슷한 크기의 직사각형 타워들 때문에 더욱 홀쭉해 보인다. 그 이유는 주로 외관의 곡면 때문인데, 이것은 반사광을 줄이고 건물의 투명성을 높여 줄 뿐 아니라 나아가 타워의 내부와 외관 간에 직접적인 관계를 만들어 준다.

표준 높이보다 두 배나 높은 기단은 일반인들이 사용할 수 있도록 마련된 공간으로 벤치와 카페와 상점들이 있는 지붕 달린 광장의 형태를 하고 있다. 기술이나 환경면에서 설계가 매우 혁신적이다. 이 건물은 자연 환기 시스템을 가지고 있는데 외장의 홈을 통해 들어간 신선한 공기가 차압에 의해 자연스럽게 건물에 골고루 배분되고, 탁한 공기는 난방 연료로 재활용되었다가 배출된다. 이런 효율적인 시스템 덕분에 에어컨 사용을 줄일 수 있어 에너지 절약 효과를 낳는다.

이 타워는 원형 둘레를 가진 방사상 평면이지만, 이 건물의 기발함은 전형적인 수직 건물의 구조에 의문을 던졌다는 데 있다. 각 층은 아래층을 살짝 돌아 상향 나선형 구조를 만들어낸다. 이 특이한 건물의 내부에는 일련의 공중 정원이 있고(이것도 역시 나선형 흐름을 따른다) 이 정원을 향해 방들이 인접해 있다.

내부에서 보면, '겨울 정원'이 도시 위로 이색적인 풍경을 만들어내지만, 바깥에서 보면 건물 덩어리를 분해하고 관찰자들이 내부를 들여다볼 수 있게 해 준다.

'생태학적으로 책임감 있는' 이 건물의 중요한 특성은 사용자들이 이용할 수 있는 면적을 최대화한 것이며, 이것은 공동 공간의 사용을 장려한다.

구글리엘모 노벨리

142

144-145. 높이 180미터인 스위스 르 타워는 중간 높이의 건물로 가득한 런던의 스카이라인을 지배한다. 사무용으로 지어진 이 타워에는 상업 구역과 지붕 달린 광장과 각종 상점도 있다.

145. 이 사진들은 공사의 3가지 장면을 보여 준다. 맨 위의 사진에서 논리적으로 따지면 기단에 있어야 할 건물의 최대 직경이 26층에 있을 수 있게 한 수직 곡선을 볼 수 있다. 혁신적인 소재와 공법의 사용이 아니었다면, 위로 올라갈수록 점점 가늘어지는 경쾌함과 균형감을 구현할 수 없었을 것이다.

The Swiss-Re Tower

"이집트 문명이 막을 내린 지 2천 년이 넘는 세월이 흘렀지만, 우리는 아직도 그 문명이 발현되었던 장소, 그곳의 생활, 그때의 시간 등 이집트인들의 존재론적인 테마에 많은 감동을 받는다." 현대를 살고 있는 사람들이라면 이집트의 장엄한 건축물을 보면서 했던 역사학자 크리스천 노르베르그 슐츠의 이 말을 절감하지 않을 수 없을 것이다.

7세기 아랍인들에게 정복당하면서 종말을 고한 고대 이집트 문화, 그 불가사의함에 관한 우리의 지식은 모두 그리스의 기록이거나 기독교의 확산과 비잔틴 제국의 지배 혹은 아랍 정복자들의 방치 등으로 이집트가 변질되기 전 이집트를 방문했던 여행자를 통해서, 아니면 그리스 언어와 문화에 조예가 깊은 학자들에게서 비롯되었다. 그 뒤로는 사람들의 일기장을 통해서 모래를 뒤집어쓴 유물에 관한 이야기가 간간이 전해지다가, 1799년 초기 고대 유물학자와 그들의 동료 과학자들이 나폴레옹 원정군과 함께 이집트로 가게 되면서 본격적으로 그 모습을 드러내게 되었다.

원정군의 보고서는 유럽인들 사이에 공감을 불러일으켰고, 사람들은 당시 유행하던 신고전주의 취향에 부합되는 이집트의 건축물에 자극을 받는다. 거기에는 과학적 관심과 이국적인 것에 대한 황홀함이 뒤섞여 있었다. 초기 고고학자들의 임무는 현재 유럽의 주요 박물관에서 볼 수 있는 고대 유물 수집의 토대를 마련하는 것이었다.

1822년에 장 프랑수와 샹폴리옹이 나폴레옹 원정 때 발견된 로제타석에 새겨진 고대 이집트 상형 문자를 그리스어와 비교 연구해 해독하는 데 성공한다. 이를 계기로 이집트 학자들과 고고학자들은 그동안 보관해 왔던 문서들과 기념비적인 고고학적 유산을 더 잘 이해할 수 있게 되었다.

이집트인의 초기 주거지는 구석기와 신석기를 망라하는 수천 년 동안의 선사시대 생활을 제외하면 나일 강변과 오아시스에 집중되어 있었다. BC 3천 년경으로 추정되는 초기 역사시대에는 농업이 발달했다. 나일 삼각주의 이집트인들은 해마다 범람이 일어나는 수위보다 높은 지역에서 비옥한 땅을 일구고 동쪽 나라들과 교역을 하며 살았다.

남부와 누비아에는 나일 강의 푸른 강변을 따라 마을이 하나둘 생겨났고, 마을 사람들은 강이 제공하는 손쉬운 운송 수단을 이용했다. 작은 마을이 도시로 성장하면서, 이집트는 북부와 남부 두 왕국의 보호를 받는 몇 개의 지방으로 조직화되었다. 이 두 왕국 중에서 남부 왕국이 이집트를 통일하면서 정치적인 권위와 행정 체계,

무엇보다도 문화적 모델로서의 제 모습을 확립하게 된다.

이집트 학자 실비오 커토가 말했듯이, 파라오들과 프톨레마이오스 왕가와 그 뒤를 이은 로마 황제들은 문명이 시작되고 3천 년이 넘는 오랜 기간 동안 스스로를 '이집트를 결합시키는 화신'으로 자처했다. BC 4세기 이집트의 제사장이자 역사가인 마네토는 파라오의 역사를 31개 왕조(BC 2850~BC 333년)로 나누었다. 그 뒤를 이어 프톨레마이오스 왕조(BC 332~BC 32년)와 로마 시대(BC 32~AD 394년)가 펼쳐졌다.

고대 이집트 건축에서는 윤곽이 뚜렷한 기하학적 디자인이 지배적이었고, 이것은 나일 강의 조화로운 풍경과 잘 어울렸다. 남북으로 흐르는 나일 강은 이 나라의 중심축을 형성하고, 태양과 궤적을 같이하는 부차적인 축이 동서를 가로지른다. 나일 강 기슭의 비옥한 경작지는 산과 오아시스가 산재해 있는 저 멀리 사막 언저리까지 바둑판 모양의 들판으로 나누어졌다. 피라미드의 체적, 측정적 형태, 신전의 축 중심 설계, 암굴 신전의 규칙성에 의해 경계가 정해졌으며, 자연 공간에 경계를 정하고 또 그것에 의해 강 풍경을 측정하는 단위가 되었다. 이런 통합적 자연 공간에 배치에서 바둑판 모양으로 분리된 공간과 축에 기초를 둔 건축물은 노르베르그 슐츠의 말처럼 "지속적이며 영원히 유효한 공간을 만들어냈다."

이런 불변성은 특히 연꽃과 파피루스, 야자로 표현되는 서로 모양이 다른 원주의 코니스와 몰딩 같은 개별적인 건축 요소들의 다양한 분포에 의해 부분적으로 조절된다. 또한 장식은 형상이 들어간 부조를 통해 특정 건물에 개성을 부여했고, 상호 작용하는 부조들 역시 바둑판 모양이다. 건축 형태는 새로운 형태를 창조하기보다는 근본적으로 동일한 영감을 지속적으로 재생산하는 것을 토대로 발달했다.

건축물에 추상적이면서도 고정된 질서를 부여하려는 목표는 피라미드에 가장 잘 표현되어 있다. 뚜렷한 모서리에 의해 윤곽이 강조되는 피라미드의 탄탄한 덩어리는 수직선과 수평선 간의 균형을 만들어낸다.

영생을 얻으려는 파라오의 열망을 실현하기 위한 이 장례용 건축물의 엄청난 규모와 중요성을 보면 피라미드가 영생을 나타내는 형태로 이해되었다는 것이 명백해진다. 신전 건축물에는 많은 상징적인 의미가 부여되어 있다. 출입구의 탑문 구조와 내세의 상형 문자와의 관계는 우주를 나타낸다(탑문은 '천상의 문간'을 나타내는 것으로 간주된다). 피라미드는 '영원한 회귀'를 상징하기 위해 중심부를 향할수록 점점 더 통로가 한정되는데 이는 삶의 주기를 나타낸다. 문화 역

사가인 맨프레드 러커가 말했듯이 이집트 문명의 여러 면에 골고루 퍼져 있는 "모든 상징성은 만물이 서로 관련이 있다는 가정과 직관적으로 느끼고 볼 수 있는 소우주와 대우주 간의 관계에 바탕을 두고 있다."

감히 형언하기 어려운 고대 이집트의 장엄함은 영광스러운 라메시드 시대에 뒤이어 리비아와 에티오피아 왕조 아래 정치적 통일성이 점차 무너지면서 변화를 겪었다. BC 4세기 말에 알렉산더 대왕이 이끄는 그리스군의 도착을 기념하기 위해 파로스라는 작은 섬 입구에 알렉산드리아 시(BC 332~BC 331년)가 건설되었다.

플루타르크에 의하면, 옥타비아누스는 알렉산드리아 시의 연무장에 모인 시민들에게 자신은 이 도시의 아름다움과 장엄함을 동경하기 때문에 이 풍요로운 도시가 파괴되는 것을 막고 싶다는 연설을 했다. 로마의 세력에 굴복한 최후의 헬레니즘 왕국이었던 이집트는 악티움 해전에서 패배한 안토니우스와 클레오파트라(BC 31~BC 30년)가 정치 무대에서 사라진 뒤 로마의 속주가 되었다.

보스코레알레에서 발견되어 지금은 루브르 박물관에 보관되어 있는 은으로 된 파테라patera에는 코와 엄니의 형상이 뚜렷한 코끼리 머리 모양의 장식을 쓰고 있는 여인의 흉상 부조가 들어 있다. 여인은 왼손에 풍년을 상징하는 풍요의 뿔을 들고 있고, 오른쪽 가운의 주름에는 과일과 곡식 낟알이 놓여 있다. 폼페이의 프레스코화 〈메난다의 집〉과 시칠리아의 아르메리나 광장에 있는 빌라의 모자이크화에도 이 여인과 동일한 속성을 지닌 비슷한 여인상이 발견되는데 모두 피부를 검은색으로 표현했다. 이 세 여인은 모두 아프리카를 나타내는 것으로, 로마 작가들에게 아프리카는 항상 이집트를 포함하는 것은 아니었지만 지중해의 남쪽 해안을 상징했다.

동쪽으로는 그리스의 영향을 받고 서쪽으로는 페니키아-카르타고 문화의 영향을 받은 이 지역의 로마화는 오랜 전쟁과 정복에 의해, 또는 자발적인 합병에 의해 이루어졌다. 자발적인 합병의 경우, 각 왕국은 로마의 속국이 되어 속주로 편성되었다.

그것이 운용되는 행정 체제를 나타내기 위해 총독 통치 지역 proconsularis이라는 통칭이 붙은 아프리카는 BC 146년에 카르타고가 멸망한 뒤 생긴 속주였다. 아프리카 노바는 BC 46년에 카이사르가 탑소에서 폼페이 군을 물리친 다음에 폼페이를 지지했던 누미디아 왕국에 만든 속주의 이름이었다. 사브라타는 다른 주요 도시들과 마찬가지로 페니키아-카르타고의 교역 중심지에서 로마의 도시로 변모했다. 이 도시는 AD 2세기 후반 공공, 종교, 오락 기능을 위한 건물들과 함께 로마 시의 표준 평면에 따라 건설되었다. 사브라타는 4세기와 5세기에 야만인의 침입과 더불어 쇠퇴하기 시작해, 7세기와 11세기에 아랍인들의 침입에 이어 결국에는 버려진 도시가 되고 만다(6세기 유스티아누스 황제 때 잠시 부활했지만).

알렉산드리아는 642년 칼리프 오마르의 지휘관인 이븐 알-아스가 몇 달 동안 포위 공격한 끝에 이곳을 완전히 정복하자 운명이 바뀌었다. 왕궁에 있던 웅장한 건물들을 목록화했던 고대 작가들의 말처럼 알렉산드리아의 폐허는 세계주의적인 메트로폴리스의 웅대함을 말해 주고 있다. 그리고 박물관에 부속되어 있던 바닷가의 위대한 도서관은 "전 세계 모든 책들이 수집되어 있는 곳이 존재하거나 어딘가에 존재했을지 모른다는 초현실적인 꿈을 구현한 곳이었다." 이 도서관은 역사가 루치아노 칸포라가 "모든 시대 책들의 파괴적인 동반자"라고 표현했던 화재로 파괴되고 말았다.

알레산드라 카포디페로

147. (왼쪽) 이집트 기자에 있는 스핑크스와 멘카우레 왕 피라미드.

147. (중앙) AD 2~3세기에 지은 리비아의 사브라타에 있는 원형극장.

147. (오른쪽) 고대의 도서관이 있던 자리에 다시 지은 이집트 알렉산드리아의 신축 도서관.

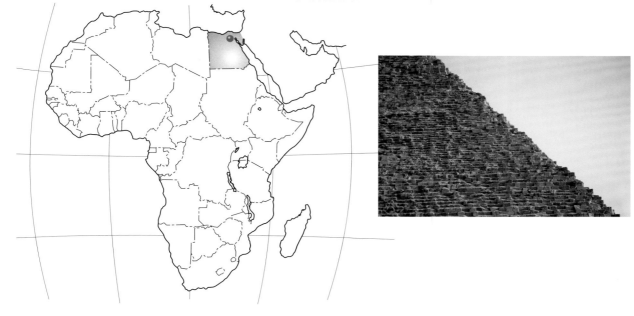

149. (오른쪽 중앙과 하단) 치장 돌 12층이 뜯겨 나간 쿠푸 왕 피라미드의 상층부(위)는 한 변의 길이가 9미터인 정사각형 기단을 연상시킨다. 카프레 왕의 피라미드(아래)엔 상층부와 전체 높이의 4분의 1까지 치장 돌이 남아 있다.

기자의 피라미드

카이로, 이집트

148. 카이로 시 외곽에 쿠푸 왕, 카프레 왕, 멘카우레 왕의 피라미드가 있다. 멘카우레 왕의 피라미드 남쪽에는 3개의 '위성' 피라미드가 있는데, 그중 오른쪽 맨 끝에 있는 것이 왕비 카메레르넵티 2세의 것이다.

149. (상단) 치장 돌이 뜯겨져 나간 쿠푸 왕 피라미드의 상층부는 연속적인 삼각면을 사용한 완벽한 공법을 보여 준다.

149. (왼쪽 하단) 쿠푸 왕 피라미드의 매장실은 입구가 좁지만 길이 47미터, 높이 7.9미터의 오르막 주랑으로 차츰 넓어진다. 이것은 가짜 볼트로 덮여 있다.

나일 강 서안에 있는 도시로 지금은 카이로Cairo에 포함되는 엘-기자의 고고학 단지는 고대 이집트에서 가장 유명한 곳이며 세계에서 가장 장엄하고 영감 어린 곳이다. 이 지역은 1798~1800년에 있었던 나폴레옹의 군사 및 과학 원정 이후 지금까지 꾸준히 연구되고 있다. 20세기 상반기까지 세밀하게 탐험되었던 이 지역은 경이로운 피라미드와 아랍어로 '아부 엘-홀(공포의 아버지)'이라고 알려진 스핑크스의 위협적인 모습으로 잘 알려져 있다.

이 세상의 그 어떤 것도 파라오의 몸을 영구적으로 보존하기 위해 지은 이 웅장한 무덤만큼 불변성에 대한 인간의 의식을 명백하게 보여 주는 것은 없을 것이다(그러나 파라오의 몸은 매장실에서 발견되지 않았고 석관은 텅 빈 채 남아 있다).

피라미드의 엄청난 규모는 이중 기능을 했다. 그 크기는 확실히 극적인 효과를 내는 동시에, 광대한 사막에서 무시당해도 좋을 존재로 퇴화하지 않고 당당하게 버틸 수 있었다.

가장 큰 피라미드 3개는 제4왕조의 파라오였던 쿠푸 왕(가끔 체옵스로 불림), 카프레 왕(체프렌이라고 불림), 멘카우레 왕(미세리누스라고 불림)의 것으로, BC 2590에서 BC 2506년 사이에 각각 따로 지은 3개의 매장 단지의 중심부였다. 각 단지의 피라미드 동쪽에 장례 신전이 있고, 나일 강에서 그곳까지 연결되는 수로 옆의 경사진 바닥에 또 하나의 신전이 있으며, 왕비들을 매장한 더 작은 피라미드와 왕실 함대의 배들을 매장한 거대한 구덩이가 있다.

피라미드는 15톤이나 되는 큰 돌덩어리들로 만들어졌으며, 원래는 외관을 치장하는 돌이 있었지만 수천 년이 흐르는 동안 치장 돌은 뜯겨져 나가 다른 건물을 짓는 데 사용되었다. 그 결과 피라미드의 전체적인 높이도 낮아졌다.

가장 크고 오래된 장례 단지는 쿠푸 왕의 것으로, 그의 '대 피라미드'는 원래 높이 146미터(현재 137미터), 한 변의 길이는 230미터였다. 이것은 도시설계사의 작품으로 보일 정도로 규칙적으로 배치된 일련의 다른 매장 건물들 위에 높이 솟아 있다. 당연히 세계 7대 불가사의의 하나로 손꼽히는 기자의 피라미드는 7대 불가사의 중 가장 오래된 것이자 거의 손상되지 않고 고스란히 남아 있는 유일한 것이기도 하다.

BC 5세기의 역사가 헤로도토스에 의하면, 쿠푸 왕의 피라미드는 완성되는 데만도 30년이란 시간이 걸렸다. 규모는 이보다

150. (상단) 스핑크스는 두 가지 공법으로 만들어졌다. 몸체는 돌 언덕을 쪼개어 만들었고, 다리와 머리의 일부분은 그 지역에서 나는 돌을 사용해서 만들었다.

150. (하단) 투트모시스 4세를 기리는 원주가 스핑크스의 앞발 사이에 서 있다. 이것은 거대한 스핑크스가 오랫동안 방치되었다고 울부짖는 꿈을 꾼 왕이 복원 공사를 명령했다고 기록하고 있기 때문에 '꿈의 원주' 라고 불린다.

150-151. 기자의 스핑크스의 얼굴은 네메스 머리 장식을 쓴 카프레 왕의 얼굴이다. 여기에는 장식에 사용된 적토의 흔적이 아직 남아 있다.

The Pyramids of Giza

작지만 그의 아들 카프레 왕의 피라미드도 완공되는 데 이 정도의 시간이 걸렸다(높이 136미터, 한 변 길이 210미터). 멘카우레 왕은 이 세 명의 통치자 가운데 가장 인기 있었던 통치자였다. 따라서 나머지 두 통치자의 피라미드보다 훨씬 더 작은 그의 피라미드(높이 66미터, 한 변 길이 107.9미터)는 외부의 침입을 받지 않고 그대로 남아 있었다.

그러나 기자의 피라미드 단지에서 가장 놀라운 기념물은 스핑크스다. 카프레 왕은 자신의 피라미드 바로 뒤에 있는 바위 언덕을 깎아(돌덩어리를 채워 넣어서) 스핑크스를 만들게 했다. 높이 20미터, 길이 57미터인 스핑크스는 사자의 몸과 파라오의 머리를 하고 있다.

이 수수께끼 같은 상징적인 구조물은 동쪽을 향하고 있고, 헬리오폴리스에서 비롯된 숭배의 대상인 태양신 아툼과 관계가 있다. 스핑크스의 임무는 쿠푸 왕의 영원한 안식처에서 그를 지키는 것이었다. 그 발치에 지은 신전은 스핑크스 신전이라고 불린다.

고왕국 말기인 BC 22세기에 이 왕들의 무덤이 최초로 도굴당했고, 중왕국(BC 21세기에서 BC 18세기) 때는 사람들의 뇌리에서 잊혀졌다. BC 16세기에서 BC 8세기까지 계속된 신왕국 때는 스핑크스 덕분에 장례 단지가 전체적으로 다시 인기를 얻어 대중적이며 자발적인 숭배의 대상이 되었다.

이 숭배는 나중에 공식화되어 그리스인들에게 하르마키스라고 알려진 신 하르-임크헤트와 동일시되었다. 이렇게 관심이 되살아난 것과 더불어, 투트모시스 4세를 기리기 위해 스핑크스의 앞발 사이에 세운 원주가 방문객들에게 말해 주듯이, 이 고고학 지대(계속 모래에 뒤덮여 있었음)에 최초의 '정비' 작업이 실시되었다.

미리암 타비아니

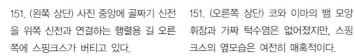

151. (왼쪽 상단) 사진 중앙에 골짜기 신전을 위쪽 신전과 연결하는 행렬용 길 오른쪽에 스핑크스가 버티고 있다.

151. (오른쪽 상단) 코와 이마의 뱀 모양 휘장과 가짜 턱수염은 없어졌지만, 스핑크스의 옆모습은 여전히 매혹적이다.

152-153. 아몬 신전은 면적이 3,010제곱미터쯤 되고, 여기에 몬투 신전(오른쪽에 있는 작은 경내) 일대의 276제곱미터와 아래 사진에 나오는 무트 신전 일대의 920제곱미터가 추가된다. 무트 신전은 '스핑크스의 길'을 통해 아몬 신전과 연결된다.

152. (하단) 무트 신전의 경내에는 아멘호텝 3세 신전, 람세스 3세 신전, 초승달 모양의 신성한 연못이 있었다. 이 연못은 제사장들이 정화 의식을 할 때나 신의 돛단배와 관련된 의식을 할 때 사용되었다.

카르나크 신전

룩소르, 이집트

고대 테베가 있던 나일 계곡은 홍해 해안과는 연결되지 않았지만 매우 푸르고 비옥한 곳이었다. 그런 입지 조건을 바탕으로 번영한 테베는 상 이집트의 주요 군사 세력으로 부상하게 되었다. 결국 테베는 멘투호텝 3세(BC 1997~BC 1991년, 제11왕조의 파라오) 때 이집트 왕국 전체의 수도로 성장했다.

호머는 보물로 가득한 테베를 '100개의 문이 있는 도시'라고 표현했으며, 각 문에서 무장한 군사 200명이 정기적으로 전차를 타고 나왔다고 말했다.

아멘호텝 3세(BC 1386~BC 1349년)의 비문을 보면 금은으로 치장된 신전 이야기가 나오는데, 나중에 그 흔적이 발견되었다. 람세스 2세(BC 1279~BC 1212년) 때는 테베에 병사 2만 명을 훈련할 수 있는 훈련소가 생기기도 했다. 성벽이 없는 것으로 미루어, 신전의 거대한 탑문(엄청나게 큰 출입구)이 도시의 성문으로 사용되었을 것으로 보인다.

살아 있는 자들의 도시는 나일 강 동쪽 기슭에 있었고, 죽은 자들의 도시는 서쪽 기슭에 있었다.

카르나크 신전Karnak Temple은 불에 타지 않는 벽돌 벽으로 둘러싸인 3개의 신전과 함께 나일 강 동쪽 기슭에 세워졌다. 3개의 신전은 각각 몬투(매의 머리를 하고 있는 그 지역의 전쟁 신으로 곧 아몬으로 대체됨), 아몬(깃털 2개가 꽂힌 머리 장식을 하고 있는 숫양 또는 사람), 무트(아몬의 아내, 왕관을 쓰고 있고 가끔 독수리 머리로 표현되기도 함)에게 바친 것이었다. 콘수(아몬과 무트의 아들, 초승달 모양의 머리띠를 하고 있었다) 신전은 아몬 신전에 포함되었다.

3개의 신전 중 가장 큰 것은 아몬 신전이다. 그것은 둘레 2,400미터 두께 7.9미터인 벽에 둘러싸인 다이아몬드 모양의 성역으로 그 안에 '신들의 왕'의 대신전이 있었다. 제18왕조에서 제22왕조(투트모시스 1세, 하트셉수트, 투트모시스 3세, 아멘호텝 3세, 람세스 1세, 람세스 2세, 세티 1세, 세티 2세, 람세스 3세)의 파라오들이 과장된 웅장함을 특징으로 하는 사당, 오벨리스크, 탑문, 전실로 이루어진 단지를 지었던 가장 오래된 구역(BC 1991~BC 1785년, 제12왕조에서 중왕국)에는 거의 아무런 유물도 남아 있지 않다.

출입구는 안으로 들어갈수록 점점 작아지는 일련의 탑문을 통해서 서에서 동으로 뻗어 있다. 제1탑문(너비 112.7미터로 너비 50미터

153. (상단과 하단) 거대한 람세스 2세 상(높이 15미터)이 그의 딸 벤탄타와 함께 제2탑문 앞에 서 있다. 이것은 그레이트 코트와 다주실 사이 전실 양 측면에 있는 다른 2개의 람세스 2세 상보다 약간 앞으로 나와 있다.

153. (중앙) 제1탑문은 스핑크스가 늘어서 있는 길을 따라가면 나온다. 종교 의식을 거행하는 동안 인공 연못을 통해 신의 돛단배가 나일 강에 도착할 수 있었다.

154. (상단) 다주실의 중앙 통로는 양 측면의 통로보다 3분의 1정도 더 높다. 이것은 22.8미터 높이에서 천장을 받치며 사각형의 큰 창을 만드는 거대한 아바쿠스(abacus, 원주 꼭대기의 관판)와 아키트레이브를 특징으로 한다.

154. (중앙) 아몬 신전 호수에 신전 건물의 그림자가 비친다. 오른쪽으로 아몬 신전에 2개밖에 없는 오벨리스크가 보인다. 그중 하나는 투트모시스 1세가, 나머지 하나는 하트셉수트 여왕이 세운 것이다.

154. (하단) 룩소르 신전까지 가는 행렬은 프톨레미 1세 유에르게테스가 지은 콘수 신전의 출입구에서 시작된다. 신의 보호를 받는다는 표시로 앞발 사이에 아멘호텝 3세 상이 서 있는 스핑크스들이 길이 끝날 때까지 늘어서 있다.

155. 아몬 신전은 신 왕국 때부터 이집트에서 가장 중요한 역할을 했으며 막강한 경제력을 가지고 있었다. 이 항공사진은 전경(前景)에 6개의 탑문과 다주실 홀을 가진 신전의 균형 잡힌 배치를 보여 준다.

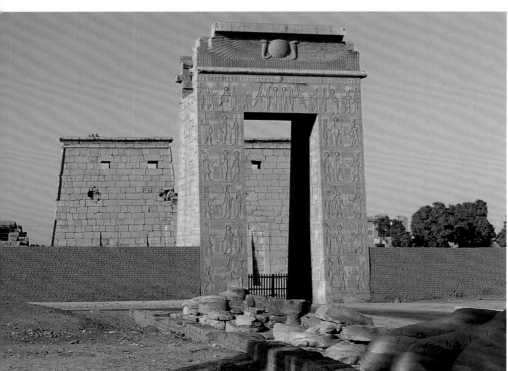

인 제6탑문과 대조적임)을 지나가면 그레이트 코트(100×80미터)가 나오는데 이것은 고대 이집트에서 가장 큰 안마당으로 세티 2세와 람세스 3세의 신전이 있다.

제2탑문을 지나가면 신왕국의 위대한 통치자였던 람세스 2세가 지은 다주실이 나온다. 넓이 102×53미터인 이 홀은 신전을 위해 지은 홀로서는 가장 큰 것으로 파피루스 모양으로 조각한 원주 134개가 있고, 그중 122개는 오므린 꽃받침 모양을 하고 있고, 12개는 활짝 핀 꽃받침 모양을 한 주두로 장식되어 있다.

촘촘히 배치되어 있는 나머지 탑문 4개를 지나가면, 가장 오래된 사당이 있는 중왕국 시대의 안마당이 나온다.

제3탑문과 제4탑문 사이의 안마당은 남북 방향으로 배치된 신전 단지의 남쪽 입구와 연결되기도 한다. 이 축을 따라 탑문을 5개 더 지나가면 아몬 신전을 무트 신전과 연결하는 '스핑크스의 길'이 나온다.

여기서 약간 서쪽으로 가면 숫양의 머리를 한 스핑크스들이 양쪽에 늘어선 또 다른 길이 콘수 신전에서 룩소르까지 3.2킬로미터도 넘게 뻗어 있다. 새해가 시작될 때마다 긴 행렬이 카르나크 신전에서 룩소르 신전('아몬의 남쪽 하렘'이라고 불림)에 이르는 먼 길을 아몬의 조상을 들고 걸어갔다. 룩소르 신전은 엄밀히 말하면 카르나크 신전에 속하는 것으로 이 연례행사에만 사용되었다.

미리암 타비아니

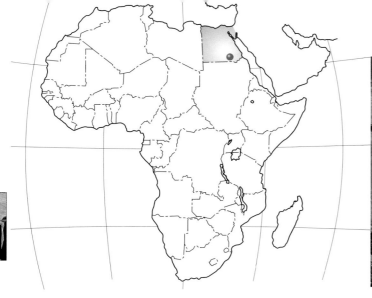

아부심벨 신전

아부심벨, 이집트

람세스 2세는 로마 시대에 누비아라고 알려진 나일 강 상류의 사막 지대에 지하 암굴 신전 2개를 세웠다. 이 암굴 신전은 오늘날 람세스 시대(BC 1291∼BC 1075년)의 건축 및 예술의 상징물로 여겨진다. 나일 강 서쪽 기슭에 있는 이 두 신전의 파사드는 바위산을 깎아 만든 거대한 조상으로 장식되어 있다.

두 신전 중 큰 것은 아몬, 라 호라크티, 프타 같은 신들과 람세스 2세에게 봉헌된 것이었다. 람세스 2세는 높이 20미터 좌상으로 묘사되어, 산허리 안으로 35미터 뻗은 출입구의 양쪽에 한 쌍씩 모두 4개가 안치되어 있다. 건축적인 형태와 장식은 왕실을 선전할 목적으로 교묘하게 설계되었다. 조상의 거대한 규모는 람세스 2세(그는 상 이집트와 하 이집트를 상징하는 이중 왕관을 쓰고 있다)의 권력과 힘을 나타내고, 4개의 얼굴에 띠고 있는 미소는 맑은 의식, 공정함, 현명한 정부의 분위기를 발산한다.

극적으로 과장된 외관은 작고 은밀한 내부 공간과 대조를 이룬다. 내부에는 바위를 깎아 만든 열주 마당, 다주실, 전실, 람세스 2세와 그가 받들어 모시던 3신(神)의 조상이 안치되어 있는 셀라 등이 있다. 람세스 2세의 조상을 신상(神像)에 포함한 것은 전형적인 신 왕국 신전이지만 지하 신전으로 변형한 설계로 람세스 2세의 신격화(아직 생존해 있는 동안)를 기념하기 위한 것이었다. 햇빛이 신전 파사드에 내는 효과가 용의주도하게 계획된 실내 채광 효과와 대비된다.

람세스 2세의 왕권과 신성은 여신 하토르(람세스의 영적인 배우자)와 네페르타리(람세스의 세속 부인)에게 바친 소 신전에서도 엄청난 형태로 표현되었다. 다주식 중앙 홀과 셀라로 이루어진 파사드에 왕과 왕비의 입상이 6개 있다.

156. (상단) 람세스 2세는 그 전에 토착민들이 그들의 신들에게 바쳤던 2개의 동굴이 있던 자리에 아부심벨 신전 2개를 짓기로 결정했다. 그는 이곳에 이집트의 신들을 위한 신전을 지음으로써 누비아가 종교적으로 이집트 제국에 종속되어 있다는 것을 강조하려 했다. 이 신전은 1979년 이후 세계문화유산으로 보존되고 있다.

157. (중앙) 대 신전에 있는 이 얕은 부조는 전차를 타고 있는 람세스 2세를 묘사한다. 벽이 파라오와 왕비에게 경의를 표하는 사신들의 행렬과 공물로 장식되어 있다.

157. (하단) 8개의 오시리우스 상 기둥이 대 신전의 프로나오스 천장을 받치고 있다. 이런 유형의 기둥은 라메시드 시대(제19, 제20왕조)의 특징으로 입식 미라의 형태로 기둥 몸에 람세스를 표현한다. 이것은 사자(死者)의 영혼을 심판하고 부활을 선고했던 명부의 왕 오시리스를 연상시킨다.

156. (하단) 높이 10미터인 람세스 2세와 그의 아내 네페르타리의 입상 6개가 소신전의 파사드 앞에 나란히 서 있다. 이 신전은 람세스 2세가 가장 아끼던 부인과 여신 하토르에게 봉헌된 것이다.

156-157. 상 이집트와 하 이집트를 상징하는 이중 왕관과 가짜 수염을 달고 앉아 있는 람세스 2세의 거대한 조상 발치에 람세스의 자녀와 부인들의 작은 조상들이 배치되어 있다.

157. (상단) 셀라에는 바위를 깎아 만든 4개의 조상이 있다. 이것은 람세스 본인과 이 신전의 주인인 3신을 나타낸다. 왼쪽부터 프타, 아몬, 람세스 2세, 라-호라크티 순으로 앉아 있다.

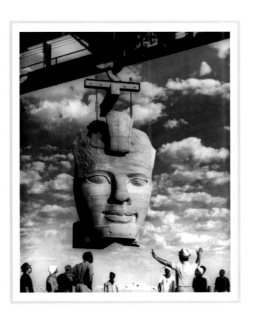

The Temples
of Abu Simbel

158. 이것은 대 신전 출입구 측면에 있는 람세스의 거대한 조상 중 하나의 얼굴을 클로즈업한 것이다. 아스완 댐 건설 이후 높아지는 나세르 호수의 수위로부터 신전을 보호하기 위해 신전을 해체했을 때 복원가들이 절단했던 자국이 눈에 띈다. 신전을 재조립할 때 세부적인 마무리 처리는 이집트 고대 유물국의 복원 전문가들이 맡아서 했다. 그들은 모래와 합성수지를 섞어 만든 혼합물로 절단의 흔적을 최소화했다.

159. 신전의 절단 및 재조립 작업이 한창이다. 이 신전 구조 사업은 1960년대에 유네스코가 여러 나라의 지원을 받아 시행했으며 5년이 걸려 완결되었다.

이 신전은 원래 나일 강을 향한 절벽의 경사지에 세워져 있었으며, 스위스의 위대한 동양학자 J. L. 부르크하르트(1784~1814년)에 의해 1813년에 발견되었다. 그러나 나일 강의 범람으로 비옥해진 누비아 지역은 20세기에 극적인 변화를 겪었다. 1898년에 최초의 아스완 댐이 건설되어 강의 수위가 높아졌다. 1950년대에는 두 번째 댐(사델-알리)이 누비아의 건축적 유산을 위기로 몰고 갔다. 아부심벨 신전은 나세르 호수의 높아진 수면 밑으로 사라질 운명에 처했다.

유네스코는 이 신전을 구하기 위해 1963년에 구조 사업을 조직하고 4년 만에 사업을 완료했다. 신전을 30톤 정도의 덩어리들로 절단해 바위에서 제거한 다음에, BC 13세기에서 지을 때와 동일한 위치에 동일한 방향으로 수면 65.5미터 지점에서 재조립했다.

베아트릭스 힐링/마리아 로라 베르겔리

161. 소 신전 안에 소뿔 사이에 태양 원반이 들어 있는 왕관을 쓴 네페르타리가 그려져 있다. BC 13세기에 살았던 이 왕비는 남편보다 여러 해 전, 신전이 완공된 직후에 사망했다.

160. 소 신전의 장식 구간에서 나온 이 그림들은 람세스 2세와 네페르타리가 왕좌에 앉은 여신 하토르에게 제물을 바치는 장면(위)과 람세스가 아내가 보는 가운데 적을 죽이는 장면(아래)을 묘사한다. 이런 장면은 고대 왕조부터 이집트 미술에 자주 등장한다.

160-161. 소 신전의 다주실은 3개의 하토르 기둥이 두 줄로 늘어서 있는 3개의 통로에 의해 분리된다. 이것은 전실로 이어지고 그 뒤에 암소의 모습을 한 여신 하토르가 람세스 2세를 보호하는 장면이 그려진, 산을 깎아 만든 내부 성소가 나온다. 중앙에 여신을 양식화해서 표현한 기둥을 볼 수 있다.

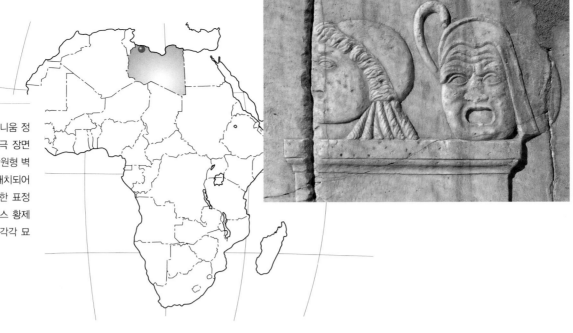

162. (상단·중앙·아래) 프로시니움 정면에는 신들과 신화 이야기, 연극 장면들을 묘사하는 부조로 장식된 반원형 벽감과 직사각형 벽감이 교대로 배치되어 있다. 위와 아래의 그림은 비통한 표정의 마스크와 셉티미우스 세베루스 황제가 제물을 바치고 있는 장면을 각각 묘사한다.

사브라타 극장

사브라타, 리비아

이 극장은 로마의 도시 사브라타의 동쪽 구역에 자리 잡고 있다. 사브라타는 트리폴리타니아(현재 리비아의 일부)의 다른 지역과 더불어 BC 46년에 로마의 속주 아프리카 노바에 통합되었다. 이 일을 계기로 사브라타는 과거 카르타고인들이 살던 동쪽과 남쪽으로 점차 성장했다.

사브라타 극장The Theater of Sabratha은 이 지역의 전성기였던 AD 2세기 말과 3세기 초에 지어졌으며, 오늘날 이 도시를 가장 잘 말해 주는 건축물 가운데 하나로 간주되고 있다. 이 극장은 비슷한 유형의 건축물들 중 가장 규모가 크고, 부분적으로 복원 공사를 한 덕분에 보존 상태가 아주 좋은 편이다. 평평한 지대에 위치한 이 극장의 카베아(관람석)는 토스카나식 기둥과 코린트식 벽기둥을 골조로 하는 3단 아치로 외관이 장식되어 있다. 내부의 반원형은 3개의 가로 원으로 나누어졌고 이것은 각각 6개의 세로 구간으로 분리되었으며, 주랑 현관에 둘러싸여 있다.

이 극장에서 가장 인상적인 요소는 문을 뒤에서 열게 되어 있는, 3개의 대형 반원형 벽감으로 구성된 프로시니움 (proscenium , 앞무대)이다. 이것은 유형이 다른 대리석(흰색과 유색)을 소재로 했는데 각기 모양이 다른 기둥(매끈한 것, 홈이 파진 것, 나선형)으로 된 3단 원주로 장식되어 있다. 문과 나란히 배열된 3개의 열주 회랑이 벽감의 만곡부를 가로막으며, 셉티미우스 세베루스 황제가 로마에 지었던 셉티조디움 (Septizodium, 독립 구조적 장식 파사드)과 비슷한 치밀한 명암 대비 효과를 냈다.

이 건물에서 가장 독창적인 부분은 프로시니움의 정면이다. 여기에는 신들과 신화 이야기, 연극 장면들을 묘사하는 부조로 장식된(이런 종류의 건물에서는 보기 드문 것이다) 반원형 벽감과 직사각형 벽감이 교대로 배치되어 있다. 그중 가장 눈에 띄는 것은 로마와 사브라타의 화신들이 지켜보는 가운데 셉티미우스 세베루스 황제가 제물을 바치고 있는 중앙의 벽감이다. 이것은 이 도시에 식민지 지위를 허가했다는 암시일 수 있다.

미리암 타비아니

163. (하단 왼쪽) 일부분만 복원된 바깥쪽 아치 너머로 무대 장치가 보인다.

163. (하단 오른쪽) 〈파리스의 심판〉이 프로시니움 정면의 오른쪽 벽감 중앙을 장식한다.

162-163. 불후의 프로시니움은 3단으로 되어 있었다. 그것은 반원형 난간에 의해 분리되는 북향 카베아와 귀빈석 위에 우 뚝 솟아 있다. 귀빈석은 카베아 앞쪽에 3개의 낮은 계단에 자리 잡고 있었다.

164. (상단) 알렉산드리아 도서관의 외벽은 고대와 현대의 모든 문자에다 음악적, 수학적 기호까지 덧붙여 꾸며졌다. 그래서 '말하는 벽'이라고도 불린다.

164. (하단) 건축가들이 도서관 바깥쪽을 '원호' 모양으로 만든 것은 도시에서 바다 쪽으로 보는 사람들에게 떠오르는 태양을 연상시키기 위해서였다. 그것은 곧 부활과 지식의 빛이 확산됨을 상징한다.

알렉산드리아 도서관
알렉산드리아, 이집트

고대의 알렉산드리아 도서관은 프톨레미 1세(프톨레미 1세 소테르, '보존자'라고도 알려져 있다)가 통치하던 BC 3세기 초에 지어졌다. 그는 그리스 문화를 배우며 자란 학자로 아리스토텔레스의 신실한 제자였다. 팔레론의 드미트리우스가 설계한 이 건물은 세월이 지나면서 대학으로 변모해 이집트 최후의 여왕인 클레오파트라 시대까지 번성했다. 이곳에서 가르치거나 배우기 위해 세계 각지에서 많은 학자들과 학생들이 찾아왔다.

그들 중 유명한 사람으로는 기하학의 아버지인 유클리드와 고대의 두 위대한 천문학자인 사모스의 아리스타르쿠스와 니케아의 히파르쿠스가 있다. 알렉산드리아는 평범한 도서관이 아니었으며, 세계적인 불가사의 가운데 하나로 간주되었지만, 전쟁과 광신도들에 의해 몇 차례에 걸쳐 파괴되고 말았다.

도서관이 파괴되고 1600년이 지나서 원래 도서관이 있던 실실라 지역에 인류의 모든 지식을 한 곳에 모으겠다는 고대와 같은 취지로 새로운 도서관The Library of Alexandra이 건립되었다.

노르웨이의 건축 사무실 스노헤타가 설계를 맡고, 노르웨이인 건축가 크리스토프 카펠라가 공사를 감독한 이 건물은 유네스코와 1990년에 '아스완 선언'에 서명한 20여 개 나라를 위해 지어졌다. 총면적 7만 4,323제곱미터 11층으로 되어 있다.

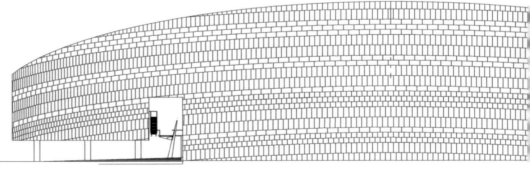

바다에서 비스듬히 떠오르는 거대한 태양의 형태(고대 도서관의 부활과 지식과 이해의 확산을 상징)를 한 이 건물은 원기둥을 16도 사선으로 잘라 놓은 것처럼 생겼다. 지붕이 흰색 화강암 벽과 인공 호수에 둘러싸여 있고, 열람실로 들어가는 빛의 양을 조절하는 조정 가능한 사각 반사경 패널로 장식되어 있다. 절단면 지붕이 만들어내는 사선이 1층에서 8층까지 걸쳐 있어 내부 공간이 훨씬 넓어 보인다.

건물 중앙에 철근 콘크리트와 목재로 된 1만 8천 제곱미터 면적의 중앙 열람실이 있다. 높이 16미터, 직경 68센티미터에 고대 이집트의 '연꽃' 주두를 닮은 흰색 콘크리트 기둥 100여 개 사이에 2

164-165. (상단) 안마당의 광장을 따라가면 콘크리트와 금속과 유리로 된 중앙 출입구가 나온다. 배경에 커다란 구처럼 생긴 천체관측관이 보인다.

164-165. (하단) 도서관 입면도가 아스완에서 나는 회색 화강암으로 만든 큰 외벽을 보여 준다. 이것은 16도 사선으로 잘라 놓은 반원기둥 모양으로 만들어졌다.

165. (하단) 이 단면도는 높이 30미터인 11층 건물의 일부를 보여 준다. 새 도서관은 유네스코의 후원 아래 노르웨이의 건축 사무실 스노헤타가 설계를 맡았다.

천 개의 열람석이 배치되어 있다. 이 도서관에는 2개의 미술관, 고
서 복원실, 아동 도서실, 컴퓨터 교실, 회의실, 지하 주차장, 창고
도 있다.

새 건물의 선반에는 고대 문서와 희귀 도서와 지도가 꽂혀 있고,
멀티미디어와 시청각 관련 자료뿐만 아니라 장서 총 800만 권이 보
관되어 있다.

도서관의 외관은 파라오들이 사용했던, 아스완에서 나는 회색 화
강암으로 치장되어 있다. 창문이 없고, 암벽화와 상형문자를 비롯
해 세계의 모든 문자에서 나온 그래픽 기호로 장식되어 있다.

고대의 도서관처럼 화재로 소실되는 일이 없도록, 새 도서관의
천장은 열을 차단하는 산화피막처리 알루미늄으로 되어 있다. 건
축가 크리스토퍼 카펠라는 이 건물의 설계에 대해 "이 건물의 원형
구조는 세계의 지식을 상징한다. 우리는 이 건물이 도서를 보존하
는 데만 관심이 있는 것이 아니라 외부 세계와 정보를 교환하는 데
에도 열심이라는 것을 보여 주기 위해 마이크로칩 이미지로 지붕
을 만들었다" 라고 요약한다.

구글리엘모 노벨리

166. (왼쪽 상단) 이 도서관은 총면적 7만 4,323제곱미터에 열람실, 고서 복원실, 아동 도서실, 컴퓨터 교실, 회의실, 지하 주차장 등을 가지고 있다.

166. (오른쪽 상단) 지붕은 7층까지 올라가는 경사진 거대한 반원 모양을 하고 있다. 이것은 열람실로 들어가는 빛의 양을 조절하는, 조정 가능한 유리 패널로 치장되어 있다.

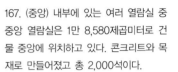

167. (중앙) 내부에 있는 여러 열람실 중 중앙 열람실은 1만 8,580제곱미터로 건물 중앙에 위치하고 있다. 콘크리트와 목재로 만들어졌고 총 2,000석이다.

167. (하단) 도서관의 중앙 열람실에는 높이 16미터가 넘는 흰색 콘크리트 기둥이 100개 이상이나 있다. 기둥 모양이 연꽃 주두를 가지고 있던 고대 이집트의 원주를 연상시킨다.

166-167. 경사진 지붕이 도서관의 현대적이며 효율적인 외관을 강조해 준다. 조정 가능한 유리 패널은 빛의 양을 조절할 뿐만 아니라 건물에 바로 내리쬐는 직사광선의 발광으로 생기는 문제를 막기도 한다.

167. (상단) 크리스토프 카펠라가 이끄는 노르웨이의 건축가 팀이 원 설계를 맡았다. 이것은 지붕의 규칙적인 패널링과 '마이크로 칩' 형태를 강조하는데, 이런 설계는 이 도서관이 정보 확산을 위해 하게 될 중요한 역할을 상징하기 위해 선택한 것이었다.

Wonders
of
아시아

아시아의 다양한 건축 형태와 모델을 한 번에 다 설명하기는 어렵다. 유럽과 인접하여 하나의 땅 덩어리를 형성하고 있지만 우랄 산맥 너머 남으로 뻗은 대부분의 아시아 지역은 지리적으로 인간이 정착해서 살기에는 그리 좋은 환경이 아니다. 따라서 인간의 손에 의해 크게 자연이 개조되지는 않았다. 아시아와 유럽 대륙의 경계는 서쪽의 보스포루스라는 해협과 동쪽의 다르다넬스라는 2개의 좁은 해협에 의해 갈라진다. 아시아는 서구 문명과 끊임없이 접촉했고 또 그것을 받아들여 왔지만, 아직도 유럽과 약간 거리를 두고 갈등을 일으키고 있다. 마찬가지로 팔레스타인이라고 하는, 아시아와 아프리카를 연결하는 좁고 긴 땅은 수천 년 동안 긴장의 무대가 되고 있다.

고대에는 지중해 동부를 에워싸고 있는 중근동 지역이 서구 세계와 역사적, 문화적 발전을 함께했다. 지금까지 남아 있는 건축적 유적지는 이 잊지 못할 중요한 시기를 입증해 준다.

이스파한에서 시라즈로 가는 길목의 푸하르 강 왼쪽 기슭에서는 알렉산더가 포도주와 승리에 취해 불을 질렀던 페르시아 제국의 도시 페르세폴리스의 유적을 만날 수 있다. "동양 전체의 수도였던 페르세폴리스는 이렇게 끝이 났다. 그것은 많은 왕들의 고향이었고, 과거에 유일하게 그리스를 위협했던 존재였다"(쿠르티우스 루푸스Curtius Rufus, V, 7·8쪽).

"이렇게 해서 페르세폴리스는 황폐한 들판을 내려다보고 있다. 공간, 하늘, 매… 그리고 페르시아의 따뜻한 햇볕, 이 모든 것들이… 폐허 한 가운데 있는… 위대한 테라스에 활기찬 경쾌함을 준다. 원주들이 지붕을 떠받치지 않고 허공을 떠다닌다.… 아치형 출입구는 어떤 방과도 연결되지 않고 열린 채 있다.… 드넓은 폐허지 '100주의 홀Hall of a Hundred Columns'에서… 지붕 없는 이 폐허지 위에 높이 떠 있는 태양이 사각의 검은 그림자를 드리우며 부조의 조각을 더 깊숙하게 만든다. 도마뱀이 돌 사이로 가랑잎을 스치며 지날 때 바스락거리는 소리를 제외하고는 침묵뿐이다." 영국인 작가 비타 색빌-웨스트는 페르세폴리스에 대한 감상을 이렇게 기록했다.

BC 5세기에 페르시아에 대한 그리스의 영웅적인 싸움의 결과는 그로부터 1세기 후에 알렉산더 대왕의 원정으로 나타났다. 그는 그전에 그리스에 종속되었던 페르시아를 정복하고 나서 인더스 강까지 진격했다가 그곳에서 원정을 중단했다. 그는 인더스 강 어귀에서 국경의 안전을 점검하기 위함이라고 이유를 밝혔지만, 당연히

지식에 대한 욕구가 있었을 것이다. 알렉산더가 갠지스 강을 향해 동쪽으로 계속 진격했더라면 역사는 달라졌을 것이다. 알렉산더의 군대는 중앙아시아에서 사실상 박트리아밖에 정복하지 못했지만, 고고학적 연구는 그때부터 옥서스 강을 따라 도시의 유적을 파내고 있다. 알렉산더의 전기 작가들은 그의 원정에 참가했던 그리스인들이 들려주는 이야기를 바탕으로 이를 묘사했다.

알렉산더의 원정은 그리스의 언어, 문학, 철학, 예술, 종교를 동양에 보급하고, 반대로 동양의 풍습, 예도, 종교 및 철학 사상을 서양에 도입하는 결과를 가져왔다. 이 두 문화의 교류는 역사가들이 '헬레니즘'이라고 부르는 사조의 기초가 되었다. 이런 교류 현상은 알렉산더가 사망(BC 332년)하고 로마가 이집트를 정복(BC 30년)할 때까지의 기간에 왕성하게 일어났다. 그 덕분에 공통의 구어(口語)—교양 있는 사람들의 말과 일반인들의 말이 구분되기는 했지만—와 간드라에서 박트리아를 거쳐 이베리아까지 확산된 공통의 예술 용어가 생겨났다.

시리아, 팔레스타인, 이집트, 그리고 동양에서는 인도의 북서부가 모두 알렉산더에게 정복당해 위대한 헬레니즘 왕국의 기반이 되었으며 여기서부터 헬레니즘 문화가 퍼져나갔다. 디아도치(알렉산더의 후계자들) 시대 내내 원정과 탐험은 계속되어 인더스 강과 시르 다리아 강을 건너 중국 변경까지 확대되었다.

그리스와 마케도니아가 로마의 속주로 격하된 뒤(BC 147~BC 146년)로 하드리아누스 황제(AD 117~138년) 때 절정에 이르렀던 로마인들의 헬레니즘 애호 풍조는 헬레니즘 세계 너머, 다시 말하면 로마인이 지나갔거나 정복한 땅에서 헬레니즘의 운명을 결정지었다.

그 후의 문화 변천 과정에서 기독교가 최초로 전파되었던 지중해 아시아 지역은 7세기에 이르러 이슬람 문화가 이란 고원과 중앙아시아로 진출하는 최초의 교두보가 되었다.

AD 4세기에 콘스탄티누스 황제는 그리스의 도시 비잔티움을 재건해 콘스탄티노폴리스라는 새로운 이름을 붙였다. 이 도시는 동로마 제국의 수도가 되었고, 고전 문화와 동양 문화의 융합과 새로운 기독교 정신의 필요에서 나온 비잔틴 문화에 활력을 불어넣었다. 그리스-로마-중동 문화가 결합한 이 다양한 문화 지역에서는 문화적, 상징적, 종교적 요소와 뒤섞인 기술 지식의 활발한 교류가 일어났다. 여기서 나란히 발달해 가고 있던 중앙아시아와 근동의 문명이 서로 상충되기보다는 상호 보완적으로 변해간 것

같다.

아시아의 건축은 서양 건축과 마찬가지로 문명의 역사, 사회구조, 경제 제도와 긴밀한 관계에 있지만, 탁월한 웅장함이라는 고유의 특징을 가지고 있기도 하다. 건축은 직접적인 창의성이 없고 기술적인 요건의 부담을 안고 있어 일반적으로 예술적인 가치가 떨어진다고 생각되지만, 아시아 건축의 성과는 서양의 그것과는 사뭇 다르다. 그것이 단일 접근방식이었던 때까지 그 자취를 더듬어 보는 것이 의미 있는 일일 수 있다.

오랫동안 (툰드라, 삼림지대, 대초원, 사막과 같은 황폐한 지역에서 건축은 지상의 돌무덤이나 흙무덤이 그 표시가 되었던 지하무덤이나 희귀한 형태의 가옥이 전부였다.) 아시아 북부의 유목민과 수렵인들은 펠트 텐트에서 살았기 때문에 내구력 있는 주거지가 드물었다. 문헌에는 나무와 돌로 요새화한 '성채'가 언급되어 있지만, 남아 있는 유적은 없다. 마을이나 도시가 생성된 것은 불과 200여 년 전의 일이다. 그러므로 아시아의 건축은 현재의 중국과 일본 열도가 있는 남부의 정착 농경문화에서 비롯되었다고 볼 수 있다.

아시아에서는 이 지역 정착 사회의 기본적인 주거 형태로 남아 있는 부락에 비해 도시가 주거지로서 그 중요성이 덜한 것으로 알려져 왔다. 이렇다 할 잠재력 없는 농업이 지배적이었고, 민간 차원의 상업은 발전하지 못했다. 거기에 더해서 온정주의와 전제 정치 사이에서 어렵게 균형을 유지했던 복잡한 사회에서 권력의 중앙 집중화는 대체로 성장의 방해 요인이 되었다.

이런 상황에서 예외적인 존재가 중앙아시아에 있었다. 이곳에서는 대상(隊商) 도시와 고립된 수도원에 의해 상인 경제가 발달했고, 이것은 경제적으로나 문화적으로 막강한 영향력을 지닌 세련된 도시의 탄생을 가져왔다. 그러나 이런 도시들은 이슬람 문화의 출현과 함께 급진적으로 변모했다. 이 지역의 또 한 가지 독특한 특성은 티베트 사회의 신정주의적 기초였다. 이로 인해 신비주의적이며 종교적인 믿음이 건축의 형태를 결정지었다.

아시아의 건축이 대체로 종교적인 색채를 띠고 있는 것은 지금도 마찬가지다. 신앙과 종교적 풍습이 보편화되어 있고, 대부분의 사람들이 존재의 형이상학적인 가치를 받아들이고 있기 때문에 종교적인 건물은 상징과 암시로 가득하다. 그러나 예술적이며 건축적인 설계는 전통적으로 자연환경에 지었던 주거용 건물과도 관련이 있다. 이런 설계는 일부 형식적인 면에서 현대 건축 양식의 도래를 예고했다.

극동에서는 건물들이 선형이고 주로 목재로 되어 있지만, 인도와 인도의 영향권에 있던 지역에서는 돌 등의 소재로 건물을 짓거나 바위를 깎고 파내 건물을 만들었다. 이런 식으로 아시아의 건축은 나름의 우주관을 나타내기도 한다.

건축 역사학자 M. 부사글리는 "아시아의 건축가는 결코 철학자나 과학자가 아니지만, 그들의 창작품은 항상 본질적으로 예술가의 창의적 충동과 미적 감각이 스며든 철학적, 종교적 사색을 담고 있다. 나아가 종교 사상의 발달에 영향을 줄 수 있는 형태와 구조로 그것을 표현한다. 종교적 사상은 세계관이기도 하다"고 말한다.

그러므로 아시아의 건축에는 창의적인 사고의 본질과 함께 종교적인 테마가 들어 있으며, '집단적인 아시아 사상'의 양상을 반영한다. 이것을 구성하고 있는 요소들은 달라지기도 하지만 일관성을 보이기도 한다. 그것들은 인간과 자연(그 위력 때문에 두려움의 대상이 되는)의 관계와 보편성과 절대성이 개인보다 우월하다는 데 뿌리를 두고 있다.

알레산드라 카포더페로

169. (왼쪽) 바위 사원은 성도(聖都)였던 구 예루살렘의 빛나는 상징물이다.

169. (중앙) 베이징에 있는 자금성의 태화전.

169. (오른쪽) 페르시아 만의 두바이 근처에 있는 인공섬에 버즈 알 아랍 호텔이 돛단배처럼 떠 있다.

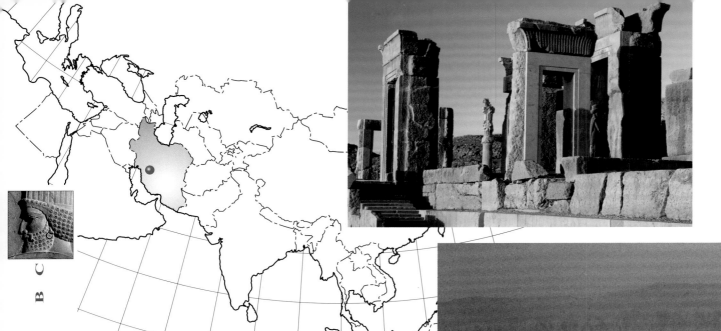

페르세폴리스
시라즈, 이란

이란에서 가장 유명한 이 고적지는 아스파한-시라즈 Shiraz 도로상에 있다. 이 기념비적인 유적지의 기원은 BC 518년에 다리우스 1세가 쿠-이 라마트라고 하는 바위산 아래 테라스와 아파다나(apadana, 왕궁)와 '하렘'으로 알려진 건물을 짓는 데서 시작되었다. 다리우스의 아들이자 후계자인 크세르크세스 1세 (BC 486~BC 465년)가 아파다나와 하렘을 완공하고, 하디시 (hadish, 왕의 침소)와 출입구를 만들었으며, 아르타크세르크세스 1세(BC 465~BC 424년) 때 완공된 '100주의 방 Hall of a Hundred Columns'을 짓기 시작했다. 아르타크세르크세스 3세 오쿠스(BC 358~BC 338년)가 이곳에 궁을 짓기 시작했지만, 알렉산더 대왕(BC 356~BC 323년)이 페르세폴리스Persepolis를 불태워버린 BC 330년까지 미완으로 남아 있었다.

도시를 에워싸는 성벽은 사각형의 큰 열장이음 석회석으로 만들어졌다. 크세르크세스 1세가 세운 웅장한 출입구는 4개의 원주로 된 사각형이 주랑 현관을 형성하고 3면이 트여 있다. 높이 4.8미터가 넘는, 날개 달린 거대한 황소 두 마리가 서문 양쪽에 버티고 있고, 인간의 머리를 한 날개 달린 황소 두 마리가 동문 양쪽에 배치되어 있다. 황소 위에 있는 명각 4개는 각각 엘람어, 고대 페르시아어, 바빌로니아어로 쓰여 있다.

서문을 지나가면 다리우스 1세 때 공사가 시작되어 크세르크세스 1세 때 완공된 아파다나가 나온다. 사각형의 중앙 홀에는 원래 36개의 원주가 있었지만 지금은 3개만 남아 있다. 건물 측면에는 각각 6개의 원주로 된 주랑 현관 3개와 몇 개의 진입구가 있다.

아파다나는 의식용 대형 부조로 장식된 2개의 거대한 계단을 통해 들어갔다. 3단으로 된 이 계단의 부조는 보병과 기병과 사수들을 동반하고 왕국의 사신들을 향해 가는 페르시아, 메디아, 엘람의 고관 행렬을 묘사한다. 이 사신들은 페르시아 제국의 23개 속주에서 온 사람들로, 해마다 신년 명절이 되면 페르시아 왕에게 자국에서 나는 최상품 특산물을 조공으로 바쳤다.

트리파일론(trypylon, 회의실)은 원주가 4개 있는 사각형 방으로 대형 계단을 통해 들어갔다. 외벽은 스핑크스, 황소를 공격하는 사자, 연꽃을 들고 있는 고관과 조신들의 행렬을 그린 부조로 치장되어 있다. 제국의 사신 28명과 페르시아의 신 아후라 마즈다의 날개 달린 상징물에 의해 당당하게 왕좌로 옮겨지는 다리우스와 크세르크세스를 그린 얕은 부조가 문을 장식한다.

170. (상단), 170–171. '크세르크세스의 문'(위)을 통해 들어가는 왕궁(아파다나)의 알현실은 4,645제곱미터로 100개 원주의 기단만 남아 있다. 왕궁으로 통하는 2개의 계단은 왕좌에 앉아 있는 왕에게 바칠 조공을 들고 가는 신하들의 행렬을 그린 3단가로 부조로 장식되어 있다. 몸에 꼭 끼는 옷을 입고 있는 메디아인, 헐렁한 옷을 입고 있는 페르시아인, 창을 들고 있는 전사, 왕의 개인 호위병인 멜로포리가 보인다.

170. (하단), 171. (하단) 페르세폴리스의 웅장한 유적지는 수사, 에크바타나, 바빌론, 파사르가데와 더불어 '페르시아 대왕'의 5대 궁 중 하나였던 곳이다. 페르세폴리스는 메르다치트의 사막 고원에 있는 푸하르 강 서쪽 기슭에 있다. 이 건물들은 다리우스 1세가 지은 거대한 직사각형 테라스 위에 세워졌으며, 테라스 위에는 106단으로 된 계단으로 연결되는 몇 개의 층이 있다. 외벽은 황소를 공격하는 사자와 창과 방패로 무장한 군인들을 그린 부조로 치장되어 있다. 이 부조는 기념과 화해를 위한 것이었다.

172. 아파다나로 통하는 '크세르크세스의 문'의 문기둥은 날개 달린 황소의 부조로 장식되어 있다. 이것은 아시리아와 바빌로니아의 영향을 보여 주는 모티프가 된다.

173. (상단) 고대 도시 페르세폴리스를 장식하는 조각과 부조(이 사진의 그리핀처럼)는 모두 근처 사막 지역에서 나는 돌로 만들어졌다.

Persepolis

남문을 지나가면 크세르크세스 1세가 지은 하디시의 계단이 나온다. 테라스에서 가장 높은 곳에 있는 중앙 홀에는 원래 스투코로 치장된 목재 원주가 36개 있었지만 지금은 원주의 기단만 남아 있다.

크세르크세스 1세 때 완공된 다리우스의 타카라(tachara, 접견실)는 하디시와 구조가 비슷하다. 문을 장식하는 부조는 왕이 궁을 드나드는 모습, 사자, 황소, 날개 달린 괴물과 싸우는 모습을 묘사한다.

메인 룸은 방을 치장하고 있는 돌이 반질반질하다는 이유로 '거울 홀'이라는 새로운 이름이 붙었다. 테라스 동북쪽에 있는 '100주의 홀'은 크세르크세스 1세 때 공사가 시작되어 아르타크세르크세스 1세 때 완공되었다.

사각형의 중앙 홀에는 원래 100개의 원주가 있었지만, 알렉산더 대왕이 페르세폴리스를 불살라 버린 뒤로 기단만 남아 있다. 이 홀의 문도 동물들과 싸우는 왕과 행렬을 묘사한 부조로 장식되어 있다.

플라미니아 바르톨리니

173. (왼쪽 하단) 아파다나의 문과 원주는 날개 달린 황소, 신령, 야수와 싸우는 왕, 전투 장면 등 아케메니드 건축의 전형을 보여 주는 조각들로 장식돼 있다. 형태의 양식화는 이집트 미술, 고형물의 둥글림은 바빌로니아 미술과 확실히 관련이 있다.

173. (오른쪽 하단) 페르세폴리스의 유적지는 알렉산더 대왕(BC 356~BC 323년)에게 정복당하기 전에 아케메니드 제국이 얼마나 웅장했는지를 어렴풋이 말해 줄 뿐이다. 플루타르크에 의하면, 마케도니아 출신의 알렉산더는 페르시아인들이 아테네를 파괴한 것에 대한 보복으로 페르세폴리스를 약탈하고 불태워 버리라고 명령했다고 한다.

175. 페르세폴리스의 문과 계단과 벽은 왕의 권력을 상징하기 위해 주로 사자와 황소가 싸우는 모습을 비롯해 동물들이 싸우는 모습으로 장식되어 있다. 구불구불한 선, 아라베스크 문양, 풍부하고 조화로운 입체감을 통해 알 수 있듯이 아케메니드 미술은 메소포타미아 미술의 영향을 받았는데 이후 엄청난 입체감과 둥그스름한 표면, 역동감이라는 면에서 인도 미술에도 많은 영향을 주게 된다.

174. (왼쪽 상단) 속주의 사신 행렬이 다리우스에게 바칠 공물을 가지고 간다. 아케메니드 미술은 그리스 미술의 입체감에도 영향을 받았다. 양국 간의 반복되는 전쟁과 지배로 그리스의 문화에 동화되었을 수도 있다. 몸통에 비해 개별화된 얼굴은 형상의 사실성을 나타내는 듯하다.

174. (오른쪽 상단) 다리우스 3세의 무덤 부조는 그를 보호하기 위해 종들이 뒤따라가는 모습을 그리고 있다. 다리우스 3세는 BC 330년에 박트리아에서 살해된 후 그 유해가 페르세폴리스로 옮겨졌다.

174. (하단) 다리우스 대왕의 부조. BC 521년에서 BC 485년 사이에 페르시아를 통치했던 다리우스는 히스타스페스의 아들로 제국의 영토를 동쪽으로는 인도의 국경까지, 서쪽으로는 트라키아, 마케도니아, 그리고 멀리 다뉴브까지 확장했다. 그는 자신의 영토를 20개의 속주로 재편성한 것으로 유명하다.

176-177. 인적이 드문 구역 가운데 하나인 진산링(金山嶺)에서 바라본 만리장성이 눈에 뒤덮여 있다. 이 지역은 전략적으로나 군사적으로 매우 중요했던 곳으로, 수세기 동안 계속 방어용 성벽을 강화했다.

176. (하단) 만리장성의 서쪽 끝에 있는 자위관 요새가 간쑤성(甘肅省)의 옛 실크로드에 자리 잡고 있다. 이곳은 북쪽의 고비 사막과 남쪽의 티베트 고원 사이에 있는 광활하고 비옥한 지대다.

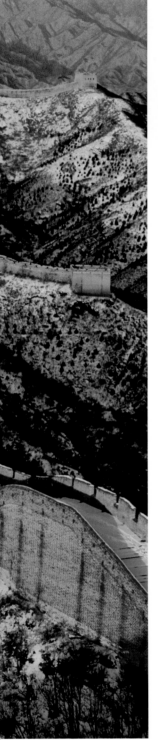

만리장성

중국

중국 건축의 엄청난 규모를 상징하는 만리장성The Great Wall은 동에서 서로 6,700킬로미터에 이르는, 중국의 3분의 2에 가까운 거리를 가로지르며 중국 제국의 조직력과 군사력, 기술과 끈기를 보여 준다.

만리장성을 세운 것은 BC 3세기 말에 중국을 통일하고 제국을 세운, 진 왕조의 초대 황제이자 마지막 황제였던 진시황제였다.

진시황제가 왕위에 오르기 전인 춘추시대(BC 722~BC 481년)와 전국시대(BC 481~BC 221년) 때부터 몽골족의 침입을 막기 위해 지역적으로 방어용 성벽의 일부가 이미 축성되어 있었다. 그러나 중국 전역을 통일한 진 왕조는 통일 영토와 백성들을 지키고 고용과 안정된 생활을 보장할 필요가 있었다. 그래서 BC 221년에 몽염 장군의 지휘 아래 북으로 군사 원정을 나가 있는 동안, 다양한 지역적 성벽을 통합하고 강화하는 작업을 시작하게 된다.

10년 만에 공사 현장 인근에 사는 군인, 죄수, 주민들이 총동원되어 '만 리(里)'에 이르는 성벽이 완성되었다. 1리가 약 400미터 정도 되니까 그 이름대로 하면 완공되었을 때 이 성벽의 길이는 4,000킬로미터 정도 되었을 것이다.

성벽을 축성하는 데는 각 지역에서 나는 돌을 사용했고, 돌이 나지 않는 곳에서는 흙을 다져 이중으로 성벽을 세웠다.

여러 차례의 재건과 확장 공사를 거쳤으며, 명나라(1368~1644년) 때 장성의 전략적 중요성이 커지면서 부분적으로 성벽이 강화되고 높아졌으며(10미터까지), 정찰대, 망루, 성문, 새로운 방어 수단과 부속물이 증축되어 군사적, 행정적 경계 기능을 하는 복합 건물이 형성되었다.

만리장성은 그것이 상징하는 전통과 자부심에 힘입어 중국의 역사, 문화와 관련이 깊은 국가적인 기념물로 인식되고 있다. 전통적으로 용의 몸통을 연상시키는 산과 골짜기와 사막을 가로지르는 구불구불한 성벽은 달에서 지구를 볼 때 가장 뚜렷하게 보이는 인공 건조물의 하나라는 설이 있다. 이런 주장이 처음 나온 것은 성층권 비행이나 달 착륙이 가능하기 훨씬 전인 1939년 8월에 발행된 〈더 포트나이트 리뷰The Fortnightly Review〉(런던)에서였다.

177. (상단) 바다링(八達嶺) 산마루를 따라 만리장성이 구불구불하게 펼쳐진다. 1961년에 중국 최고회의는 만리장성의 이 구간을 국가 문화재로 지정했으며, 1987년에는 유네스코가 이곳을 세계문화유산으로 지정했다.

177. (하단) 군사 토목 공학의 좋은 예다. 만리장성(사진에 나온 것은 허베이성(河北省)의 진산링에 있는 것)은 군대를 신속하게 이동할 수 있게 해 주었을 뿐만 아니라, 연속되는 요새 덕분에 적의 공격과 지원군 파견에 관한 소식을 신속하게 전달할 수 있게 해 주었다.

베아트릭스 헐링

알 카즈네
페트라, 요르단

178. (상단) 알 카즈네의 전실에 있는 3개의 문(이것은 북서쪽 출입구)은 매장실과 연결되어 있다. 바위를 파서 만든 페트라의 유적지는 구조물의 풍요로움과 구성상의 자유로움 때문에 사람들에게 많은 흥미를 불러일으킨다.

178. (중앙) 시크가 끝나는 지점에 순전히 바위를 파서 만든 알 카즈네가 불쑥 모습을 드러낸다. 페트라 유적지는 1812년에 J. L. 부르크하르트에 의해 발견되고 발굴되었다. 1929년과 1935년에 추가로 발굴이 이루어졌다.

나바티아 왕국과 로마 속주인 아라비아 두 곳의 수도였던 페트라(Petra '영원한 시간의 절반만큼이나 오래된 장밋빛 붉은 도시'라는 뜻)는 트란스요르다니아라고 알려졌던 곳의 남쪽에 있다. 거대한 바위 계곡 엘-비야라 뒤에 숨어 있어 접근하기는 어렵지만, 그 덕분에 대상 무역의 중심지로 융성할 수 있었다. 페트라에는 홍해와 연결된 길과 아라비아 펠릭스, 메소포타미아, 지중해 등과 연결된 길이 있었다. 이 고대 도시는 일련의 산들이 원형극장처럼 에워싸고 있으며, 나바티아인들은 이 산 속에 두사라와 알라트 같은 신들을 숭배하는 신전을 지었다. 이 도시에는 바위를 파서 만든 신전, 시장, 2개의 극장, 많은 무덤들이 있었다. 도시의 주거지로 들어가는 유일한 출입구는 메마른 하천 바닥을 따라 나 있는 시크라고 하는 동쪽에 있는 길이었다. 옛날에는 이 하천의 물길을 돌려 도시의 수로에 물을 공급했다.

시크를 마주보고 있는 건물들 중 보존 상태가 가장 좋은 것 중 하나는 알 카즈네(Al Khazneh '보물 창고'라는 뜻)라고 하는 무덤이다. 이 건물의 파사드는 높이 39미터, 너비 25미터에 이른다. 이것은 순전히 바위를 깎아 만들었으며 2층으로 되어 있다. 아래층은 6개의 원주로 된 주랑 현관을 중심으로 하고, 6개의 원주 중 4개는 입구 계단의 양 측면에 서 있다. 중앙에 있는 주신 2개(왼쪽의 것은 복원된 것이다)만이 진정한 원주고 나머지 4개는 둘레의 4분의 3 정도만이 바위에서 파여 있다.

주랑 현관 양쪽에 있는 2개의 낡은 부조는 각각 망토를 걸치고 말을 타고 있는 남자를 묘사하고 있다. 박공벽은 헬레니즘 문화의 영향을 받아 볼루트(volute, 소용돌이 장식)로 장식되어 있고, 아키트레이브의 모퉁이에서 고양이처럼 생긴 두 마리의 동물이 아크로터(장식물) 역할을 한다. 파사드의 위층은 3개 구역으로 뚜렷하게 구분된다. 중앙에 있는 원형 구조물(톨로스)은 원뿔형 지붕으로 덮여 있고, 지붕 꼭대기에 납골 단지가 있다. 톨로스 양쪽에 각각 2개의 원주가 받치고 있는 반박공벽이 있고, 이들 중 바깥쪽 원주는 둘레의 4분의 3만이 파여 있고 안쪽 원주는 둘레의 절반만이 파여 있다. 톨로스 중앙에는 왼손에 풍요의 뿔을 들고 있는 여인 상이 있다. 출입구 전실을 지나가면 얕은 부조로 장식된 높은 문을 통해 들어갈 수 있는 방이 양 측면에 하나씩 있고, 이 방은 계단을 지나, 벽에 매장용 벽감을 파놓은 중앙 홀로 이어진다.

178. (하단) 상인방식 구조로 된 알 카즈네의 파사드 위층에는 박공벽과 중앙 톨로스가 있다. 코린트식 원주가 독수리 모양의 아크로터로 장식된 2개의 반박공벽을 지탱하고 있다.

179. 붉은색의 웅장한 파사드가 보여 주는 건축적 요소의 자유로움 때문에 알 카즈네는 17세기의 바로크 양식 건축물들 중에서 가장 대담한 것 중 하나로 꼽힌다.

플라미니아 바르톨리니

180-181. 빨간색 외벽이 두드러지는 하기아 소피아가 보스포루스 해협을 바라보고 있다. 버트레스와 하중 완화 장치에도 불구하고 큰 돔이 가장 취약한 부분이라는 것이 드러났다.

180. (하단) 3개의 애프스를 가진 하프 돔이 하기아 소피아의 복잡한 구조를 말해 준다. 비잔틴 제국 전역에서 동원된 장인들이 6년에 걸쳐 완공했다.

181. (상단) 웅장한 돔과 하기아 소피아의 첨탑이 사원 옆의 아름다운 정원과 대조를 이룬다. 이 첨탑은 바실리카가 이슬람 사원으로 개조된 15세기 중엽에 증축된 것이다.

181. (하단) 저녁에 촬영한 사진을 보면 초현실적인 분위기와 함께 해협을 지나가는 선박들이 하기아 소피아 위로 높이 솟아 있는 것처럼 보인다.

하기아 소피아

이스탄불, 터키

하기아 소피아Haghia Sophia는 콘스탄티노플이 이스탄불Istanbul로 변하기 몇 세기 전부터 이 도시에서 가장 유명한 종교 건물이었다. 이것이 세워지기 전에는 그 자리에 콘스탄티누스 2세의 바실리카가 있었다. 황제 궁과 히포드롬(대경기장) 사이에 있던 바실리카는 AD 360년에 지어졌으며 '대성당'으로 알려졌다. 이곳은 404년 요한 크리소스토무스의 추종자들에 의해 불타 없어졌지만, 테오도시우스 2세 때 복원 공사를 통해 415년에 다시 완공되었다. 화재 때 남아 있던 첫 번째 바실리카의 열주랑 현관은 새 바실리카에 통합되었다. 430년에 '성스러운 지혜'라는 뜻의 하기아 소피아로 이름이 바뀌었는데, 새로 지은 이 교회도 532년에 유스티니아누스 황제에 반대하는 니카 반란이 일어났을 때 불타 없어지고 말았다.

유스티니아누스 황제는 성당을 대폭 개조하기로 결정하고, 건축가 트랄레스의 안테미우스와 밀레투스의 이시도루스에게 세 번째 바실리카의 설계를 맡겼다. 이들은 콘스탄티노플에 있는 성당으로 역시 그들이 설계를 맡았던 성 세르기우스와 성 바쿠스 교회의 모델을 따랐다.

이 성당의 공사중에 일어난 일에 대한 이야기가 프로코피우스의 글에 남아 있는데, 그는 유스티니아누스의 꿈에 어떻게 천사가 나타나 이 성당의 설계도를 보여 주었는지를 전해 준다. 그리스 십자형 평면에 기초를 둔 이 건물의 지붕은 직경 30미터의 돔과 측면 하프 돔 2개로 되어 있었다. 내부에는 원주와 주랑이 나르텍스(narthex, 본당 입구 앞의 넓은 홀)의 애프스를 분리했다. 유스티니아누스가 지은 돔은 558년(교회를 준공하고 21년 후)에 무너졌고, 562년에 이시도루스에 의해 복원되었다.

새로 지은 성당은 트랄레스의 안테미우스가 설계했던 성당과 차이가 있었는데 특히 돔 모양이 많이 달라져 높이가 7미터 정도 높아졌다. 남쪽과 북쪽 팀파눔(석조 고상부)에 큰 창문이 생겨 실내로 들어가는 빛의 양도 늘어났다. 닫집(4개의 원주가 받치는 장식 캐노피)을 씌운 황금 제단이 애프스 안에 배치되었고, 애프스의 벽은 은으로 치장되었다. 이 바실리카는 일련의 건물에 둘러싸여 있었다. 왼쪽에는 중앙에 분수가 있는 열주 아트리움이 있었고, 북쪽에는 세례당이 2개 있었다. 동북쪽에는 원형의 성물실이 있었고, 남쪽에는 총 대주교 궁과 그의 집무실이 있었다. 동남쪽으로 가는 출입구는 하기아 소피아를 황제 궁과 연결해 주었다. 황제가 사적으로 사용할 수 있도록 남겨둔 2개의 방(메타토리아)을 통해 알 수 있듯이 이 성당은 황제의 의식을 위해 사용되었다.

869년에 콘스탄티노플을 강타한 지진 때문에 팀파눔이 파괴되었지만, 현재의 모습으로 복원되었다. 989년에 또 한 차례의 지진으로 하프 돔이 있는 별관이 딸린 서쪽 아케이드와 중앙 돔의 일부

182-183. 사원 내부는 황금색 바탕의 모자이크화와 양식화된 식물 문양과 기하학적 문양으로 완벽하게 장식되어 있다. 여러 창문을 통해 들어간 빛이 타일의 황금색 바탕에 반사되어 벽을 보이지 않게 하는 효과를 낸다. 눈부신 빛이 사원 안에 강렬한 광원(光源)이 있는 듯한 착각을 불러일으킨다.

183. (상단) 돔 밑의 넓은 공간은 양식화된 문양이 들어간 주두가 달린 반암과 초록색 대리석으로 된 원주들로 치장되어 있다.

182. (하단 왼쪽) 작은 돔에서 기독교 시대에 그려진 초기 프레스코화를 볼 수 있다. 벽 너머로 〈십자가의 예수〉와 여러 성인과 성서의 장면들을 볼 수 있다.

182. (하단 오른쪽) 예수의 각진 긴 얼굴과 후광과 옷 주름과 같은 특성은 확실히 비잔틴 양식이다.

가 무너지자 아르메니아의 건축가 트리다트(티리다테스)가 복원 공사를 맡았다. 1317년에 북쪽과 동쪽 측면에 외관 버트레스가 증축되었지만, 그로부터 얼마 후인 1346년에 중앙 돔의 일부와 함께 동쪽의 하프 돔이 무너졌다가 1353년에 복원되었다. 유스티니아누스 때 만든 오푸스 섹틸레 기법의 모자이크 장식은 지금까지 온전하게 남아 있다. 이것은 본질적으로 비상징적인 스타일을 특성으로 한다.

1453년에 하기아 소피아는 이슬람 사원으로 개조되어 '아야 소프야 카미'라는 새로운 이름을 얻었으며, 건물 모퉁이에 4개의 첨탑이 세워졌다. 1573년에 대대적인 보수 공사가 실시되었고, 1847~1849년에 스위스의 건축가 가스파레와 주세페 포사티에 의해 또 다시 보수 공사가 실시되었다. 1931년에 아타튀르크의 명령에 따라 사원이 속화되었고, 건물은 박물관으로 개조되었다.

183. (하단) 이슬람교는 알라의 초상을 그리는 것을 금지하고 있기 때문에 하기아 소피아의 벽은 이즈니크의 점토로 만든 대형 원형 판에 새긴 코란의 문구들로 장식되어 있다.

플라미니아 바르톨리니

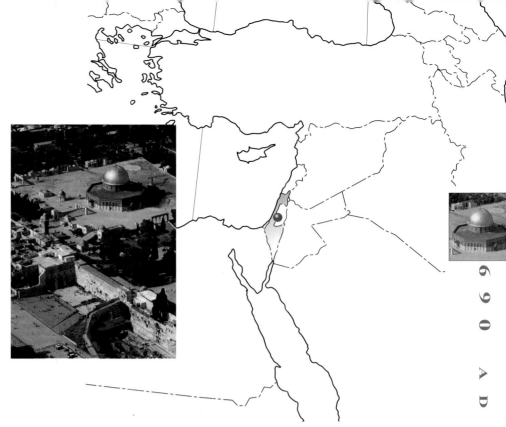

184. 현대적으로 산화피막 처리된 황금색 알루미늄 돔이 16세기에 원래의 타일을 교체하기 위해 사용된 아라베스크 문양이 들어간 청색 타일과 강렬한 대조를 이룬다.

185. (상단) 사원의 외벽은 대리석과 술레이만 대제가 1552년에 페르시아의 카산에 주문해 만든 마욜리카 타일로 치장되어 있다.

185. (중앙) 파사드는 2단으로 되어 있다. 8면 중 4면(나침반의 동서남북에 해당하는 곳) 양쪽에 짧은 통로가 딸린 출입구가 있다. 황금 돔은 건물 중앙에 높이 솟아 있다.

185. (하단) 사원으로 가는 계단을 올라가면 마멜루크 시대에 서너 개의 포르니케fornices로 지은 통풍이 잘 되는 주랑 현관이 나온다. 이것은 성스러운 구역의 경계를 나타낸다.

690 A D

바위 사원

예루살렘, 이스라엘

어디서든지 감람산에서 힌놈의 골짜기에 이르는 구 예루살렘Jerusalem을 쳐다보면, 햇빛에 반짝이는 바위 사원The Dome of the Rock이 금방 눈에 띈다. 역사적으로나 구전으로 전승되는 이야기에서나 바위 사원(오마르의 사원이라고도 함)이 있는 언덕은 유대교, 기독교, 이슬람교 세 개 종교가 복잡하게 뒤얽혀 있는 곳이다.

이 언덕은 아브라함이 아들 이삭을 제물로 바치기 위해 제단에 불을 붙였던 곳으로 알려져 있으며, 솔로몬 성전의 '청동 제단' (대학살의 제단)이 있던 곳이기도 하다. 지금까지 남아 있는 얼마 안 되는 유적지는 오늘날 통곡의 벽이라고 알려져 있으며, 이것은 유대인들이 기도를 드리는 곳이다. 이 언덕은 무함마드가 천사장 가브리엘이 준 천마를 타고 알라를 찾아 승천했다는 이야기가 전해 내려오는 곳이기도 하다. 또한 1099년에서 1187년에 십자군이 믿음을 맹세하고 오마르의 사원을 기독교 교회로 개조하고 십자가를 올려놓은 곳이기도 하다. 1187년에 무슬림 통치자 살라딘이 예루살렘을 재탈환해 기독교의 상징물인 십자가를 제거했으며, 그 후로 이슬람교를 상징하는 초승달이 지금까지 보이고 있다.

이 언덕은 헤롯 성전이 있던 곳이었지만, 제1차 유대 전쟁이 종반부로 치닫던 70년에 성전은 로마인들에 의해 파괴되고 만다. 이와 더불어 이 언덕에서 유대인의 흔적은 모두 사라졌고, 이 일대는 신이 심술을 부리는 곳으로 여겨져 몇 백 년 동안 버림받고 방치되었다.

638년에 무슬림의 손에 이 땅이 넘어갔지만, 그들은 무함마드가 이슬람교에 수용했던 유대교의 요소들과 그가 예루살렘에서 마지막으로 모습을 보였던 곳의 하나인 이곳을 존중했다. 이 언덕의 성스러움은 칼리프 오마르 이븐 알-카타브가 이곳에 아마도 목재로 이슬람 사원을 지었던 640년에 결정적으로 재정립되었다. 하지만 이것은 순례자의 일기에 나오는 이야기를 통해 알려져 있을 뿐이다. 이 첫 번째 사원은 687년에 우마이야 왕조의 칼리프 압둘 알-말리크가 지은 현재의 사원으로 대체되었고, 넓은 평지에 지은 이 사원은 오늘날 이슬람 세계에서 가장 중요한 사원 중 하나로 간주되고 있다.

186-187. 성스러운 바위가 있는 사원 중앙의 로툰다는 기둥이 떠받치는 2개의 앰불라크럼(ambulacrum, 보대)에 에워싸여 있다. 로툰다의 원주는 기독교 교회에서 나온 것들이다.

187. '황금 돔'이 건물의 꼭대기를 장식하고 있다. 돔은 직경 20미터가량의 동심주두 2개로 이루어져 있다. 내부를 보면, 고상부가 11세기에 유행하던 꽃문양 모자이크와 아치형 창문으로 장식되어 있다.

받침기둥 꼭대기는 황금색 아라베스크 문양의 스투코와 코란의 문구가 새겨진 띠로 장식되어 있다.

압둘 알-말리크는 비잔틴 제국의 기독교도 건축가들에게 사원의 설계를 맡겼다. 꼭대기에 마와진(아치)이 있는 계단을 통해 사방에서 사원에 접근할 수 있고, 무슬림의 전통에 따라 아치의 원주에 심판의 저울이 걸려 있다.

평지 중앙에 8각형 사원(한 변의 길이가 19미터)이 있고, 12미터 높이의 출입구가 동서남북에 각각 하나씩 있다. 건물의 부피가 주는 육중한 느낌은 장식 외장이 완화해 준다. 사원의 하단은 연한 다색채 대리석으로 치장되어 있고, 상단은 아라베스크 문양이 들어간 연한 청색 타일로 치장되어 있다.

8각형 사원의 상층부는 이 건물을 처음 설계했던 시대에 유행했던 모자이크로 치장되어 있었지만, 1552년 술레이만 대제가 페르시아의 카산에서 들여온 상형 기호가 들어간 타일로 교체했다. 19세기에는 아랍어로 된 명각이 추가되었다. 돔 자체는 건물 중앙의 고상부에 자리 잡고 있다. 이것은 목재와 금속판으로 만들어졌으며, 1950년대에 금박을 입힌 납으로 치장되었다.

돔의 안쪽은 황금색 바탕의 꽃문양 모자이크, 스투코, 코란의 문구가 새겨진 띠로 치장된 2개의 동심 주두(柱頭)로 이루어져 있다. 사원의 평면은 기하학적 비율에 기초를 두고 있고, 기둥과 원주가 둥그렇게 늘어서 있는 2개의 동심 앰불라토리(회랑) 구간으로 분리된다.

성스러운 바위는 사원 중앙에 있는 원형 테라스에 있다. 건물의 중심부인 이곳에는 이 사원의 목적대로 죽은 자들의 영혼이 알라를 숭배하는 곳이라고 여겨지는 '영혼의 샘'이라는 동굴이 있다.

마리아 엘로이사 카로차

188-189. 보로부두르 사원의 상층부는 경사진 3단 원형 테라스로 되어 있고, 동심원 상에 있는 종 모양의 불탑 72개에 움직이는 수레바퀴(법륜)를 나타내는 손 모양인 전법륜인(轉法輪印)을 하고 있는 부처상이 있다. 바깥쪽에는 중생에게 법을 설하고 있음을 가리키는 설법인(說法印)을 한 부처상 64개가 있다.

188. (하단), 189. (하단) 보로부두르 사원의 테라스는 위층의 난간이 되는 벽이 면하고 있고, 이 벽은 부처의 생애와 다른 설화를 묘사한 부조 1,300점으로 장식되어 있다.

189. (상단) 보로부두르 사원은 케두 계곡의 작은 언덕에 지어진 거대한 불탑이다. 그 형태와 위치는 인도의 신화에서 우주의 중심이 되는 수미산을 상징적으로 나타낸다.

보로부두르 사원

자바, 인도네시아

8세기 후반에 세워져 200여 년 동안 자바Java의 불교 중심지 역할을 했던 대규모 불교 사원 보로부두르Borobudor는 19세기 초에 자바의 정글 깊숙한 곳에서 발견되었다. 건축가 구나드하르마가 설계한 것으로 보이는 이 사원은 언덕 전체에 걸쳐 있어 언덕을 일종의 '산속 성지'로 만든다.

이 거대한 사원은 한 변의 길이가 113미터가량 되는 2층의 사각 기단 위에 계단식 피라미드 형태로 지어졌다. 피라미드에는 4개의 테라스가 있고, 그 위에는 32개, 24개, 16개로 그 수가 점점 줄어드는 불탑이 설치된 3단 원형 테라스가 있다. 피라미드의 측면을 따라 난 주랑은 계단에 의해 연결된다. 외벽은 일련의 작은 벽감으로 장식되어 있고, 각 벽감에는 불상이 들어 있다. 꼭대기에는 일부러 미완으로 남겨둔 불상이 안치된 중앙 불탑이 있다.

사원의 장식은 자바인들이 알고 있던 불교의 우주관을 나타낸다. 신과 준신(準神)의 위계질서는 부처와 상징적인 무드라(수인)

를 하고 있는 부처의 형상들과 보살(중생을 불도로 인도하는 선각자들로, 어떤 면에서는 서구의 성자들에 비유할 수 있다)들로 이루어진다.

이 사원의 우주론은 테라스를 장식하는 풍부한 얕은 부조에 분명하게 나타나 있다. 원래는 눈에 잘 띄었던 하층부의 얕은 부조들은 안정성을 위해 나중에 증축한 것으로 보이는 버트레스에 가려 잘 보이지 않는다. 맨 아래층의 부조는 땅의 세계인 욕계(欲界)를 나타내며, 사후에 가게 될 극락이나 지옥의 세계에서 보상을 받거나 형벌을 받게 될 인간의 행동과 욕망을 묘사한다. 그러나 여기에는 강력한 도덕적 메시지만 있는 것이 아니라 9세기에 자바의 일상 생활도 그려져 있다.

반면에 거기에서 계단으로 12단 위의 층에서는 육욕보다는 사색과 이성의 이미지가 지배적이다. 이곳의 얕은 부조는 고타마 싯다르타(역사적인 부처)의 생애와 자타카(부처의 전생)를 이야기한다.

190. 보로부두르 사원의 수준 높은 조각은 표층암을 깎아 만든 것으로 강렬한 시각적 효과를 낸다. 각 형상은 불교 문화의 현실 세계나 정신세계를 나타낸다.

191. (상단) 보로부두르 사원의 얕은 부조에 등장하는 물건은 자바의 물질문화에서 나온 것으로 인도의 모델에서 벗어났음을 의미한다.

191. (중앙) 2단으로 복잡하게 새겨진 부조는 이 사원의 영적인 성격과 일상생활을 묘사한다. 형상들이 전통적인 관습을 묘사하고 그 당시의 의상, 장식물, 비품 등에 관해 귀중한 정보를 제공한다.

191. (하단) 프라닥시나(사원과 성지를 빙도는 숭배 행위) 의식을 할 때, 참배자들은 바깥쪽에서 시작해서 만다라 문양(우주의 상징)을 따라 사원의 중심부를 향해 올라갔다. 참배로는 불탑 주랑 측면을 따라 이 사진에 나온 것과 비슷한 부조로 장식되어 있었다.

첫 번째 주랑은 석가모니 부처가 첫 설법을 할 때까지의 생애를 묘사하고 있지만, 석가의 전생에 관한 이야기도 포함되어 있다. 두 번째 주랑은 수다나 태자의 순례에 관한 이야기를 묘사하고, 세 번째 주랑은 미래의 부처인 미륵의 이야기를 묘사한다. 네 번째 주랑의 부조에 대한 해석은 아직 분분하다.

네 개의 테라스에 있는 여러 부처상은 색계(色界)를 나타낸다. 동서남북 정 방향에 있는 부처상은 각각 설법, 공양, 명상, 위안을 나타내는 전통적인 자세를 하고 있으며, 이 모든 것은 부처의 손 모양(수인)으로 표현된다.

계단의 상층부에는 육중한 난간이 더 큰 불탑들을 받치고 있고, 이 불탑들은 미완성 상태의 부처상이 안치되어 있는, 접근할 수 없도록 가로막힌 중앙 불탑을 에워싸고 있다. 이것은 인간이 도달할 수 없는 순수한 정신세계인 무색계(無色界)를 나타낸다.

마리아 엘로이사 카로차

192-193. 위에서 보면 자금성이 얼마나 규칙적으로 배치되었는지 확실히 알 수 있다. 영락제는 1421년에 수도를 남경에서 페이핑('북쪽의 평화'라는 뜻)으로 옮기고 도시의 이름을 베이징('북쪽의 수도'라는 뜻)으로 바꾸었다.

192. (하단) 남문을 지나가면 5개의 다리를 통해 건너는 금수하의 만곡부에 있는 첫 번째 안마당이 나온다. 배경에 있는 태화문은 외조(外朝)로 연결된다.

자금성
베이징, 중국

높이 10미터가 넘는 장벽과 너비 48미터나 되는 해자에 둘러싸여 있는 베이징Beijing의 자금성The Forbidden City은 중국의 왕실 건물 중 가장 빼어난 건물이다. 1421년에서 1911년(중국 공화국이 수립된 해)까지 중국의 왕궁이 있었고, 영락제에서 '마지막 황제'인 푸이에 이르기까지 명(최후의 한족 왕조)과 청(만주)의 황제 24명이 거주하던 곳이기도 하다.

남북 약 1,000미터, 동서 약 760미터의 성벽으로 둘러싸인 도시 속의 도시인 자금성 안에는 왕족과 조신들 외에 일반인들은 들어가지 못했다. 자금성(紫禁城)이라는 이름도 여기서 유래했다. 그러나 9,999개나 되는 방에 8천에서 1만 명 정도가 살았기 때문에 자금성이 완전히 외부와 차단되었다고 보기는 어렵다.

장벽 안의 무수히 많은 건물들(경사진 황금색 기와지붕을 가진 대들보 위의 목조 건물)은 2개 구역으로 나누어 배치되었다. 남쪽의 건물은 정치적 기능을 위한 것이었고, 북쪽의 건물은 사생활을 위한 것이었다. 외부 세계에서 안으로 들어갈 수 있는 문은 4개였다. 그중 3개는 남쪽 구역과 연결되었고, 북쪽에 있는 신무문(神武門)은 바로 주거 구역과 연결되었다. 중요한 건물들은 모두 남북을 잇는 축 위에 배치되었고, 매우 시적인 이름이 붙여졌다. 남문(한때는 황제 전용 문이었다)으로 들어가면, 금수하(金水河)가 흐르는 첫 번째 안마당이 나왔다. 태화문을 지나가면 최소한 9만 명을 수용할 수 있고 3개 대전의 계단식 테라스에 면해 있는 두 번째 안마당이 나왔다. 3개 대전 중 첫 번째 대전인 태화전은 자금성 전체에서 가장 큰 건물이다. 황제는 태화전 중앙에 있는 용상에 앉아 제국을 통치하고 공식적인 대전 의식에 참가했다.

나머지 2개 대전으로 중화전과 보화전이 있었고, 그 뒤에 있는 건청문을 지나가면 왕족이 사용하던 누각과 궁과 정원이 미로처럼 펼쳐진다. 황제의 사생활 구역은 3개 대전을 거울에 비춘 것처럼

193. (상단) 자금성을 에워싼 장벽 모퉁이에 우아한 3층 망루가 4개 있는데 이것은 전략적으로 설치된 것이지만 장벽 안의 누각과 다를 바 없는 듯하다.

193. (하단) 신무문은 남문과 같은 축에 장벽 반대쪽 내정(內庭) 근처에 있다. 여러 궁과 조상(彫像)이 있는 황실의 사생활 구역인 내정과 신무문 사이에 이화원이 있다.

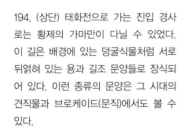

1 4 1 7

194. (상단) 태화전으로 가는 진입 경사로는 황제의 가마만이 다닐 수 있었다. 이 길은 배경에 있는 덩굴식물처럼 서로 뒤얽혀 있는 용과 길조 문양들로 장식되어 있다. 이런 종류의 문양은 그 시대의 견직물과 브로케이드(문직)에서도 볼 수 있다.

설계되어 건청궁, 교태전, 곤녕궁 등 3개 궁을 중심으로 이루어진다. 이 3개 궁 뒤에 전통적으로 중국 황제의 정원이었던 이화원이 있었고, 2에이커나 되는 이 정원의 중앙에는 흠안전이 있었다. 그 뒤로 환관과 후궁들의 처소, 궁녀들의 숙소, 절, 서고, 공연장, 후원 등이 배치되었다.

자금성의 매력적인 외양은 밝은 색의 결합에서 나왔다. 테라스와 계단과 난간의 흰색 대리석은 목조물의 붉은색, 기와의 황금색, 까치발과 장식물의 알록달록한 색과 뚜렷한 대조를 이룬다. 까치발은 구조상의 필요보다는 장식 목적을 위해 사용되었지만, 용마루에 목각이 너무 많이 들어가 그 하중을 받치기 위해 열주를 지어야 할 필요가 있었던 경우도 있다.

현재 남아 있는 건물은 대부분 19세기에 복원된 것들이다. 목조 건물은 1644년 만주족에게 약탈되고 파괴되었을 뿐만 아니라, 종종 예기치 못한 화재(고비 사막에서 불어오는 바람 때문에 불길이 더 크게 번짐)나 복원 공사로 사리사욕을 채우려고 했던 파렴치한 고관들이 저지른 고의적인 화재로 파괴되기도 했다. 화재로 인해 역사적으로나 예술적으로 무한한 가치를 지닌 장서, 그림, 가구 등이 파괴되기도 했지만, 이런 손실에도 불구하고 자금성은 여전히 아름다움과 매력을 간직하고 있으며 당당한 위엄을 풍기고 있다.

미리암 타비아니

194. (하단) 태화전으로 들어가는 출입구 반대편에 있는 이 학은 다른 새들과 마찬가지로 빛과 영(靈)을 상징한다. 중국인들은 박쥐도 길조라고 여겼다.

194-195. 장수를 상징하는 거북이 태화전으로 들어가는 출입구 한쪽을 지키고 있다. 용의 머리와 발을 가진 이 거북은 남자의 기운인 양기를 상징했다. 이 청동 거북의 등딱지를 들어 올리면, 거북의 등에 향로가 있었다.

195. (하단 왼쪽) 자금성에는 사자상이 많이 있다. 호랑이나 털이 많은 다른 야수들과 마찬가지로 사자는 땅과 여자의 음기를 상징했다.

195. (하단 오른쪽) 뒤얽힌 용 문양이 태화전의 진입로를 장식한다. 중국 미술은 13세기부터 서양 문화에 많은 영향을 끼쳤다.

The Forbidden City

196. (상단) 건청궁 양쪽에 동궁과 서궁이 각 6개씩 대칭을 이루며 서 있다. 건청궁은 정치적 결정을 내리고 조신들이 음모를 꾸미던 곳이다. 방들이 서로 이어져 있고, 중심축(이 사진의 경우는 서궁)을 따라 화려하게 칠해진 일련의 문이 늘어서 있다.

196. (중앙) 궁 안팎의 목조물은 정교하게 조각되어 화려하게 채색되어 있다. 붉은 옻칠을 한 매끈한 원주는 운남과 사천에서 가져온 장뇌목으로 만들었다.

196. (하단) 자금성의 방벽과 외벽은 왕권을 상징하는 밝은 적색으로 칠해졌다. 이 문에 들어간 황색은 적색과 동일한 의미를 가지고 있지만, 황제만이 사용할 수 있는 색이었다.

196-197. 자금성의 출입구를 지키는 파수꾼은 경우에 따라 잡종 동물로 보인다. 태화문 앞에 있는 금박을 입힌 청동 사자 두 마리는 딱 벌린 입과 뾰족한 갈기와 용의 꼬리와 발을 가지고 있다. 앞발 밑에 있는 구체는 황제의 권력과 영토 지배력을 암시한다.

197. (오른쪽) 건청궁 뒤에 있는 교태전의 황후 옥좌는 '내명부'의 것으로 자금성 안쪽의 내정에만 놓을 수 있었다.

197. (하단) 불사조를 타고 있는 형상을 선두로 상상의 동물들이 대전 용마루에 늘어서 있다. 이들은 용 문양이 들어간 둥근 막새와 암막새가 있는 처마홍통과 용머리 형상을 하고 있는 모퉁이의 큰 암막새를 내려다보고 있다.

197

198-199. 기년전(新年殿)의 웅장한 천장은 그 어떤 것과도 견줄 수 없는 최고의 목공예 걸작으로 상징적 형상으로 가득 차 있다. 1420년에 영락제를 보좌하던 스님이 하늘과 땅이 접촉하는 곳이라고 점지한 곳에 자리 잡고 있다.

199. (상단) 이곳은 서태후가 광서 황제를 죽이고 자신이 죽을 때까지 52년 동안 수렴청정을 했던 곳이다. 서태후에 관한 많은 일화 중에는 서태후가 자신을 미워했던 후궁을 융단에 말아 우물 속에 집어 던졌다는 이야기도 있다.

The Forbidden City

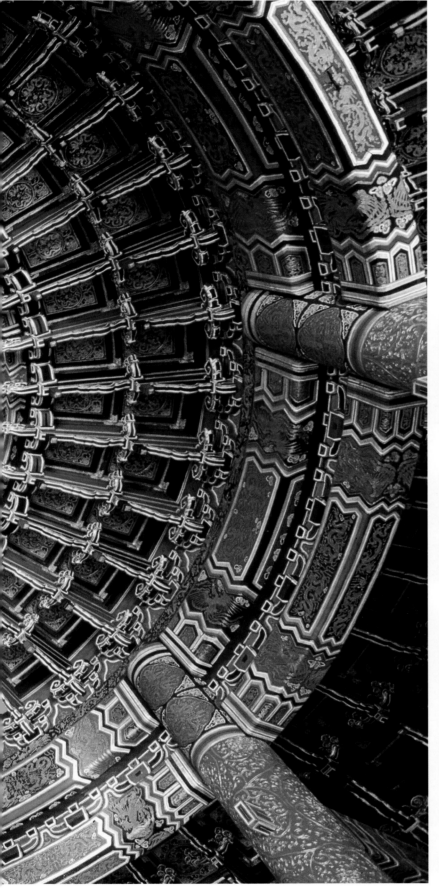

199. (중앙) 대전 의식과 공식 알현은 용상이 있는 태화전에서 이루어졌다. 이곳은 건청전으로, 황제는 이곳에 있는 또 다른 우아한 왕좌에 앉아 개인적인 조언자를 만나거나 연회를 베풀었다.

199. (하단) 내전은 크고 화려하게 장식되어 있었지만 가구는 그리 많지 않았다. 그러나 향로와 화재 때 사용하는 물을 가득 채운 청동 항아리는 필수품이었다.

레지스탄

사마르칸트, 우즈베키스탄

타메를란('절름발이 티무르'라는 뜻)이라는 이름으로 더 잘 알려져 있고, 중앙아시아의 대부분 지역과 인도 북부를 정복했던 몽고의 사나운 지도자 티무르(1336~1405년)는 제국의 수도를 사마르칸트로 정했다. 그는 이곳에 대군주의 권력을 상징하는 도시를 건설했는데 지금까지도 티무르 르네상스의 대표적인 걸작으로 남아 있다.

티무르 건축의 특징은 돔이다. 밀짚, 진흙, 사막의 모래, 낙타 소변 등을 섞어 만든 벽돌로 지은 첨탑은 티무르가 가장 좋아하는 색이었던 청색에서 청록색에 이르기까지 다양한 색상의 화려한 파양스 타일로 치장되었다. 사마르칸트 Samarkand가 '푸른 도시'라는 이름을 얻은 것은 이런 눈부신 타일 때문이었다.

'모래의 광장'이라는 뜻을 가지고 있는 레지스탄 The Registan은 건물들이 늘어서 있는 드넓은 광장이다. 이런 광장은 티무르 건축의 전형적인 요소로, 시장이 서고 도시 생활의 정치적, 사법적 사건의 무대가 되었다. 지금은 대형 박물관으로 사용되고 있지만 그렇다고 해서 환상을 불러일으키는 건물의 힘이 위축된 것은 아니며, 여전히 아름답다.

거창한 출입구와 눈부신 돔을 가진 마드라사(과학 학교 및 종교 학교)의 파사드가 광장의 3면을 차지하고 있다. 마드라사의 설계는 몇 가지 건축 양식에서 영감을 얻었다. 건물의 배치는 우즈벡과 사파비드 건축의 영향을 받았고, 건물의 형식은 기원상 셀주크의 영향을 받았다. 아케이드가 늘어선 4개의 이완(아치형 천장이 있는 방)이 안마당을 에워싸고 있는 형태의, 마드라사의 전통적인 배치는 귀족 저택의 고전적인 설계를 따랐다. 교사와 학생들이 기거하면서 공부하던 방은 조로아스터교 수도원의 영향을 받았고, 거창한 출입구는 사산 왕조 건축에서 영감을 얻었다.

세 개의 마드라사 중 가장 오래된 울루그베그는 1417년에서 1420년 사이에 티무르의 손자인, 천문학자이자 수학자인 울루그베그가 광장의 서쪽에 세운 것이다. 양옆에 원주가 서 있는 파사드의 높은 출입구는 2개의 나선형 기둥에 둘러싸여 있다. 건물의 외관은 이슬람 건축에서 흔히 볼 수 있는 기하학적 문양, 문자 문양, 꽃과 아라베스크 문양으로 치장되어 있다. 이 건물은 원래 2층으로, 20개의 작은 방과 4개의 모퉁이 돔이 있었지만 세월과 더불어 건물의 많은 부분이 사라졌다.

나머지 2개의 마드라사인 치르다르와 틸라카리는 우즈벡의 통치자 바하두르가 17세기에 세웠다. 광장 동쪽에 있는 치르다르는 1619년에서 1636년 사이에 지은 것으로 주랑 현관 초석에 페르시아의

200. (상단) 틸라카리 마드라사의 출입구 모퉁이에 다소 조잡하게 생긴 호랑이의 형상이 보인다.

200. (중앙) 거대한 종교 학교 3개가 레지스탄에 자리 잡고 있다. 왼쪽부터 울루그베그, 틸라카리, 치르다르 순이다.

200. (하단) 울루그베그는 자신의 이름을 딴 마드라사에서 철학과 천문학을 가르쳤다.

201. 치르다르 마드라사의 돔과 첨탑 장식은 우즈벡 양식이다. 모자이크와 채색 타일이 세련되기는 했지만, 티무르의 도자기 수준에는 미치지 못한다.

203. (중앙) 레기스탄의 건물들 중에서 가장 웅장한 틸라카리 마드라사는 우즈벡의 통치자 알란투치 바하두르가 세웠다. 출입구 왼쪽에 있는 122미터 길이의 파사드 위로 사원의 꼭대기를 이루는 눈부시게 장엄한 돔이 보인다.

203. (하단), 204-205. 틸라카리 마드라사의 출입구는 높이 30미터가 넘지만, 거대한 돌출부가 내부의 가시성을 축소하는 효과를 낸다. 내부를 보면 곡선 공간의 꼭대기에 모자이크와 벽돌로 치장되고 기하학적 문양과 꽃문양으로 장식된 하프 돔이 있다. 벽 옆의 포치가 통로와 창문의 틀이 되고 있다.

The Registan

전통 문장인 사자가 들어 있어 '사자의 마드라사' 라고도 알려져 있다. 틸라카리는 광장 북쪽에 있으며 1647년에서 1660년 사이에 지었다. 틸라카리는 '황금 마드라사' 라는 뜻으로, 그 건물을 장식하는 데 엄청난 양의 귀금속이 들어갔다는 데서 그 이름이 유래했다. 여기에는 청색의 작은 돔이 얹힌 2개의 첨탑을 가진 아름다운 사원의 눈부신 터키석 돔도 있다. 이 사원은 종교 연구에 대한 문화적 관심이 증가했다는 것을 상징하기 위해 그 학교 안에 세운 것이었다. 광장의 남쪽은 텅 비어 있고 모퉁이에 단 한 개의 원주만 있다.

레지스탄을 보고 감탄하노라면, 왜 서양에서는 사마르칸트라는 이름이 항상 동양의 이국적인 보물을 연상시키는지를 쉽게 이해할 수 있다.

마리아 엘로이사 카로차

202. 틸라카리 마드라사(1979년에 복원)에 있는 사원의 기도용 벽감은 반짝이는 청색과 황금색 장식 덕분에 한층 화려해 보인다. 파피에-마세(걸쭉한 종이반죽으로 만든 세공물) 장식은 매우 보기 드문 것으로, 다른 예는 세계적으로 단 2개밖에 없으며 이들은 모두 사마르칸트에 있다.

203. (상단) 틸라카리 마드라사 사원의 돔은 동심원 상에 있는 꾸불꾸불한 식물 문양으로 장식되어 있다. 고상부에는 일련의 아치들이 있고, 이것들은 창문과 교대로 배치된 장식 스팬드럴(spandrel, 삼각 소간)과 강력한 착시 효과를 일으키는 건축 요소들과 결합해 있다.

206-207. 요새처럼 생긴 포탈라가 마르 포 리(홍산)에 자리 잡고 있다. 남쪽 경사 지의 계단을 부벽처럼 보이게 하는 웅장 한 내벽이 성을 에워싸고 있다. 하단은 백 색, 중앙은 적색으로 벽토 색이 다른 것 은 2단계에 걸친 공사와 건물의 용도 차

이를 말해 준다. 백색은 거주 구역이고 적 색은 종교 구역이다.

206. (하단 왼쪽) 동문으로 들어가면 먼 옛날부터 포탈라로 올라가기도 전에 사람 을 주눅 들게 만들던 넓은 마당이 나온다. 여기가 바로 승려들이 승복을 입고 탈을 쓰고 승무를 추던 곳이다.

206. (하단 오른쪽) 백궁 하단의 상층부에 는 창문과 작은 발코니들이 나란히 줄지어 서서 살풍경한 티베트 고원을 내다보고 있 다. 그 밑으로 계단 꼭대기가 보인다.

207. 포탈라의 외관 장식은 약간의 색채 변화, 지붕의 몇몇 첨탑, 건물의 수호자 역할을 하는 위협적인 동물 조상 등으로 제한되어 있다.

포탈라

라사, 티베트

황금색 지붕을 가진 포탈라 The Potala 궁은 백색과 적색의 당당한 요새처럼 보인다. 이곳은 400여 년 동안 티베트 종교, 정치의 최고 지배자 달라이 라마들이 거처하던 곳이다. 포탈라는 인도어에서 나온 이름으로 '관세음보살이 사는 곳'이라는 뜻이다. 관세음보살의 살아 있는 화신이 바로 달라이 라마. 세계에서 가장 높은 도시(해발 3,700미터)의 가장 높은 건물이기도 한 포탈라는 순례자와 여행자들에게 성도 라사가 가까이 있다는 것을 시각적으로 알리는 역할을 한다.

이 궁의 기원은 멀리 송첸 감포 왕 시대로 거슬러 올라간다. 이 왕은 7세기에 독실한 불교도였던 네팔의 공주 및 중국의 공주와 결혼한 후에 티베트를 통일하고 불교를 도입했으며 수도를 라사 Lhasa 로 옮겼다.

17세기 중엽 제5대 달라이 라마가 왕궁을 드레풍 사원에서 이전하기로 결정하면서, 송첸 감포 왕의 궁이 있던 홍산(마르포 리)을 이전지로 선정했다. 포탈라 궁은 18세기 말에 여름 궁전인 노블링카 궁이 완공된 후로 겨울 궁전으로만 사용되었지만, 그때부터 중

화인민공화국 군이 티베트를 점령한 1959년까지 티베트 정부와 달라이 라마(티베트의 영적인 속세 지도자)의 소재지 역할을 했다.

9층으로 된 백궁(白宮) 포트랑 카르포는 1645년에 공사를 시작하여 3년 만에 완공했다. 제5대 달라이 라마는 이 궁을 곧 새로운 왕궁으로 사용했고, 나중에는 자신의 거처로 계속 사용했다. 홍궁(紅宮) 포트랑 마르피는 공사 기간이 더 길고 구조가 복잡해 1694년에야 완공되었다. 이 궁은 종교적인 용도로만 사용할 계획이었기 때문에, 1682년 제5대 달라이 라마가 사망했을 때, 그 사실이 알려지면 공사가 중단될까 두려워 공사가 다 끝난 후(12년 후)에 정식으로 사망 발표를 했다.

홍궁은 전체적으로 13층에 높이 117미터로 1,000개가 넘는 방과 1만 여개의 법당과 20만 점 이상의 불상, 총 여덟 분의 달라이 라마(제6대를 제외하고 제5대에서 13대까지) 법체를 모신 영탑(초르텐)이 있다.

포탈라는 스톨 마을에서 언덕의 남쪽 경사지를 올라가는 130미터 높이의 가파른 계단 2개를 통해 올라간다. 동쪽 출입구를 지나

The Potala

208-209. 홍궁의 꼭대기는 황금색 지붕과 첨탑으로 장식되어 있다. 황색 휘장과 차양은 장식적 기능과 이처럼 높은 고도의 매우 강렬한 햇빛으로부터 실내를 보호하는 이중 기능을 한다.

208. (하단 왼쪽) 불교 설화에 나오는 이 개들은 불교의 여러 수호신들과 마찬가지로 위협적으로 생겼다. 홍궁 출입구의 장식틀에 있는 이 형상은 건물을 보호하는 역할을 한다.

208. (하단 오른쪽) 홍궁의 안마당을 향해 있는 이 주랑 현관에서도 볼 수 있듯이 포탈라의 목재 들보와 기둥과 매끈한 벽은 주로 적색으로 칠해져 있다.

209. (상단) 백궁의 파사드 꼭대기를 장식하는 켄치라라고 하는 금박을 입힌 청동 원기둥에는 신성한 주문을 적은 종이들이 들어 있다.

209. (하단) 홍궁의 문은 조각이 들어간 목재로 만들어졌고 알록달록한 색으로 장식되어 있다. 양 옆에 다주식 원주가 있고 상층부는 이중 까치발이 달린 다엽식 주두로 되어 있다.

바깥마당(데양 샤)에 들어가면 백궁과 달라이 라마가 거처하던 방으로 통하는 계단이 나온다. 거기서 포탈라 전체에서 시각적으로 가장 극적인 효과를 내며, 백궁 중앙에 거대한 뗏목처럼 자리 잡고 있는 홍궁으로 들어가게 된다.

홍궁 내부는 풍부한 장식과 영적인 분위기가 매우 인상적이다. 서대전은 총면적 725제곱킬로미터인 의식용 방으로 제6대 달라이 라마가 사용하던 성좌가 아직 남아 있다. 웅장한 영탑전(제5대, 제10대, 제12대 달라이 라마의 영탑이 있는 곳)에는 달라이 라마 5세의 탑(높이 13.7미터, 금 3,700킬로그램으로 도금되어 있음)이 우뚝 솟아 있다. 제7대, 제8대, 제9대, 제13대 달라이 라마의 영탑도 있고, 제11대 달라이 라마의 영묘가 있는 세습전도 있다. 탄트라 3주신의 귀금속으로 장식된 만다라가 있는 시륜단 성전과 서고에 만주어로 된 귀중한 법문 원본이 보관되어 있는 수승삼계전도 빼놓을 수 없다.

포탈라에서 가장 신성한 법당인 성관음전은 특히 아름답게 꾸며져 있는데, 아래층의 법왕동과 함께 7세기에 송첸 감포 왕이 지은 것으로 알려져 있다. 포탈라는 산을 깎아 만든 웅장한 성으로 티베트 건축의 가장 독창적인 양식을 보여 준다. 포탈라의 당당하면서도 단순한 구조는 자연환경과 완벽한 조화를 이루고 있으며, 이 영적인 기운이 가득한 산에서 빛을 발한다.

미리암 타비아니

히메지 성

히메지, 일본

210. (상단) 대천수각의 기복이 있는 경사진 지붕과 지붕창이 만들어내는 기하학적 패턴이 매우 인상적이다. 이 건물은 밖에서 보면 5층이지만 내부는 7층으로 되어 있다. 하나씩 교차되는 두 개의 물결무늬 선이 우아한 장식 효과를 내고, 용마루의 수형신(獸形神) 조상대와 처마 끝의 실용적인 청동 암막새가 이를 장식한다.

210. (하단) 성 내부는 완전히 목재로 되어 있다. 대형 까치발로 보강된 육중한 목재 들보가 아래층을 받치고 있다.

우아한 자태와 외벽을 치장하고 있는 눈부신 흰색 벽토 때문에 '백로의 성'이라고 알려진 히메지 성The Castle of Hime-ji은 일본 군사 건축의 산물로, 온전하게 남아 있는 6개밖에 안 되는 건물 가운데 하나다. 오사카에서 서쪽으로 48킬로미터 떨어진 히메지라는 소도시에 자리 잡고 있는 이 성은 전략적인 요건들이 예술성과 화합된 좋은 예다. 예를 들어 흰색 벽토는 우아한 외관 분위기를 조성할 뿐 아니라 목조 건물을 화재로부터 보호하는 기능을 한다. 이 성은 1346년에 처음 지어졌고, 1580년에 재건되었다. 현재의 모습은 이케다 테루마사 장군이 설계한 것으로, 그는 1601년에서 1609년 사이에 아즈치 성을 원형으로 더 나은 방어 능력을 갖추기 위해 이 성을 요새로 개조했다.

히메지 성은 80개가 넘는 건물로 이루어져 있고, 3개의 동심 성벽 안에 지어졌다. 또한 각 성벽은 독자적인 해자를 가지고 있고 망루와 강화된 성문으로 무장되어 있다. 성벽은 높이가 15미터로 안에 있는 건물들을 가릴 수 있다. 막다른 길을 포함해 성 내부의 통로와 샛길이 미로처럼 복잡하게 얽혀 있는 것은 각종 장벽을 뚫고 들어온 적군을 교란시키기 위해서였다.

가장 안쪽 성벽의 중심부이자 이 성에서 가장 높은 위치에 본성인 대천수각이 있다. 5층으로 된 이 건물은 영주인 다이묘가 거주하던 곳이었다. 이 성 옆에는 견고한 반석 위에 자리 잡은, 기복진 박공이 달린 경사진 지붕의 소천수각이라고 하는 작은 성이 3채 있다.

중간 성벽은 고관들의 주거지를 에워싸고 있었고, 가장 바깥쪽 성벽은 중급 또는 하급 무사들과 하인들의 주거지, 불당, 군수품과 식품 가게 등을 에워싸고 있었다.

히메지 성은 아름다울 뿐만 아니라 무척이나 견고하다. 이는 400여 년의 오랜 시간 동안 이 지역에 자주 출몰한 태풍과 지진을 비롯한 온갖 자연 재해를 견뎌냈다는 데서도 검증된다.

미리암 타비아니

210-211. 남서쪽에서 본 이 전경은 성을 에워싸고 있는 해자와 성벽과 성문으로 이루어진 방어 체계를 잘 보여 준다. 대천수각은 높이 45미터로 소천수각에 둘러싸여 있다. 전체적으로 눈부신 흰색 구조물이 백로를 연상시킨다.

211. (하단) 위층과 창문이 매우 우아하게 연결되어 있다. 이런 우아한 실내를 가진 건물이 군사용으로 사용되었다는 것이 믿기지 않을 정도다.

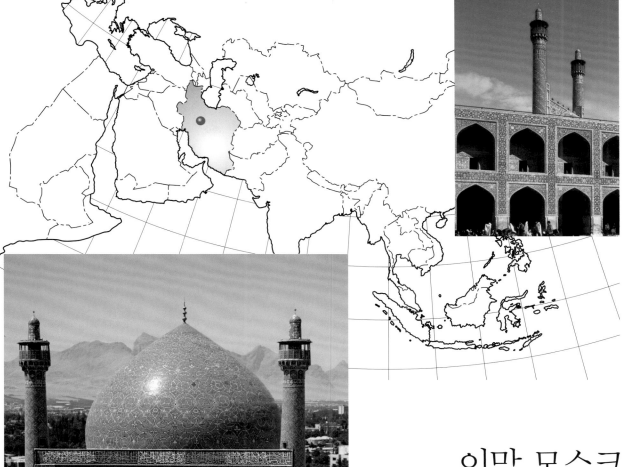

이맘 모스크

이스파한, 이란

　　푸른색의 이맘 모스크The Mosque of the Imam
(1612~1638년에 지음)는 건축을 통해 표현되는 종교적 가치의 위
력을 보여 주는 좋은 예다. 거대한 주재(主材)와 납작하게 살짝 누
른 돔은 동심의 이중 골조로 만들어졌다. 꽃문양으로 장식된 치장
타일은 빛의 변화에 따라 변화무쌍한 효과를 낸다. 특이한 궁호 모
양을 하고 있는 바깥쪽 출입구는 양 옆에 첨탑을 하나씩 가지고 있
고, 교묘하게 그 앞에 있는 광장의 배치를 따라가고 있다. 건물이
메카가 있는 서쪽을 향하도록 모스크의 본체 방향이 설정되었다.

　　안으로 들어가면 이 모스크가 얼마나 화려하게 설계되었는지를
확연히 알 수 있다. 실내는 매우 넓지만, 이슬람 개념의 단순성이
나 기도 신호를 감소시키지는 않는다.

　　건물 관람은 중앙 출입구에서 시작된다. 이곳의 주랑 현관은 법
랑 모자이크와 독특한 무콰르나(종유 장식)로 치장된 웅장한 하프
돔으로 장식되어 있다. 은박을 입힌 조각 장식판으로 치장된 문을
지나가면 짧은 통로와 건물의 구심점 역할을 하는 원형의 전실이
나온다. 이 전실을 지나가면 아치형 천장이 달린 2개의 기도실이
연결되어 있고 4개의 이완(넓은 열주 중앙 홀)에 에워싸인 안마당
이 나온다.

　　안마당 한복판에 있는 풀에 이완의 다색채 파사드가 그림자를 드
리운다. 출입구와 비교할 때 건물이 정렬되어 있지 않아서 전실의
연장으로 보이는 북동쪽의 이완은 특히 화려하게 보인다.

　　서쪽 이완은 이맘이 기도 신호를 보내는 설교단인 골드아테시

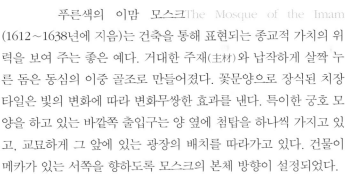

212-213. 이맘 광장을 향해 있는 이맘 모
스크를 위에서 내려다본 모습.

213. (오른쪽 상단) 2단 아케이드로 된 벽
이 모스크의 넓은 안마당을 에워싸고 있다.

213. (왼쪽 중앙) 이맘 모스크 안마당에 있
는 남쪽 이완의 양 측면에 첨탑이 서 있다.

213. (하단 오른쪽) 생동감 있는 추상적인 식
물 문양이 건물의 외벽을 장식한다.

goldatesh가 있는 것이 특징이다. 동쪽 이완에는 바닥은 대리석, 측면은 푸른 법랑 타일로 치장된 넓은 주랑 현관이 있다. 그 다음에 법랑 무콰르나로 꾸며진 하프 돔 천장과 마욜리카 타일로 장식된 실내가 나오고, 마지막으로 돔이 있는 방이 나온다.

가장 인상적인 것은 남쪽 이완이다. 이것은 무콰르나가 받치는 까치발이 달린 첨탑을 양 옆에 두고 있으며, 실제로 본당과 이어진다. 본당의 중앙 미흐랍(메카의 방향을 알리는 기도용 벽감)은 1666년에 만들어진 것이다. 본당의 사각형 평면은 고상부로 변해가는 4개의 8각 스팬드럴에 의해 지붕의 돔 모양으로 변화한다.

두 개의 넓은 통로는 건물 전체의 경쾌함을 강조하고, 2개의 보조 미흐랍이 있는 작은 돔이 달린 다른 방들로 연결된다. 모스크는 구석에 있는 마드라사(코란을 가르치는 학교)에서 끝난다.

마리아 엘로이사 카로차

214. (상단) 넓은 아치 길을 통해 사당과 연결되는 2개의 직사각형 기도실이 모스크의 주요 공간에 나란히 배치되어 있다.

214. (하단) 기도실 사이의 아치 길은 법랑을 입힌 꽃문양과 문자 문양 띠로 꾸며져 있다.

214-215. 안마당의 맑은 물에 도기 타일이 온갖 색조의 청색으로 그림자를 드리우고 있다. 웅장한 뾰족 아치는 이완과 연결된다.

215. (하단) 이맘 모스크의 동쪽과 서쪽 이완 출입구는 하프 돔과 청색과 황금색의 화려한 법랑 종유 장식을 가진 아치형 공간으로 되어 있다.

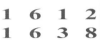

216-217. 이맘 모스크의 천장은 기하학적
인 문양과 꽃문양이 들어간 눈부신 청색과
황금색 타일로 치장되어 있다. 벽면은 아
라베스크 문양과 곡선 몰딩으로 장식되어
있고, 스팬드럴과 펜던티브(pendentive,
삼각궁륭)가 일련의 오목한 공간을 연결
하고 있다.

217. (상단) 모스크 안의 기도용 벽감에는
법랑 늑재, 그리고 청색 바탕에 흰색으로
코란의 문구를 적어 장식한 오목하게 파
인 벽면이 있다.

217. (하단) 타일의 흐릿한 청색이 모스크
에서 풍기는 경쾌한 느낌을 자아낸다. 이
것은 모스크의 딱딱하고 무거운 느낌을
해소하기 위해 고안된 우아하고 부드러운
구조다.

218-219. 타지마할은 무굴 제국의 샤 자한 황제가 뭄타즈 마할이라고 알려진 자신의 왕비 아르주만드 바누 바감을 추모하기 위해 지은 영묘다. 이것은 방대한 사각형 정원 안에 있는데, 사각형은 완벽함을 상징하기 때문에 이슬람 미술에 자주 사용된다. 정원 중앙에 있는 풀에 영묘의 파사드가 비친다. 타지마할은 7미터 높이의 기단 위에 자리 잡고 있다. 모퉁이의 첨탑과 중앙 돔과 눈부신 흰색 대리석이 어울려 아름다운 모습을 만들어낸다.

218. (하단) 3층으로 된 북쪽 출입구는 각 면에 하나씩 안으로 구부러진 큰 아치를 가지고 있는데, 단지 내 모든 건물에서 이런 모티프를 발견할 수 있다. 아치 주변은 흰색 바탕에 화려한 장식이 되어 있어 붉은 사암 치장과 대조를 이룬다. 검은 대리석에 들어간 정교한 상감과 다색채 보석(최소한 43가지)이 식물 문양과 코란의 문구를 만들어낸다. 이런 장식은 위로 올라갈수록 크게 만들었기 때문에 밑에서 보는 사람의 눈에는 모두 똑같은 크기로 보인다.

타지마할
아그라, 인도

하얀 대리석과 붉은 사암으로 만든 영원한 사랑의 기념비 타지마할The Taj Mahal은 인도 북부의 아그라Agra 시, 야무나 강 오른쪽 기슭에 자리 잡고 있다. 무굴 제국의 황제 샤 자한은 사랑하는 아내 뭄타즈 마할의 죽음을 기리기 위해 17년(1631~1648년)이란 오랜 세월과 엄청난 자원을 들여 이 웅대한 영묘를 지었다.

영묘는 네 모퉁이에 8각 누각이 하나씩 있는 직사각형의 방대한 경내 북쪽 구역에 있다. 경내의 대부분 구역은 '차르 바그Char Bagh'라는 사분원 정원이 차지한다. 이 정원은 페르시아의 파라다이스 정원 전통을 따른 것으로, 크기가 다른 여러 사각형이 중앙의 사각형 풀까지 직각으로 물이 흘러가는 수로에 둘러싸여 있는 대칭 설계에 바탕을 두고 있다.

정원의 긴 변 중간에 2개의 건물이 대칭을 이루고 있고, 이런 기하학적 대응은 모스크와 영묘 맞은편에 있는 그와 똑같이 생긴 건

219. (상단) 야무나 강 건너편의 폐허에서 찍은 타지마할의 모습이다. 무굴 제국의 이슬람 미술을 대표하는 타지마할은 샤 자한의 마지막 자손이 죽은 후로 방치되어 폐허가 되었다. 200여 년 동안 도굴과 약탈이 계속되다가, 건물이 복원되고 나서야 영구적으로 성역화되었다.

219. (하단) 영모 양쪽에 똑같이 생긴 모스크가 있다. 둘 다 대리석과 적색 사암으로 지어졌고, 구근 모양의 돔이 3개 있다. 예배에 사용되는 것은 서쪽 모스크뿐이고, 자-와브('응답'이라는 뜻)라고 알려진 동쪽 모스크는 서쪽 모스크와 대칭을 이루는 동일한 형태의 건물이다. 그러나 심미적인 이유로만 지어졌기 때문에 실제로 사용된 예는 한 번도 없다.

1631
1648

220. (상단) 건물 내부는 대리석 상감과 얕은 부조로 장식되어 있다. 이것은 14세기 이후 동양 전역에서 명성을 떨쳤던 인도 공예술을 대표하는 걸작이다.

220. (하단) 타지마할은 견고하면서도 그 형태와 섬세한 상감 덕분에 부드러운 느낌을 가지고 있다. 그러나 한편 대리석의 창백함 때문에 전원을 배경으로 두드러져 보인다.

물에 의해 완결된다. 경내 남쪽 구역에 있는 복합 단지로 들어가는 장엄한 출입구는 영묘를 향해 복합 단지를 전체적으로 조망할 수 있게 해 준다.

흰색 대리석이 상감된 짙은 사암과 다색채 보석이 상감된 흰색 대리석이 뚜렷한 색상 대비 효과를 내며 영묘를 어슴푸레 빛나게 한다. 네 모퉁이에 첨탑이 하나씩 있는 기단 위에 세워진 영묘는 건물 전체에서 가장 독특한 요소인 구근 모양의 돔 지붕을 가지고 있다. 영묘는 탁 트인 넓은 공간에 우뚝 솟아 있고, 그 중앙에 대리석 벽에 둘러싸인 뭄타즈의 추모비가 있다. 중앙에서 벗어난 그 옆자리에 샤 자한 황제의 추모비가 있는데 이것은 황제의 소원과 달리 그의 사후에 세워졌다. 이와 똑같은 비대칭성을 보이며 실제 황후와 황제의 묘가 지하 납골당에 나란히 배치되어 있다.

입체감의 신중한 배치와 벽면의 분리 외에도 첨탑, 코니스, 작은 세부 장식 같은 건축 설계상의 요소의 반복성과 장식에 사용된 기하학적 문양 및 문자 문양, 식물 문양의 연속성이 이 건물의 시각적 조화와 단일화된 설계를 강조하고 있다.

타지마할의 가장 귀한 물건들은 대부분 약탈당했다. 하지만 사각형의 교차점이나 십자로 주변의 공간 구성, 마당, 내부 공간, 구근 모양의 돔에서 볼 수 있는 페르시아-이슬람 전통과 막대한 보석을 사용한 힌두 건축 양식과의 창의적 결합은 호화로운 무굴 제국의 건축에서 둘도 없는 좋은 예가 되고 있다.

교교한 달빛 아래 타지마할의 아름다운 모습이 강의 수면에 비칠 수 있도록 야무나 강의 물줄기를 바꾸어 놓는 등 자연환경을 변화시키는 바람에 기념비적인 이 유명한 건축물이 위기에 빠지긴 했지만, 영묘의 애수 어린 매혹적인 모습은 아직 손상되지 않고 그대로 남아 있다.

베아트릭스 힐링

The Taj Mahal

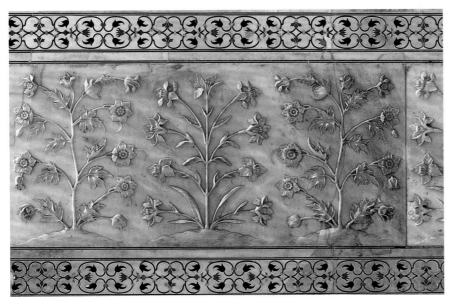

220-221. 아마나트 칸은 이란의 문자 문양 장인으로 타지마할의 파사드에 대리석 명각을 새겨 넣었다. 그는 이 영묘에서 자신의 작품에 서명을 남긴 유일한 미술가다.

221. (하단) 장식에 사용된 귀한 재료는 멀리서 수입해 왔다. 비취와 수정은 중국, 터키석은 티베트, 청금석은 아프가니스탄, 귀감람석은 이집트에서 들여온 것이다.

222. (상단) 이슬람 사원은 인물상을 묘사하는 것을 금지하기 때문에, 대부분 모스크 안의 붉은 사암판에 새겨진 이 식물 문양처럼 식물을 모티프로 장식한다.

222. (중앙) 화려하고 웅장한 이 복합 단지를 건설하는 데 17년이란 오랜 세월과 약 2만 명의 인력이 투입되었다. 이 인력을 수용하기 위해 근처에 뭄타즈 왕비의 이름을 딴 뭄타자바드라는 마을이 생겼다.

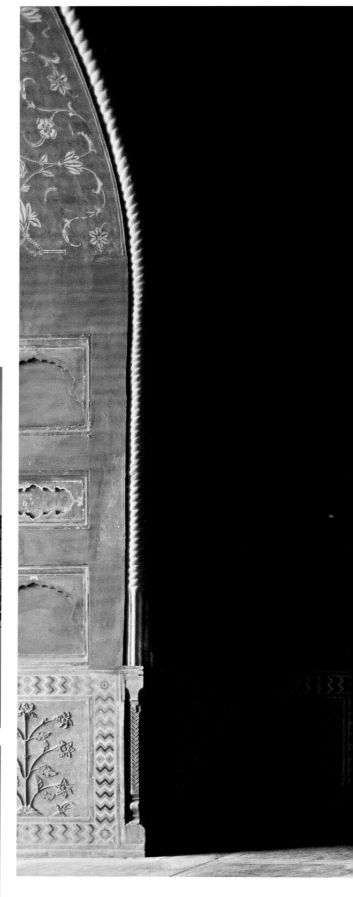

222. (하단) 각각 구근 모양의 돔을 3개씩 가진 직사각형의 쌍둥이 모스크가 영묘 옆에 자리 잡고 있다. 모스크를 치장하는 데 사용된 붉은 석회화는 근처 동굴에서 캐낸 것으로 돔의 흰색 대리석과 파사드의 상감이 멋진 대조를 이룬다.

222-223. 이슬람 전통에 따라 모스크의 내부는 벽을 따라 조화롭게 분포된 기하학적 문양과 식물 모티프와 코란의 문구들로 장식되어 있다.

223. (하단) 미흐랍은 모스크에서 볼 수 있는 이슬람의 전형적인 특성이다. 이것은 키블라(메카의 방향을 알리는 벽)에 있는 기도용 벽감으로 이맘은 이곳에서 신자들의 기도를 인도한다. 미흐랍은 모스크 내에서 가장 성스런 곳으로, 전통적으로 무함마드가 자기 집에서 기도문을 암송하던 것에서 비롯된다.

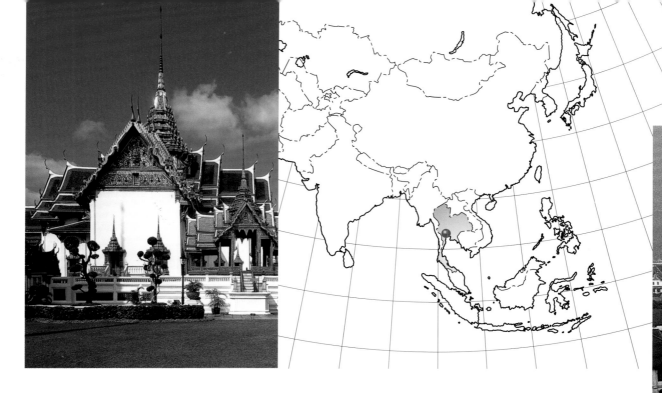

태국 왕궁

방콕, 태국

방콕Bangkok의 차오 프라야 강변에 프라 보롬 마하 라자왕(그레이트 팰리스)을 짓기 시작한 것은 차크리 왕조의 시조인 라마 1세가 통치하던 1782년의 일이다. 이 왕조는 지금도 계속 권력을 쥐고 있으며 그 궁도 여전히 왕궁으로 남아 있다. 그러나 수백 년의 세월이 흐르는 동안 여러 왕들에 의해 새로운 건물들이 증축되었다. 그 결과 오늘날 태국의 왕궁은 태국의 건축을 전체적으로 개관할 수 있는, 시대와 양식을 달리하는 여러 건물들로 이루어졌다.

왕궁의 경내는 홀쭉한 침탑이 달린 수수한 출입구와 백색의 밋밋한 성벽으로 둘러싸여 있다. 이 성벽은 궁전의 경계 역할만 하는 것이 아니라 그 자체가 건축의 한 형태다. 왕궁에서 반복되는 또 다른 테마는 태국의 전통 색인 화려한 주황색의 곡선 장식으로 꾸며진 지붕이다.

바깥마당을 지나가면 경내의 왓 프라 케오(사원)가 나오는데, 이것은 신을 숭배하기 위해서가 아니라 태국의 전통에 따라 지은 것으로 명상과 함께 성물(聖物)과 유물을 보관하는 여러 건물들로 이루어져 있다. 건물의 설계는 고대 태국 문화의 영향을 받았으며, 인도 건축에 먼 기원을 두고 있기도 하다.

다색채 도기의 화려한 색상, 모자이크, 칠을 한 회벽, 거대한 수호신상과 가루다(비쉬누 신을 태운 상상의 새), 야샤(수호신), 킨나라(사람의 얼굴과 새의 다리를 한 생물), 선녀와 같은 상징적인 모티프 장식 등이 눈길을 끈다.

벽화는 인도의 힌두 신화에 나오는 서사시 라마키엔을 묘사하는데, 여기서는 이 시가 인도, 싱할리, 버마, 중국, 크메르, 유럽 등지의 문화 요소들과 절충해서 해석되었다.

왕궁에서 가장 유명한 건물은 왕실 사원(1785년)인 에메랄드 사원이다. 청동 사자상이 지키는 계단을 올라가면 직사각형 봇(본당)이 있고, 이 안에 15세기에 만들어진 에메랄드 불상이라고 알려진, 작지만 화려한 녹색 벽옥상이 있다.

본당 북쪽의 테라스에도 못지않게 흥미로운 건물들이 있다. 프라삿 프라 텝비돈은 차크리 신들을 모시는 신전이자 사당으로 그리스 십자형 평면에 녹색 테를 두른 오렌지색 기와를 얹은 다층 지

224. (상단) 왕궁의 두싯 마하 프라삿(알현실)은 금박을 입힌 체디를 꼭대기로 하고 소용돌이로 장식된 부분 아래로 도금 장식을 한 전통적인 지붕을 가지고 있다.

224. (하단) 성벽이 왓 프라 케오를 에워싸고 있다. 이 사원의 지붕은 체디, 몬돕, 프랑, 유색 지붕으로 되어 있다.

224-225. 왓 프라 케오 근처에는 여러 양식의 건물들이 있다. 전면에 있는 프랑은 인도의 쉬카라에서 비롯었고, 체디는 불탑에 상응하는 것이다.

225. (하단 왼쪽) 차크리 궁은 19세기 말에 부흥한 이탈리아 르네상스 양식에서 영감을 얻었지만 라마 5세의 명령에 따라 지붕은 태국식으로 만들었다.

225 (하단 오른쪽) 차크리 궁은 두싯 마하 프라삿(뒤쪽)과 마하 몬티안(한때는 재판소가 있었지만 주로 왕들의 주거지로 사용됨)과 인접해 있다.

226. 왕궁의 건물들은 박공벽과 유색 타일 바탕에 금박을 입힌 목각으로 장식되어 있다.

227. (왼쪽) 불교 교리에 따라 개심한 귀신들이 왕궁의 황금 체디를 떠받치고 있고, 뒤에 크메르식 불탑인 프랑이 보인다.

227. (오른쪽) 방콕의 왕궁 안마당에 있는 조상은 신화에 나오는 존재들로 초자연적인 반인반수 형상을 하고 있다. 킨나라와 킨나리는 각각 남자와 여자의 얼굴과 몸통을 하고 사자의 다리를 한 형상이다. 조상은 번쩍이는 황금으로 칠해져 있다.

붕을 가지고 있다.

몽쿳 왕이 지은 황금탑은 작은 금박들로 된 지붕에서 그 이름이 유래했다. 왕실 도서관은 사각형 건물로 14세기에 조각한 거대한 돌부처상이 모퉁이에 하나씩 배치되어 있다. 이 도서관의 다층 지붕에는 욧(전형적인 첨탑)이 있다.

2중 문을 통해 왓 프라 케오를 나오면 공식 의식이 열리는 홀과 왕실 주거지가 있는, 왕궁에서 가장 넓은 구역인 안마당이 나온다. 두싯 마하 프라삿은 태국 건축의 좋은 예로서 전통적인 그리스 십자형 평면과 왕관 모양의 첨탑이 달린 5층 지붕을 가지고 있다. 이 건물은 라마 1세가 자신의 즉위식과 각종 의식을 위해 지은 것이다.

마하 몬티안은 19세기 전반에 아마린다(고대의 알현실)를 만들기 위해 라마 3세가 지은 것이고, 차크리 마하 프라삿은 1882년에 출라롱콘 왕이 영국인 건축업자에게 부탁해서 지은 것이다. 이 이색적인 건물은 네오-르네상스 양식이지만 전형적인 태국 지붕을 가지고 있다.

마지막으로 시발라야 정원에는 왕이 거주하는 궁과 크리스털 사원이 있다.

마리아 엘로이사 카로차

The Royal Palace

228. (상단) 왓 프라 케오의 수호신들이 사원의 주황색 지붕을 지키고 있다. 이들은 사원의 신성함을 지키는 것을 임무로 하는 호전적인 귀신의 얼굴을 하고 있다.

228. (중앙) 왕궁의 건물과 첨탑과 사당은 기하학적 문양과 식물 문양의 다색채 모자이크, 반짝이는 타일, 부조가 들어간 도기 등을 비롯해 풍부하고 다양한 소재로 장식되어 있다.

228. (하단) 왓 프라 케오의 거대한 야차 상은 부조로 조각되거나 칠해진 모티프로 장식되어 있다. 야차 상의 피부는 백색, 적색, 또는 여기에 나온 것처럼 녹색으로 되어 있다.

229. 경내 북서쪽에 높다란 프라 스리 라타나 체디가 있다. 이 성스러운 탑에는 부처의 가슴뼈 조각이 보관되어 있다.

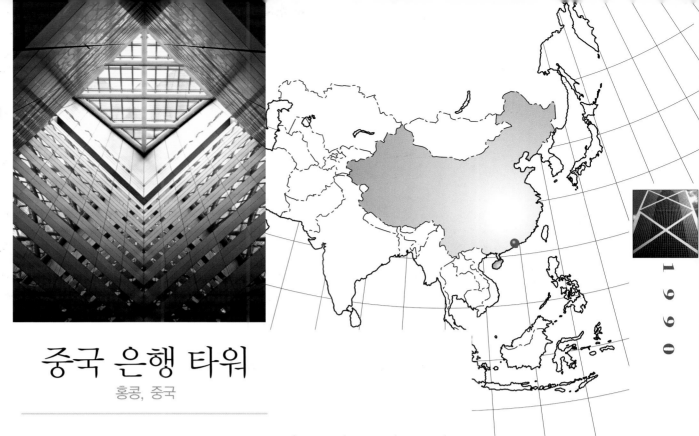

230. 경계가 명확한 기학학적 선의 승리라고 할 수 있는 중국 은행 타워는 세계 최고의 초고층 빌딩 치고는 너무나 '가볍다.'

231. (상단) 건물 내부의 트인 공간 꼭대기에 장사방형의 큰 채광창이 있다.

231. (하단) 중국 은행 타워의 순수한 형태가 밤하늘을 배경으로 홍콩의 스카이라인을 지배하고 있다.

중국 은행 타워

홍콩, 중국

홍콩에 있는 369미터 높이의 70층짜리 초고층 빌딩인 중국 은행 타워 The Bank of China Tower 는 세계에서 가장 높은 건물 가운데 하나다. 이처럼 높은 건물이 필요했던 것은 홍콩의 제한된 면적과 그 도시에서 가장 높은 건물을 짓고자 하는 욕구 때문이었다(이 초고층 빌딩은 그와 쌍벽을 이루는 홍콩 상하이 은행에 인접해 있다).

이오 밍 페이는 삼각 프리즘 4개로 구성된 사각형 기단 위에 우아한 단일 건물로 이 타워를 설계했으며, 공사는 1990년에 끝났다. 아름다운 옆모습이 하늘과 잘 어울리고, 대나무의 자연스런 형태에서 영감을 얻은 조각 같은 구성이 매우 기하학적이다. 이 걸작 건축물의 새로운 점은 건물의 골조가 외관으로 드러난다는 것이다.

이 건물의 골조는 하중을 모퉁이에 있는 4개의 대형 기둥으로 배분하기 때문에 내부 수직 각주가 필요 없다. 이는 이 정도 높이의 건물을 짓는 데 필요한 강철의 양을 엄청나게 줄였다는 것을 의미한다. 거대한 십자 각주는 이 지역에 자주 출몰하는 태풍에도 저항할 수 있게 해 준다. 이 건물은 시속 230킬로미터의 강풍에도 견딜 수 있다. 마주 보는 양쪽 출입구를 통해 들어가는 2층으로 된 거대한 중앙 홀이 이 건물을 도시의 다른 부분과 연결해 준다. 이 홀은 지붕이 있는 광장과 같은 기능을 한다.

조각 같은 페이의 건물 설계는 주변 거리와의 공식적인(때로는 엄격한) 관계에 그 바탕이 있다. 이는 '미스 반 데 로에 스타일의 유리 프리즘의 장기 집권'에 대한 반작용에서 나온 것이다. 중국 은행 타워의 조각 같은 미니멀리즘은 초고층 빌딩과 도시 환경의 관계라는 어려운 문제를 해결하기 위해 채택된 건축적 구성의 가장 뛰어난 예다.

구글리엘모 노벨리

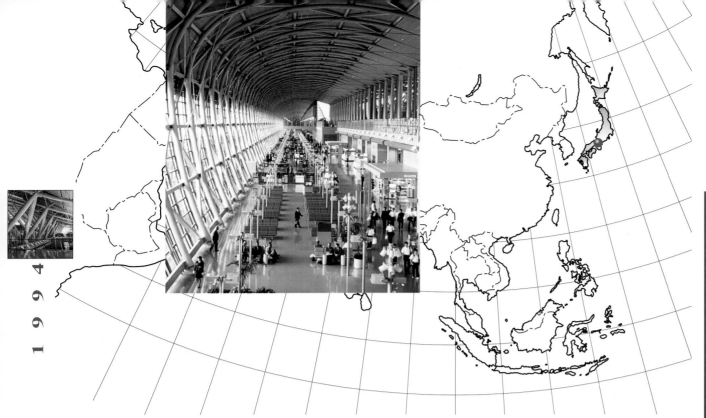

간사이 국제공항

오사카, 일본

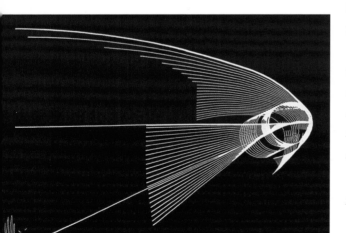

232. (상단) 환하게 빛이 들어오는 간사이 국제공항의 만곡부가 해상 생물의 뼈대 같은 구조를 확실하게 보여 준다. 이 건물은 인공 섬 위에 있기 때문에 바다와 매우 직접적인 관계에 있다.

오사카Osaka에 있는 미래파 건물인 간사이 국제공항 The Air Terminal Kansai은 세계 최초의 해상 공항이다. 이 공항은 길이 4.3킬로미터, 너비 1.6킬로미터 가량되는 인공 섬에 자리 잡고 있다.

도쿄 공항의 규모에 버금가면서 승객과 화물을 동시에 취급할 수 있는 공항이 도쿄 근처에 있어야 한다는 필요성은 오래 전부터 있었지만, 지형상 산과 해안 사이에 필요한 공간을 찾는 것은 거의 불가능했다. 그래서 결국 해상에 공항을 짓는 엄청난 사업을 시작하기로 결정했다.

해안에서 4.8킬로미터 떨어진 곳에서 해저(깊이 20미터)를 강화하고 그것을 16만 5,400세제곱킬로미터의 흙으로 메워 인공 섬을 만드는 작업이 시작되었다. 해안과 인공 섬 사이에 간선도로가 건설되었고 이어서 공항 건설 사업이 본격적인 궤도에 들어갔다. 인공 섬에는 공항뿐만 아니라 페리와 수중익선이 정박할 수 있는 항구도 있다.

이 거대한 건설 부지는 일본인들에게 두려움과 숭배의 대상인, 지진이 일어나기 쉬운 거친 바다에 자리 잡고 있다.

1991년에 렌조 피아노가 설계 공모에서 당선되는데, 그는 이 일을 최대한 단순하게 해결하기 위해 먼저 작업의 기초가 되는 방법론적인 지침부터 정의했다. 간단히 말하면, 공간 요건에 따라 최소한 하나의 중심축을 따라 연속적으로 넓혀질 수 있는 배치에 전체 설계의 기초를 두었다. 이 방식은 공사를 더 간단하게 만들어서 불과 3년 만에 간사이 국제공항이 완공되었다.

설계는 남북으로 배치된 1,700킬로미터 길이의 건물을 중심으로 했다. 중앙 구간에 메인 터미널 건물이 있고, 그 양쪽에 승객 탑승 브리지가 있는 별관이 하나씩 있다. 이 3개 구간은 건물 내부로 최대한 원활하게 공기가 흐르도록 설계된 굽이진 스테인리스 스틸 지붕을 통해 완전히 통합된다. 거대한 중앙 홀은 바다에서 넓은 금속

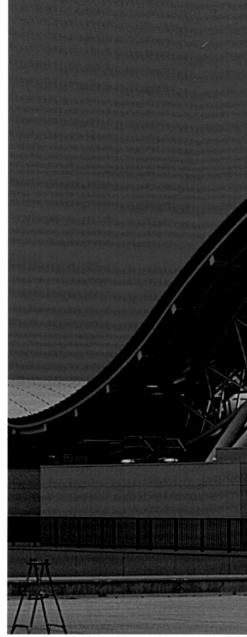

232. (중앙) 풍압 시험이 구조물의 공기 역학적인 속성을 보여 준다. 바람은 이 지역의 고정된 특성이며, 지진 또한 잦다.

232. (하단) 굽이치는 물결 모양의 지붕은 바다와의 관련성을 보여 주는 또 다른 요소로 건물 내부의 기류에 따라 모양이 바뀐다.

232-233. 황혼이 국제공항의 아름다움을 강조하며, 거대한 금속 보 골조에 싸인 실내의 가시성을 높여 준다.

233. (중앙과 하단 오른쪽) 텐소액티브 구조물의 배치가 건설 요소들의 통합에 바탕을 둔 설계의 모듈성을 보여 준다.

233. (하단 왼쪽) 사진 중앙에 있는 간사이 국제공항이 주변 건물의 선형 배치를 무너뜨린다.

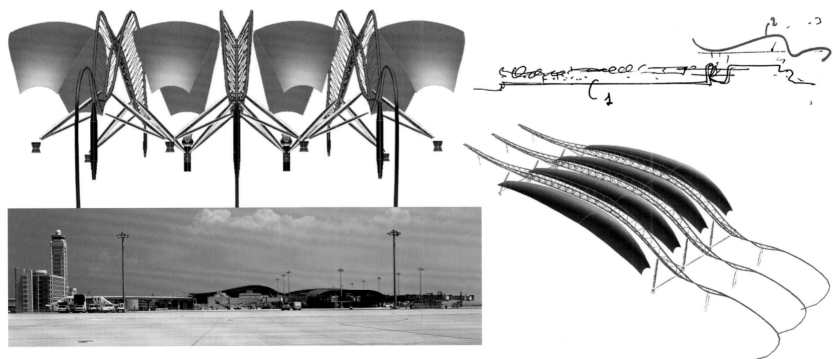

234. (하단 오른쪽) 국제공항의 내부 면적은 117제곱킬로미터, 본관은 318×153미터, 별관은 각각 42×676미터에 이른다.

235. (하단) 국제공항 내부의 여러 층을 망라하는 전체 높이는 36미터다. 이곳은 연간 2,500만 명의 승객을 취급하고 있어서, 도쿄 공항의 부담을 실질적으로 많이 덜어 주고 있다.

234-235. 구조물 맨 위층에서 트러스가 국제공항 지붕을 떠받치고 있다. 왼쪽에 자연광을 배분하는 테플론 커튼이 부분적으로 보인다.

234. (하단 왼쪽) 출국장에 있는 뒤집힌 V자 모양의 대형 경사보는 구조적인 기능을 할 뿐만 아니라 여행자들을 환영하는 '출입구' 역할을 하기도 한다.

235. (상단 중앙) 홀 내부의 풍경은 이 건물에 사용된 공법 덕분에 가능했던 단순성을 보여 준다. 총 4,100톤의 강철이 사용되었다.

The Air Terminal Kansai

천장에 이르기까지 건물의 전체 층을 망라한다.

피아노는 바다에서 영감을 얻어 지붕을 물결 모양으로 만들었다. 자연과 기술의 공존, 내부와 외관 간의 균형을 나타내는 흐르는 듯한 구조를 창조해 낸 것이다.

강철과 유리로 된 대형 파사드를 지탱하고 바다 조망을 제공하는 첨단 구조물 사이로 자연광이 스며들어 온다. 그 결과 여행자들은 건물 안에서 걸어가는 동안 거대한 해상 생물의 뼈대 속에 들어가 있는 느낌을 가지게 된다.

글라이더 모양을 하고 있는 지붕은 공중에 떠 있는 것 같다. 여기에는 강철판 8만 2천 개가 치장되어 있고, 그물 모양의 보가 이를 받치고 있다. 보 사이에 공기 조절을 최적화하고 밤에는 아래 공간으로 균일하게 인공조명을 비추는 이중 기능을 하는 테플론 커튼이 설치되어 있다.

렌조 피아노는 탁월한 자질로 엄청난 규모의 까다로운 사업 요건을 충족시키는 데 성공했다. 이것은 "상상력은 기술적 능력과 결합해야 한다"는 이 이탈리아인 건축가의 주장을 대변한다.

구글리엘모 노벨리

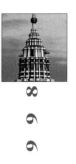

236. (왼쪽 상단) 콸라룸푸르의 쌍둥이 타워는 88개 층에 전체 높이가 457미터로 전설적인 존재가 되었다.

페트로나스 타워
콸라룸푸르, 말레이시아

말레이시아의 수도 콸라룸푸르Kuala Lumpur에 있는 페트로나스The Petronas Towers의 옆모습은 독특하고 특이하다. 이런 느낌은 엄청난 높이 때문에 더욱 강렬해진다. 1998년에 세계 최고의 초고층 빌딩으로 완공된 이 건물(457미터)은 아직도 엄청난 상향 돌출부 때문에 전설로 남아 있다. 88개 층은 대부분 사무실로 채워져 있고(타워 쪽은 국영 정유 회사인 페트로나스가 차지한다), 고속 이동이 가능한 혁신적인 엘리베이터 시스템이 운행되고 있다. 높이와 너비의 비가 9:4로 조형적이며 대칭적인 이 쌍둥이 타워는 이슬람 문화의 형식적인 특성을 갖도록 설계되었다. 이 건물은 곧 이 나라의 문화 아이콘이자 정치, 경제 권력의 상징이며 말레이시아의 공적인 이미지가 되었다.

이 쌍둥이 타워의 건축적 설계는 뒤얽혀 있는 기하학적 아라베스크 문양의 반복 사용, 구조물을 가로지르며 입체감과 벽면을 정의하는 곡선이나 각진 선 등 무슬림의 유산에 바탕을 두고 있다. 평면의 바탕이 되는 8각 별은 2개의 사각형을 겹쳐 놓은 것에서 비롯되었다. 구부러지거나 뾰족한 수직 베이가 결합하여 이 타워의 특징이자 장식적인 효과를 내는 조가비 모양의 파사드를 만든다. 이 2개의 거대한 타워는 뒤집힌 V자 모양의 강철 경사보가 밑에서 받치는, 41층과 42층 사이의 스카이 브리지에 의해 연결된다.

이 타워를 설계한 미국인 건축가 세자르 펠리는 스카이 브리지가 가로지르는 빈 공간의 중심을 구조물의 중심축으로 생각했다. 스카이 브리지는 그 자체로 '하늘로 가는 출입구, 무한대상의 문'을 나타내는 것으로 보인다. 강철과 콘크리트는 이 이색적인 건물의 구조에 필요한 안정성을 제공하고, 측면의 강철과 유리 외장은 적도의 강렬한 햇빛을 여러 가지 용도로 흡수하고 발산시킨다. 페트로나스 타워는 넓은 정원과 콘크리트 건물에 둘러싸여 콘서트홀과 쇼핑몰이 있는 대형 플랫폼에 우뚝 솟아 있다. 이 건물은 콸라룸푸르 시티 센터(KLCC)의 독특한 표상이자 말레이시아가 새롭게 이룬 현대성의 상징이다.

베아트릭스 힐링/마리아 로라 베르겔리

236. (왼쪽 하단) 페트로나스 타워의 외관은 적도의 강렬한 햇빛으로부터 스스로를 지키기 위해 스테인리스 스틸 판과 거무스름하게 처리된 유리로 완전히 덮여 있다.

236. (오른쪽) 세자르 펠리의 스케치는 쌍둥이 타워 사이를 가로지르며 스카이 브리지 중심을 지나가는 중심축을 보여 준다.

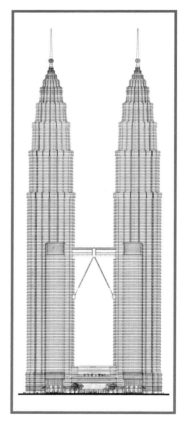

237. 펠리의 페트로나스 타워는 건물주의 요구를 충족시키기 위해 설계에 이슬람 문화를 참고로 하고 동남아 건축의 전형적인 형태를 포함했다.

238. 타워 상층부의 내부에는 사무실과 상업 활동을 위한 넓은 공간이 있다. 이것은 원뿔형으로 되어 있는데, 내부를 지지하는 골조가 필요 없도록 설계되었다.

239. (상단) 페트로나스 타워는 첨단 구조 덕분에 꼭대기 층에 그 안에 또 다른 구조물이 들어 있는 천장이 높은 방이 있다.

239. (중앙) 1996년 4월 15일, 국제초고층빌딩건설협의회(CTBUH)는 페트로나스 타워를 세계 최고의 초고층 건물이라고 발표함으로써, 그 타이틀을 시카고의 시어스 타워에서 아시아 대륙으로 이전시켰다. 말레이시아의 정유 회사 페트로나스의 주도 아래 이 프로젝트를 후원하는 금융 컨소시움과의 합의에 따라, 세자르 펠리는 초고층 기록을 깨는 것이 아니라 높이와 너비 간에 균형 잡힌 관계(9:4)를 이룩해 사람들의 상상력을 사로잡는 것을 목표로 삼았다.

239. (하단) 2020년이 되면 페트로나스 타워의 내부(아직 완성되지 않음)에 모스크와 쇼핑센터와 콘서트홀이 들어설 것이다.

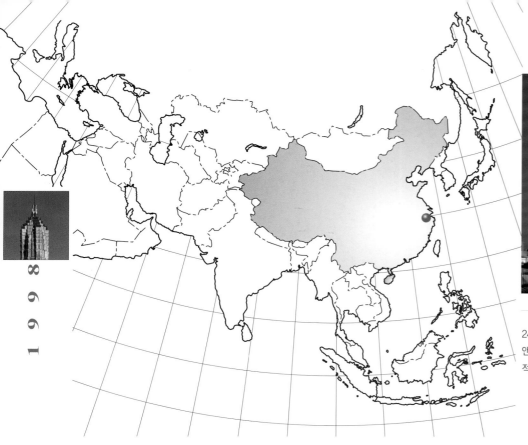

240. (상단 왼쪽) 스키드모어와 오윙스 앤드 메릴이 설계한 진마오 타워는 현대적인 도시 상하이의 구심점 역할을 한다.

240. (상단 오른쪽), 242-243. 진마오 타워 꼭대기의 전망대는 그랜드 하얏트 호텔의 중앙 홀을 바로 내려다본다.

진마오 타워

상하이, 중국

240. (하단) 진마오 타워의 철골조는 강력한 지진과 태풍을 견딜 수 있도록 유기적으로 설계되어 있다.

241. 유리와 금속으로 된 외장은 기상 변화를 진마오 타워의 외관에 반영해 자연 환경과의 완전한 통합 효과를 낸다.

역사적으로 유명한 상하이Shangai의 황푸 강 동쪽에 있는 거대한 진마오 타워The Jin Mao Tower는 상하이의 신시가지인 푸동구의 금융 및 상업 구역의 스카이라인을 지배한다.

88층에 전체 높이 400미터인 이 타워는 아직도 중국 최고의 초고층 빌딩이며 세계에서 네 번째로 높은 건물이다. 88개 층 중 52개 층은 사무실로 쓰이고 있고(엘리베이터 60대와 에스컬레이터 19대가 운행됨), 나머지 35개 층은 신설 그랜드 하얏트 호텔이 차지하고 있다. 타워 꼭대기의 전망대에 올라가 본 사람은 호텔의 중앙 홀까지 21개 층이 수직으로 떨어지는 장관에 경탄하지 않을 수 없을 것이다. 엘리베이터 2대가 1층에서 전망대의 이색적인 전경까지 방문객을 실어 나르는 시간은 놀랍게도 1분이 채 걸리지 않는다. 이 강철 타워의 꼭대기는 햇빛을 호텔로 반사시키는 유리 돔으로 되어 있다.

진마오 타워의 건축 양식은 아시아의 전통을 따른다. 위로 올라갈수록 사면체 끝이 뾰족해지는 모양은 탑을 현대적으로 형상화한 것이며, 따라서 확실히 중국의 역사와 문화에 영향을 받았다고 할 수 있다. 공사 기간은 4년밖에 걸리지 않았고, 1998년에 개관했다. 그러나 '바벨탑 이야기'는 이 건물에서 끝나지 않고 계속되어, 상하이에 이보다 더 높은 초고층 빌딩이 들어선다는 계획이 발표되었다. 따라서 이 타워는 세계 최고의 초고층 빌딩 군에서의 지위를 곧 상실하게 될 것이다. 새로 들어설 건물은 세계 최고의 초고층 빌딩이라는 타이틀을 대만으로부터 되찾아 올 것이다.

베아트릭스 힐링/마리아 로라 베르겔리

버즈 알 아랍 호텔

두바이, 아랍에미리트

버즈 알 아랍('아랍의 타워' 라는 뜻) 호텔The Burj Al Arab Hotel은 최근까지 세계에서 유일한 7성급 호텔이었다. 이 호텔이 위치한 지역은 '미래의 두바이' 를 향한 급속하고 광범위한 변화를 겪었다. 이 호텔은 세이크 무함마드 라시드 알 막토움의 아이디어에서 출발하여 3,500명이나 되는 설계사들의 상상력이 결집된 결과물이었다. 4년간의 공사 끝에 1999년 말에 개관한 버즈 알 아랍은 그 이후 도시의 상징이 되었다.

바다를 주제로 한 이 건물은 '천일야화' 에 포함되고도 남을 만하다. 그 구조는 321미터 높이의 돛대를 닮았고, 바람에 부풀어오른 듯한 유리섬유와 테플론으로 된 돛은 낮에는 백색, 밤에는 무지개 색으로 바뀌어 보는 이들의 눈을 현혹시킨다.

세계 최고층 호텔인 이 호텔은 아라비아 만 해안에서 320미터 떨어진 지점에 있는 인공 섬에 자리 잡고 있다. 단골 고객은 헬리콥터로 와서 호텔 옥상에 착륙한다. 비행기로 도착한 고객은 공항에서 롤스로이스를 타고 경비가 철저한 해상 도로를 따라 호텔에 도착하게 된다.

호텔에 들어서면 곧 장관이 펼쳐진다. 거대한 홀은 높이가 182미터나 되고, 간헐천에서 30분마다 30미터 높이로 물이 뿜어져나온다. 내부는 사치의 극치를 보여 준다. 이 호텔에는 일반 객실이 없고, 최소 170제곱미터에서 최대 780제곱미터에 이르는 스위트룸만 202개가 있다. 각 스위트룸에는 수십 대의 전화, PDP, 컴퓨터 등 최첨단 장비가 설치되어 있다.

건축 양식은 브라질과 이탈리아의 대리석, 실크, 22K 금으로 치장된 벽으로 표현되는 최신식 '제국 및 아랍의 절충식' 이라고 할 수 있다. 이 호텔의 모든 건축적 특성은 극소수 사람들을 깜짝 놀라게 하고 풍요와 사치를 숨김없이 과시하는 것이다.

구글리엘모 노벨리

244. (상단) 헬리콥터가 버즈 알 아랍 호텔의 고객 구역 꼭대기에 있는 미래파적인 헬리콥터 착륙장에 착륙한다.

244. (중앙) 이 사진은 300미터 밖의 해안과 아래 오른쪽의 도로를 향한 2개의 탑문의 만곡부를 보여 준다.

244. (하단), 244-245. 반사광과 기하학적 패턴을 절묘하게 결합한 타워가 321미터 높이로 우뚝 솟아 있다. 대각선 트러스에 의해 강화되는 수평보가 3개의 수직 기둥을 연결한다. 구조물은 강철과 유리로 만들어졌고, 외장은 흰색 테플론으로 되어 있다.

245. (하단) 버즈 알 아랍 호텔의 사치스럽고 현기증마저 일으키는 넓은 중앙 홀을 위에서 내려다보면 장관이다. 1층에는 거대한 황금 구조물이 우뚝 솟아 있어서 도착하는 손님들을 맞고 있다. 모든 것들이 격조 있게 호화롭다는 인상을 주도록 디자인되어 있고, 고객은 그런 특권을 누리는 대가로 하룻밤에 수만 달러를 지불한다.

The Burj Al Arab Hotel

246. 버즈 알 아랍 호텔은 그것을 둘러싸고 또 지탱하고 있는 바다에서 영감을 얻어 돛의 모양을 하고 있다. 돛대(수직 탑문)와 돛의 가장자리를 나타내는 굽은 기둥 사이의 결합부가 주목할 만하다.

247. (상단) 각 층의 여러 구역은 돛의 바깥 가장자리를 따라 난 수직 통로에 의해 연결된다. 건물 중앙의 공간은 54개 층 깊이의 채광정 역할을 하며 아래의 홀은 높이가 180미터다.

247. (하단) 밑에서 보면 버즈 알 아랍 호텔의 내부는 벌집처럼 생겼다. 끝이 뾰족한 거대한 황금색 기둥의 상층부는 전통적인 이슬람 건축에서 영감을 얻은 아치로 되어 있다.

Wonders of 북아메리카

끝이 보이지 않는 미합중국의 광활한 땅은 변화무쌍한 대륙이다. 광대한 자연이 펼쳐지는 곳이 있는가 하면 숨 막히는 초고층 빌딩들이 밀집해 있는 거대 도시들이 있고, 극단적인 인구 밀도를 가진 지역도 있다. 어떤 곳은 과거에 힘을 상징하기도 했지만, 지금은 비극적 파괴를 상징하기도 한다.

1492년에 콜럼버스가 아메리카 대륙을 발견한 지 거의 200년이 지나면서 처음 이곳에 정착한 유럽인들은 자연 상태 그대로는 아니지만 초보적인 단계의 구조물에서 살았다. 그러다가 점차 자신들 나름의 주거 환경을 만들어내기 시작하여 지금에 이르렀다. 소도시들이 최초의 정착지에서 유기적으로 팽창하기도 했고, 동부 해안에서 서부 해안에 이르기까지 전국적으로 복제된 저 유명한 필라델피아 계획(1682년)처럼 바둑판 모양의 거리를 채택하기도 했다. 식민지 건축은 유럽의 전통적인 양식에서 나왔고 또 그와 관련이 있지만, 18세기 말에서 제2차 세계대전 이후까지의 양식과 복고풍의 발달 과정에 따른 독창적인 원형들을 함께 낳게 되었다.

아메리카 양식은 반학문적인 절충주의의 대안이며 신고전주의와 신고딕 양식의 시각으로 봤을 때 엘리트 취향 및 건축의 질서와 규범을 반영하는 것이다. 이는 '건축가 없는 건축'(브루노 제비)이라는 경험론적인 자유로운 공식과 대조를 이룬다. 주택 부문에서는 목재 이동 주택이 수직 목조에 기초를 둔 '발룬 구조' balloon framing(G. W. 스노우, 1833년)라는 표준 공법으로 발전했다. 이 공법은 수준 높은 편리함을 제공했으며, 프랭크 로이드 라이트의 유기적인 건축이 나올 때까지 장기적인 영향을 주며 공간과 부피를 실험하는 데 사용되었다.

소도시의 팽창과 산업 경제는 19세기 초에 도시 계획(예를 들면, 전적으로 특정 기업이나 사업의 관심에 의존하는 사적인 소도시의 설립과 같은)의 성장과 발달을 자극하는 상호 의존적인 중요한 요소들이었다. 19세기 중반부터 말까지는 산업과 철도를 정비하며 기간 시설이 전진 확장되었고, 대규모의 도시화라는 새로운 현상을 이끄는 추가적인 촉매제가 되었다.

이와 동일한 시대에 자연과 인공물의 유기적 통합을 향한 사조가 일어났다. 예를 들어, 1851년에 건설된 '워싱턴 몰'의 배치는 공공 공원 테마의 전조가 되었다. 이런 사조는 뉴욕에 센트럴 파크가 완공(1862년)된 것과 더불어 남북 전쟁이 끝난 후 미국의 도시와 소도시의 설계에서 점점 더 중요한 비중을 차지하게 되었다.

같은 기간에 도시 집중화에 반대해 주거지의 분산화, 즉 도시 거주자들의 교외 이동이 시작되었다. 이런 현상은 미국의 다른 도시에서도 나타났지만 가장 두드러진 것은 시카고에서였다. 이는 혁신적인 건축 공법 때문에 가능했던 도시 건축의 새로운 형태인 초고층 빌딩(마천루)의 발달을 가져왔다. '도시 중심부의 기능적 특화'의 산물인 초고층 빌딩은 제한된 부지에 가용 공간을 증가시켰다. 초고층 빌딩은 그 유형과 용도를 정의하고 그것을 짓는 데 필요한 공법의 발달을 촉진했던 뉴욕에서의 건축 실험을 거쳐 1880년대에 부상하기 시작했다.

라이트는 1890년에 '존경하는 스승lieber Meister' 루이스 헨리 설리반이 세인트루이스에 설계한 웨인라이트 빌딩에 관해 언급하면서 이렇게 말했다. "…건축 용어로 옮긴, 신중하게 설계된 매우 높은 강철 건물이다. 일관성 있게 종합적으로 높으며 그 안에서는 독창적인 상상력의 승리를 통해 통일성이 아름다움으로 변한다. 따라서 이는 가톨릭교회의 돔이 탄생한 것보다 더 중요한 사건이다.… 초고층 빌딩은 예술 작품으로 탄생했다."

미국의 근현대 건축물은 "개별적으로는 환상적이지만, 전체적으로는 경박하고 부패한 실험주의에 빠져 있다." 이런 현상은 현대의 건축 동향에 영향을 주었으며, 그것은 "선천적인 변덕에 노출되어 수십 년 동안 매너리즘과 유토피아 사이를 오락가락하며… 인간적이며 반권위주의적이고 쾌적한 주거지라는 라이트의 예언"(브루노 제비)을 충족시킬 수 있었다.

만약 3세기 전에 아주 가볍고 거대한 풍선을 타고 구대륙의 중심에서 서쪽으로 날아갔다면, 먼저 이베리아 반도에 내렸다가 그 다음에는 아조레스 제도를 거쳐 미국에 착륙했다가 일본으로 건너갔을 것이다. 하지만 오늘날에는 많은 장애물과 고층 건물들 때문에 그런 비행이 불가능할 것이다. 무엇보다 먼저, 시카고의 시어스 타워에서부터 걸린다. 전망과 방어를 위한 미래파적인 이 초고층 빌딩은 어쩌면 풍선을 대서양으로 되돌려 보낼지 모른다.

미국에서 초고층 빌딩이 확산된 것은 그 나라의 존재를 상징한다. 전체의 8분의 7이 감춰져 있는 빙산과 달리 초고층 빌딩은 전체의 10분의 9가 지상에 올라와 있고, 그것은 곧 세계 속 미국의 위상과 개방성을 드러낸다. 미국에서는 거의 모든 것들이 겉으로 드러나고, 겉으로 드러나지 않는 것은 중요하지 않다. 그러므로 조심성 있는 기장이라면 463미터 높이로, 다시 말하면 시카고에서 가장 높은 건물 위로 풍선의 고도를 조종해야 할 것이다. 그 정

도 고도라면 뚫고 나가야 할 장애물도 없을 것이며, 바람을 이용해 미국에서 그 다음으로 높은 건물인 엠파이어스테이트 빌딩과 크라이슬러 빌딩으로 가볼 수도 있을 것이다.

시어스 타워와 마찬가지로, 이 두 건물은 비즈니스 세계를 위한 것이며, 미국의 진취성과 근면성의 금자탑이라고 할 수 있다. 수직으로 높이 솟아오르고자 하는 욕망과 최고의 초고층 빌딩을 지으려는 경쟁심은 부분적으로는 맨해튼이라는 작은 섬에서 시작되었다. 그러나 곧 뉴욕뿐만 아니라 어디서든 초고층 빌딩의 높이는 부의 부산물이며 돈의 위력을 보여 주는 가시적인 증거이자 상징이 되었다. 그러나 이런 건물들의 그렇고 그런 웅장함은 두 가지 부정적인 특성을 지닌다. 그 하나는 투명한 유리 파사드를 통해 내부를 다 들여다볼 수 있다는 점이고, 또 하나는 지나치게 높아서 도시 생활과 너무 멀리 떨어져 있다는 것이다. 힘차게 약동하는 메트로폴리스가 그들의 발치에서는 작은 물체들이 늘어서 있는 광경에 불과하기 때문이다.

풍선의 고도를 낮춰서 센트럴 파크 위로 날아가다가 보면, 바둑판 모양의 뉴욕에서 변칙적으로 생긴 둥그스름한 건물이 호기심을 자극할 것이다. 이것은 구겐하임 미술관으로, 전시 공간을 나선형 연속체로 휘감고 있는 잊을 수 없는 건축 형태를 하고 있다. 대서양을 향해 뉴욕의 상공에서 가상의 여행을 계속 하는 동안, 우리는 이 도시의 관문이자 상징이며 미국과 전 세계에 자유를 약속하는 중후한 자유의 여신상을 만나게 된다. 거기서 이스트 코스트를 따라 내려가다가 내륙으로 들어가면 포토맥 강이 나온다. 여기서 풍선의 가스를 좀 빼고 고도를 내리면, 고대 건축 양식과 형식을 최신 형식으로 옮겨 놓은 신고전주의적인 워싱턴의 국회 의사당 건물을 감상할 수 있다.

내륙으로 계속 들어가면, 풍선은 펜실베이니아의 숲 위를 지나가게 되고, 우리는 베어 런의 야생과 일체가 된 건물을 보게 된다. 이것은 프랭크 로이드 라이트가 설계한 세로 뼈대의 집, 폴링워터다. 이 건축가는 "…나는 땅과 우주의 아들인 미국에서 태어났다."(내추럴 하우스)라고 말했으며, 그것은 이 집의 특성인 자유와 보호의 속성을 말해 주고, 미국이라는 나라의 원래 이념들을 실천하는 가공의 '민주적인 건축'을 향한 출발점이 된다.

이 이념들 중 하나는 모든 사람이 행복을 열망할 수 있다는 헌법상의 권리다. 그 행복은 미술관의 인테리어같은 지성화된 행복일 수도 있고, 어쩌면 무대 행사가 만들어내는 참여적이며 일시적인 것일 수도 있다. 풍선을 타고 계속 가다보면 거대한 스포츠 스타디움이나 새천년에 지은 투명한 미술관에 마음이 끌릴지도 모른다.

저 멀리 서쪽으로 가면 금문교라는 거대한 주황색 구조물을 만나게 된다. 단호한 미국 토목 공학의 산물인 이 다리는 콜럼버스가 찾으려 했던 동양으로 가는 길을 따라 태평양을 건너는 시발점이 될 것이다. 이것은 미국의 위대한 건축물들을 둘러본 가공의 여행이었다. 미국의 역사와 의미는 "미국은… 모든 인류를 위해 계획된 나라로, 최종적이며 가장 위대한 인간의 꿈을 대변한다. — 그렇지 않으면 아무것도 아니다"라고 한 스코트 피츠제럴드의 말에 잘 나타나 있다.

알레산드라 카포디페로

249. (왼쪽) 전 세계인이 다 알고 있는 자 유의 여신상은 1886년 뉴욕에 세워졌다.   249. (중앙) 샌프란시스코에 있는 금문교는 1937년 이후 해협의 파도와 싸우고 있다.   249. (오른쪽) 미래파적인 차양 '브리즈 솔레이유'가 밀워키 미술관 위에 펼쳐져 있다.

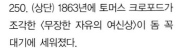

250. (상단) 1863년에 토머스 크로포드가 조각한 〈무장한 자유의 여신상〉이 돔 꼭 대기에 세워졌다.

250. (하단) 루이지 페르시코가 설계한 국 회의사당 팀파눔의 비유적인 형상은 1959 ~1960년에 복제품으로 교체되었다.

미 국회의사당

워싱턴DC, 미국

미국의 신고전주의 건축을 대표하는 워싱턴DC의 국회 의사당Capitol Hill은 확고부동한 권력을 상징하는 건축물이다. 그 러나 건설중에 일어난 사건들의 결과로, 이것은 어떤 건축적인 유 사성을 특징으로 한다. 상하원과 연방 대법원이 소재하는, 시각적 으로 강렬한 인상을 주는 이 거대한 백색 대리석 건물은 몰의 동쪽 끝 언덕에 자리 잡고 있다.

전체 건물 위에 높이 솟아 있는 반구형 돔은 등거리 원주의 고상 부에 올라가 있는데, 이탈리아의 건축 비평가 브루노 제비는 이것 을 "시민의 평등을 규정하는 지고한 법의 상징"이라고 표현했다. 건설 부지를 선정하고 프랑스인 피에르 샤를르 랑팡에게 연방의 새 수도 도시 계획을 위임한 지 2년이 지난 1792년에 피에르는 이 일 에서 물러났다.

그 당시 유행했던 그리스 복고 양식을 옹호하던 국무장관 토머 스 제퍼슨은 국회의사당 설계를 공모에 부칠 것을 제안했다. 17개

의 설계도가 제출되었지만 공모전은 당선작 없이 막을 내렸다. 공 모전이 완전히 끝난 그 해 10월, 스코틀랜드의 의사 겸 아마추어 건 축가인 윌리엄 손턴은 설계도를 제출해도 좋다는 허락을 받고 자신 의 설계도를 낸다. 그의 설계는 개념상 팔라디오 양식으로 낮은 돔 지붕이 달린 원형의 중앙 본체와 상원과 하원을 위한 대칭되는 직 사각형 건물 두 채로 구성되어 있었다. 1793년, 연방건축위원회와 워싱턴 대통령의 승인을 받아 그의 설계도가 채택되고 곧 공사가 시 작되었다.

최초의 장기 공사는 1828년에 끝났다. 시공이 이렇게까지 지연 된 것은 건물이 단계적으로 완공된 탓도 있지만, 그보다 비전문가 인 손턴과 그를 돕던 건축가들(…) 사이의 조화롭지 못한 협력 체 제 때문이었다. 손턴 외 다른 건축가들은 설계를 수정하며 여러모 로 새로운 시도를 했으나 프로젝트를 실행함에 있어 한계를 벗어나 지 못하고 불협 화음을 만들어낸 것이다.

1850년에서 1868년 사이에 별관과 철제 돔의 증축과 같은 중요 한 확장 계획과 원 설계의 대대적인 수정이 도입되었다. 이것은 토 머스 U. 월터와 결국에는 에드워드 클라크에 의해 조정된 5가지 다 른 제안의 결과였다.

1863년에 토머스 크로포드가 조각한 〈무장한 자유의 여신상〉이 돔 꼭대기에 세워졌다. 이것은 장기간의 공사가 말해 주듯이 시민 의식과 강렬한 애국심을 잘 표현해 주고 있는 듯하다.

마리아 로라 베르길리

250-251. 지금은 단순히 'hill(언덕)'이라고 부르지만 18세기에는 젠킨스 힐이라고 알려졌던 몰의 동쪽 끝에 국회의사당이 자리 잡고 있다. 의사당 연못에 비친 견고한 흰색 대리석 건물과 웅장한 돔은 19세기(특히 1851년과 1868년 사이)와 최근 1962년에 개보수된 것이다.

251. (하단) 국회의사당의 박공벽 조각에 미국의 농촌이 신고전주의 양식으로 표현되어 있다. 농부, 목수, 노동자의 모습이 보인다.

252. 조상 홀(위)은 과거에 하원으로 사용됐던 곳으로 지금은 저명한 시민들의 조상이 전시되어 있다. 아래 채광창에 있는 〈워싱턴의 승천〉은 코스탄티노 브루미디의 작품이다.

253. 국회의사당 중앙 출입구의 주랑 현관은 1980년대까지 미합중국 대통령의 취임식 무대였다. 지금은 취임식 무대가 더욱 매력적인 서쪽 정면으로 옮겨졌다.

자유의 여신상

뉴욕, 미국

254. 미국의 상징인 자유의 여신상은 프랑스 국민이 미국인들에게 주는 선물이었다. 여신상 건립을 제안했던 에두아르드 라불레는 이 여신상이 '세상을 밝히는 자유'를 보여 준다고 생각했다.

255. (상단) 프레데리크-오귀스트 바르톨디는 1834년에 콜마르에서 태어나 1904년에 파리에서 세상을 떠났다. 유명한 조각가인 그는 자신의 고향에 많은 조상을 세웠으며, 뉴욕을 위해 라파예트 후작의 조상을 만들었다. 그것은 현재 유니온 광장에 있다.

255. (하단) 1875년에 리처드 모리스 헌트가 완성한 여신상의 발판은 프리즈로 장식된 콘크리트 벽돌과 마름돌 대좌, 화강암과 콘크리트로 만든 신고전주의 양식의 로지아로 구성되어 있다.

신세계의 상징인 자유의 여신상The Statue of Liberty 은 뉴욕 항의 리버티 섬에 있다. 이것은 1885년에 미국의 독립 100주년을 기념해 프랑스가 미국에 기증한 것이다.

자유의 여신상은 젊은 여인이 길게 늘어뜨린 옷을 입고, 뿔이 7개 달린 왕관을 쓰고, 오른손에 횃불을 들고 서 있는 형상이다. 여인의 발치에는 노예 상태에서 해방되었음을 알리는 부러진 쇠사슬이 있고, 왼손에는 미국이 영국에서 독립된 날인 1776년 7월 4일이라고 새겨진 독립선언서가 들려 있다.

자유의 여신상은 프레데리크-오귀스트 바르톨디의 작품이다. 그는 1875년에 테라코타 모형으로 작업을 시작했으며, 그 후 45미터 높이의 목조 모형을 만들어 금속판을 입혔다.

작업이 끝났을 때, 이 거대한 조상은 대형 궤짝 214개에 나뉘어져 뉴욕으로 운송되었다. 하지만 강한 바람 때문에 거대한 상을 조립하는 데 문제가 생겼다. 바르톨디는 엔지니어인 구스타브 에펠에게 도움을 요청했고, 에펠은 이 조상을 위해 내부 골조를 설계했다. 하중을 분담하는 축을 형성하는 4개의 수직 각주가 수평 및 대각선 경사 보와 교차하면서 그물 구조를 이루었다. 45미터 높이의 별 모양 발판은 건축가 리처드 모리스 헌트가 설계한 것으로 화강암으로 강화한 콘크리트로 만들어졌다.

1983년에는 비바람에 시달리면서 생긴 손상 부위를 수리하는 자유의 여신상 복원 작업이 시작되었다. 대부분의 손상은 금속이 빗물과 결합하면서 생긴 전해 반응이 원인이었다. 또한 횃불에 빗물이 들어가 손상이 생기기도 했다. 새로 제작한 스테인리스 스틸 각주로 많은 내부 핀을 교체했지만, 여신의 옷을 복원하는 작업은 훨씬 광범위한 수리를 필요로 했다.

플라미니아 바르톨리니

256-257, 256. (하단) 자유의 여신상은 세계 7대 바다를 나타내는 7개 뿔이 달린 왕관을 쓰고 있고, 자유를 상징하는 횃불을 들고 있다. 왼손에 미국이 영국에서 독립한 날짜인 1776년 7월 4일이 새겨진 독립선언서를 들고 있다.

257. (상단) 자유의 여신상은 1885년에 350개 덩어리로 분리되어 대형 궤짝 214개에 나뉘어져 뉴욕으로 운송되었다. 이것은 업퍼 뉴욕 항에 있는 작은 섬에 내려졌고, 이 섬은 나중에 리버티 섬으로 알려지게 되었다.

257. (중앙) 45미터의 이 조상을 세우기 위해 조각가 프레데리크-오귀스트 바르톨디는 엔지니어인 구스타브 에펠에게 철과 강철을 소재로 하고 엠보스 가공한 구리로 만들어진 지지틀을 요청했다.

257. (하단) 1878년 파리 만국 박람회 때 잠시 자유의 여신상을 볼 수 있었다. 이것은 파리에서 네 달 만에 조립되었으며, 1886년 10월 28일에 정식으로 제막되었다.

259. 베르텍스는 1930년에 완공된 알루미늄을 입힌 첨탑이다. 첨탑 꼭대기에는 '클라우드 클럽'이라는 회원제 클럽이 있는데 이곳은 미국 최고의 기업가들이 만남을 가지는 장소로 이용되고 있다.

크라이슬러 빌딩

뉴욕, 미국

258. (상단) 월터 퍼시 크라이슬러(1875-1940년)는 1925년에 자동차 회사인 크라이슬러 사를 창업하고, 한창 전성기 때 성공의 기쁨을 기념하기 위해 초고층 빌딩을 지었다.

258. (하단) 크라이슬러 빌딩은 제2세대 초고층 빌딩이며, 높이 319미터로 이 건물의 준공 직후에 엠파이어스테이트 빌딩이 완공되기 전까지 세계 최고의 초고층 빌딩이었다.

월터 퍼시 크라이슬러는 자수성가한 미국인의 전형이었다. 그는 단순 기계 숙련공에서 미국 자동차 산업의 귀족으로 성장해 뉴욕에 크라이슬러 빌딩을 건설할 정도로 부를 축적했다. 크라이슬러는 그 시대의 진취적 기상에 발맞춰, 대공황 때 부동산 개발업자인 윌리엄 H. 레이놀즈가 시작한 투기사업을 위해 토지 임차권과 건축 설계도를 매입했다.

그는 현대 사회의 위대함을 찬미하고 다른 빌딩과 높이를 경쟁할 수 있는 상징적인 초고층 빌딩을 맨해튼 한복판에 건설하고 싶었다. 1930년 이 건물The Chrysler Building 의 완공으로 크라이슬러는 자신의 꿈을 실현할 수 있었다. 독특하고도 혁신적인 홀쭉한 첨탑 덕분에 세계 최고의 초고층 빌딩(319미터)이라는 영예도 안았다. 하지만 그 기록은 같은 해 말 맨해튼 은행에 빼앗기고 만다.

윌리엄 반 알렌이 설계한 이 빌딩은 건축 구조와 장식적인 디자인을 양식화한 결과물로 미국에서 아트 데코를 가장 성공적으로 해석한 건축물의 하나다. 세월이 흘러도 이 건물의 선풍적인 현대성은 퇴색하지 않았다. 그것은 하늘을 찌를 듯이 높이 치솟은 첨탑과 건축상의 형태, 장식상의 절묘한 디테일, 외장재로 강철이라는 혁신적인 소재를 사용한 것 등에서 잘 표현되었다.

중앙 타워의 추력은 머큐리신이 쓰고 있는 날개 달린 모자를 닮은, 거대한 라디에이터 뚜껑처럼 생긴 4개의 금속성 모퉁이 장식물과, 자동차 바퀴와 펜더로 장식된 건물 외관을 둘러싼 프리즈에 의해 31층에서 강조된다. 양식화된 독수리 머리 형태를 한 8개의 강철 괴물상이 61층에 위협적으로 돌출해 있다. 삼각 창문과 방사상 금속판으로 장식된 첨탑은 자동차 라디에이터의 그릴을 닮았다.

크라이슬러 빌딩은 개관하고 처음 몇십 년 동안은 뉴욕의 미드타운 위에 독보적으로 우뚝 솟아 있었다. 또한 그 독특한 구성 요소와 자동차 표지는 크라이슬러 사의 우월성을 상징하는 동시에 개인과 돈이 가지는 위력, 승리를 수사적으로 보여 주었다. 브루노 제비가 말했듯이, 크라이슬러 빌딩은 실제로 "주변의 건물들을 그늘지게 했다".

베아트릭스 헐링/마리아 로라 베르겔리

The Chrysler Building

260. 거대한 자동차 그릴과 닮은 아트 데코풍 베르텍스는 방열판이 달린 발생기 별처럼 생겼다. 여기에서 별은 크라이슬러 사였다.

261. (상단) 크라이슬러 빌딩의 내부는 아트 데코풍으로 눈에 띄게 장식되어 있다. 예를 들어 엘리베이터 문은 전 세계 각지에서 가져온 여덟 가지의 목재로 꾸며져 있다.

261. (하단) 30층의 프리즈는 자동차 바퀴와 펜더 모양으로, 그리고 모퉁이는 거대한 라디에이터 뚜껑 모양으로 되어 있다. 61층에는 독수리 머리 모양을 한 강철 빗물받이 8개가 허공을 향해 위협적으로 돌출해 있다.

엠파이어스테이트 빌딩

뉴욕, 미국

엠파이어스테이트 빌딩 The Empire State Building은 뉴욕과 미국 문화의 상징물이다. 킹콩이 헬리콥터와 사투를 벌였던 1933년의 인상적인 영화 장면에 나오는 초고층 빌딩이 바로 이 건물이다.

제너럴 모터스 사의 부사장이자 이 건물의 주요 건물주였던 존 제이콥 라스콥은 크라이슬러 빌딩보다 더 높은 초고층 빌딩을 짓겠다고 월터 크라이슬러(크라이슬러 빌딩의 건물주)에게 도전장을 던졌다.

맨해튼 한복판에 있는 이 거대한 건물은 원래 월도프-아스토리아 호텔이 있던 자리에 우뚝 솟아 있다. 공사는 1929년 10월 월스트리트 크래시가 발생하기 몇 주 전에 시작되어, 인력 1만 9,000명이 동원된 가운데 18개월 만에 끝났다. 평범한 건축 스타일과 심각한 경제 위기는 설계사들이 예상했던 것보다 낮은 비용을 의미했지만, 1931년에 이 건물이 준공되었을 때 공간의 절반만이 임대되어 '엠티 스테이트 빌딩(빈 상태의 건물이라는 뜻)'이라는 별명이 붙기도 했다. 그러나 이 건물은 크라이슬러 빌딩보다 60미터 더 높아 세계 최고의 초고층 빌딩으로 기록되었다.

102층이나 되는 이 거대한 건물의 특징은 맨 아래 6개 층을 망라하는 당당한 기단이다. 건물이 25층, 72층, 81층 순으로 올라가면서 점점 폭이 줄어든다. 건물 꼭대기에는 완전히 금속으로만 된 높이 60미터의 안테나가 있는데, 이것은 원래 비행선 정박지로 설계되었지만 라디오와 텔레비전 신호를 수신하는 수신탑으로 사용되었다.

엠파이어스테이트 빌딩은 높이 442미터로 1970년대까지 세계에서 가장 높은 건물이었다. 사용 가능 총면적 51.6에이커, 총용적 105만 세제곱미터라는 점을 생각하면, 미국적 신화를 상징하는 이 건물의 규모를 이해할 수 있을 것이다. 최상부 30개 층에는 저녁 9시에서 자정까지 환경에 따라 색채가 다른 필터가 달린 강력한 스포트라이트가 비친다.

또 한 가지 중요한 사실은 이 건물이 일반인들에게 전망대를 개방한 최초의 초고층 빌딩이었다는 점이다.

구글리엘모 노벨리

262. (상단) '패자' 크라이슬러 빌딩을 왼쪽에 두고, 인부들이 엠파이어스테이트 빌딩을 더 높게 짓는 일을 계속하고 있다.

262. (하단) 최후의 몇 미터. 비행선 정박지로 예정되어 있는 구역이 막 완공되는 모습을 밑에서 찍었다.

263. 442미터 상공의 라디오와 텔레비전 수신 안테나가 이 건물을 짓는 데 들어간 벽돌 1,000만 장 위에 하늘을 찌를 듯이 높이 솟아 있다. 이 우아한 건물은 위로 올라갈수록 점점 폭이 좁아진다.

264-265. 위에서 보면 이 건물의 '망원경' 형태를 쉽게 볼 수 있다. 수직으로 늘어선 창문이 이 건물의 수직성을 높여 준다.

265. (상단 왼쪽) 엠파이어스테이트 빌딩은 설계 당시의 낙관론을 환기시키지만, 그런 자신감은 오래가지 못했다. 이 건물이 완공된 1931년에 미국은 대공황을 맞이했다.

265. (상단 오른쪽) 이 건물의 로비에 들어가면 화려하게 금박을 입힌 건물 모형을 볼 수 있다. 이 모형에서는 건물 꼭대기가 세상을 비추는 등대로 표현되어 있다.

265. (하단) 석양이 뉴욕의 상징물을 비출 때면, 창문 6,500개(총 면적 2,000제곱킬로미터가 넘는다)가 눈부신 빛을 발하며 엄청난 장관을 연출한다.

The Empire State Building

폴링워터

오하이오파일, 미국

브루노 제비가 '사상 최대 걸작 가운데 하나'라고 불렀던 이 세련된 주택Fallingwater은 피츠버그 출신의 부유한 사업가 에드가 카우프만이 프랭크 로이드 라이트에게 설계를 위임하여 지었다.

1934년 펜실베이니아 베어 런의 아름다운 숲에서 공사가 시작되어 1937년에 끝났다. 부지에 급류가 흘러가는데 이것이 일정 지점에 이르면 작은 폭포가 된다.

이 집은 하중을 견딜 수 있도록 바위에 고정시킨, 눈에 띄는 돌담을 중심축으로 하며, 이 돌담에서 콘크리트 테라스가 폭포를 향해 돌출해 있다. 구성상 수평선이 지배적이다. 라이트는 이 테라스를 '몸통에서 뻗은 나무 가지'라고 정의한다.

작은 다리를 건너 이 집의 후면과 돌담 사이의 좁은 통로를 지나가면 실내로 들어가는 작은 출입구가 나온다. 이 출입구는 넓고 환한 거실과 연결되고, 거실 바닥에 튀어나온 바위가 바깥의 자연 풍경을 환기시킨다. 거실의 초점은 미국 변경 생활에서 전형적으로 볼 수 있는 벽난로로, 그것을 중심으로 이 집의 나머지 공간들이 펼쳐진다.

위대한 미국인 건축가 라이트는 다양한 방과 활동 공간을 독

266-267, 266. (하단) 폴링워터는 펜실베이니아의 숲을 배경으로 일본 건축 양식에서 직접 영감을 얻은 '자연적인' 수평 차원을 강조한다.

267. (상단) 1938년에 찍은 프랭크 로이드 라이트의 사진이다.

267. (중앙과 하단) 넓은 공간과 자연적인 소재에서 알 수 있듯이, 폴링워터의 실내도 외관과 마찬가지로 자연과 조화를 이룬다.

특한 방식으로 배치했다. 거실은 폭포를 바라볼 수 있도록 남향이고, 그 양쪽으로 동쪽에는 출입구가, 서쪽에는 주방이 있다. 북쪽에는 계단과 식당이 있다. 지하실에는 보일러실과 창고가 있는 작은 방이 있다. 2층에는 침실과 욕실이 있고, 동쪽에서 서쪽으로 가면서 점점 크기가 줄어들어 북쪽으로 돌출해 있는 거실과 균형을 이룬다.

이 놀라운 건물은 그 당시 이용할 수 있었던 가장 현대적인 자재(콘크리트, 철, 유리)로 지었다. 모든 자재들은 아름다운 자연환경과 완벽한 조화를 이룬다. 폭포는 확실히 자연과 건축물의 통합을 보여 주는 가장 좋은 예다. 주변 환경을 향해 돌출한 부분의 입체감은 건물과 자연환경 간에 일정한 상호 관입성을 만들어낸다. 실내로 들어가는 수직 벽의 각석은 자연과의 관계를 말해 주고, 대형 창문은 이 건물의 경계를 모호하게 한다.

이 건물의 야심적인 요소는 본질적으로 인공 조형물을 자연과 공생할 수 있게 배치한 점이다. 이 집은 자연환경 속에서 자연스럽게 자란 것처럼 그 속에 '살고 있다.' 색채까지도 바위와 흙과 나무와 조화를 이루도록 선택되었고, 창문과 문틀은 낙엽과 동일한 색이다.

높이 4.8미터의 폭포 위에 강화 콘크리트로 테라스를 지은 것에서 볼 수 있듯이 이 건물은 공법상으로 시대를 훨씬 앞서가는 것이었다. 그러나 구조상 테라스는 처음부터 문제를 일으켰고 대대적

으로 보수해야 했다. 물론 그 당시에는 강화 콘크리트를 사용하는 공법은 잘 알려지지 않았다.

폴링워터는 최근에 구조 복원 공사를 해서 파괴를 막을 수 있었다. 지금은 무너질 염려가 없어져서 미술관이 딸린 이 집을 다시 방문할 수 있게 되었다.

이 창의적인 건물은 유기적 건축의 유형성을 추구하는 수많은 건축가들을 매혹시키며 그들에게 영향을 주었다. 이것은 분명히 건축과 자연의 통합, 나아가 자연의 '연장'을 보여 주는 가장 대표적인 예다.

구글리엘모 노벨리

269. 양쪽 해안 간의 거리, 해저의 불안 정성, 잦고 험한 조류와 거센 해류 때문에 금문교를 건설하는 데에는 많은 어려움이 있었다.

268. 1930년대에 찍은 이 세 장의 사진은 금문교 건설의 '개척' 분위기를 환기시킨다. 모형을 검사하는 장면, 진행 중인 작업, 케이블과 외바퀴 손수레를 볼 수 있다.

금문교

샌프란시스코, 미국

"마침내 위대한 임무를 끝냈다." 이것은 금문교The Golden Gate Bridge를 설계하고 건설했던 토목기사 조셉 바에르만 스트라우스가 1937년 5월, 금문교를 완공하고 쓴 축시의 문장이다. 금문교 공사는 새로운 시대의 막을 열었으며, 개통식을 한 이틀 동안 수많은 사람과 차량이 이 다리를 건넜다. 태평양에서 샌프란시스코 만으로 들어오는 관문인 넓고 험한 금문 해협에 다리를 건설하자는 제안이 처음 나온 것은 1872년의 일이었다. 이것은 난관이 예상되면서도 매력적인 사업이었다.

1916년 〈샌프란시스코 콜 불리틴San Francisco Call Bulletin〉의 편집자는 "샌프란시스코 만을 건너는 다리는 여러 지점에 지을 수 있다. 하지만 그 사업은 오직 한 지점에서만 광범위한 이익을 가져올 수 있다. 그것은 바로 금문 해협이다"라는 기사를 발표해 언론 캠페인을 주도했다. 사람들은 이 사업에 다시 관심을 모았다.

스트라우스는 다리를 짓는 데 필요한 기술적, 금전적 자원을 확보하는 데 많은 어려움을 겪었다. 이 일은 당시 토목공학 능력의 한계 밖에 있었으며 경제적으로 위험성이 높다고 생각되는 사업이었다. 그는 설계사로서 자신의 경험과 기술을 살려 2년 만에 예비 설계도와 함께 그 사업의 가능성과 한정된 비용 추정치를 지지하는 주장을 내놓았다. 이 사업에 필요한 자금 조성을 책임진 스트라우스는 시 행정부를 설득해 1928년에 '금문교 및 간선도로 구'를 설

270-271. 인부 두 명이 지지봉을 금문교의 특징인 주홍색으로 칠하고 있다. 샌프란시스코, 알카트라즈, 마린 헤드랜드를 망라하는 세계 최고의 장관이라 할 수 있는 풍경은 자동차 운전자들만이 아니라 자전거를 타는 사람과 보행자들도 함께 볼 수 있다.

270. (하단) 샌프란시스코 쪽에 있는 금문교의 두 타워는 높이가 해발 226미터다. 타워 정상에 매달려 있는 2개의 거대한 강철 케이블은 사상 최대 굵기(직경 90센티미터)다. 거기에 매달려 있는 수천 개의 지지봉이 다리의 차도를 지탱한다.

The Golden Gate Bridge

271. 차도와 연결된 금속 케이블과 다리를 받치는 철골조를 자세히 보여 주는 이 2장의 사진은 금문교의 엄청난 규모를 말해 준다. 타워의 거대한 구조물과 개성 있는 색상 덕분에 금문교는 세계에서 가장 유명한 현수교가 되었다.

치하는 데 성공했다. 이 행정 구역은 대공황이라는 어려운 시기에 조직과 금전적 지원을 확보하는 데 결정적인 역할을 했다.

결국 1930년에서 1932년 사이에 3,500만 달러 상당의 채권을 발행해 조성한 자금으로 1933년에 공사를 시작했다. 그리고 불과 4년 만에 온갖 지리적 난점들을 극복하고 '지을 수 없었던 다리'를 완공했다. 관련 당사자들 간의 엄청난 이해 차이와 회의론자들의 독단적인 평가에도 불구하고, 스트라우스가 꿈꾸었던 다리는 마침내 실현되었다. 일단 현수교 개념이 완성되자, 어빙과 거트루드 모리슨의 원 설계는 우아하고 세련된 아트 데코풍의 구조물로 노련하게 수정되고 변경되었다.

총 길이 2,737미터 가운데 중앙 구간이 1,280미터고 양쪽 끝 구간이 342미터씩 차지한다. 위로 올라갈수록 폭이 좁아지는 타워 2개가 해발 227미터 높이에서 차도가 매달려 있는 2개의 거대한 케이블을 지탱한다. 이 케이블은 다리 양쪽 끝에서 육중한 받침대에 고정된다. 각 케이블은 밧줄 92가닥으로 되어 있고, 각 밧줄은 철사 27,572개로 이루어져 있다.

다리의 개별적인 부분보다는 샌프란시스코 만의 풍경 속에 완벽하게 삽입되는 전체적으로 조화로운 디자인이 돋보인다. 태평양 상에 매달려 있는 굽이진 주홍색 아크와 더불어 금문교의 이미지는 샌프란시스코의 상징인 동시에 전 세계인의 것이기도 하다.

마리아 로라 베르갤리

272-273. 경제적인 어려움과 동시대인들의 회의적인 시각에도 불구하고 스트라우스는 원 설계에 충실하게 금문교 공사를 끝냈다. 샌프란시스코 만은 안개로 유명하기 때문에 미 해군은 지나가는 선박들이 한층 뚜렷하게 볼 수 있도록 다리를 검정색과 노란색으로 칠하라고 제안했다.

274. (왼쪽 상단) 넓고 환한 시어스 타워의 로비는 건물주의 요구에 맞춰 설계된 몇 개 층 높이의 내부 공간으로 연결된다.

274. (왼쪽 중앙) 서로 높이가 다른 시어스 타워의 여러 구조물이 시카고의 스카이라인을 배경으로 우뚝 서 있다.

시어스 타워
시카고, 미국

시어스 타워The Sears Tower는 건축가 브루스 그레이엄과 엔지니어 파즐러 칸의 합작품이다. 높이 443미터에 110층으로 이루어진 이 건물은 세계 최고의 초고층 빌딩 중 하나이다. 트윈타워보다 높아서 1974년에서 1997년 사이에 세계 최고의 초고층 빌딩이라는 기록을 보유하고 있다가, 콸라룸푸르의 페트로나스 타워에 기록을 빼앗기고 말았다. 지금까지 계산된 높이(443미터)는 건물의 중요한 구성 요소인 텔레비전 안테나를 포함하지 않았기 때문에 시어스 타워의 실제 높이는 아직도 논란의 대상이 되고 있다. 따라서 세계 최고의 초고층 빌딩이라는 타이틀이 실제로 어느 빌딩의 것인지는 의문으로 남아 있다. 그러나 시어스 타워가 사람이 거주하는 층까지의 높이나 옥상까지의 높이 등 두 가지 측면에서 시카고에서 가장 높은 건물이라는 사실만은 분명하다.

높이가 다른 몇 개의 타워 '집단'에 바탕을 둔 이 건물의 골조는 그레이엄이 다른 초고층 빌딩에 사용했던 혁신적인 구조 공법으로 만들어졌다. 타워 본체가 관 모양의 대형 타워 9개와 보 및 원주가 굵은 그물처럼 얽혀 있는 벽으로 구성되어 있다. 타워 9개 중 2개는 49층까지만 올라가고 나머지는 계속 뻗어 올라간다. 그 중 일부는 64층과 90층에서 각각 멈추고, 2개만이 건물 꼭대기까지 올라간다. 그 결과는 놀랍다. 다른 각도에서 봤을 때 형태가 다르면, 지극히 현대적인 초고층 빌딩도 우아할 수 있음을 드러내기 때문이다.

그뿐 아니라 몇 개의 타워 '집단'에 의해 형성된 건물은 바람의 도시인 시카고에서 그 건물이 받는 맹렬한 난타를 견딜 수 있도록 내구성을 강화한다는 기능상의 특별한 목적도 가지고 있다. 각 타워가 한두 개 면만이 풍압에 노출되기 때문에 풍력에 더 잘 견딜 수 있다는 것이다. 그러나 이 건물의 가장 큰 특징 중 하나는 바람이 특히 심하게 부는 날에 생기는 진동이다. 1985년에 타워 정상에 문을 연 스카이덱 파빌리온에 올라가면, 미시간 호와 일리노이, 인디애나, 위스콘신의 아름다운 푸른 평지 풍경을 내려다볼 수 있다. 주로 사무실용으로 계획된 시어스 타워에는 매일 예상 인원보다 두 배나 더 많은 2만 5천 명이 드나든다.

마리아 로라 베르겔리

274. (왼쪽 하단) 시어스 타워는 100개 층에 걸쳐 세계에서 가장 많은 개인 사무실을 가지고 있다. 관 모양의 다단계 구조물로 이루어진 골조는 한 변의 길이가 22.8미터인 사각형 구간을 가지고 있고, 외관은 구릿빛 유리로 치장되어 있다.

274. (오른쪽) 하중을 견딜 수 있는 관 모양의 타워 9개 중에서 2개만이 건물 꼭대기까지 올라간다. 건물 꼭대기의 안테나가 건물의 높이를 더 높여 준다.

275. '인간을 위한 타워'가 되도록 설계된 시어스 타워의 총면적은 37만 6,000 제곱미터로 일련의 고속 엘리베이터가 운행된다.

루이지애나
슈퍼돔

뉴올리언스, 미국

미 환경디자인대학University School of Environmental Design의 제럴드 맥린턴 학장은 뉴올리언스New Orleans의 스타디움(슈퍼돔)을 사상 최대의 기능성을 갖춘 공공건물이라고 표현했다. 이 건물은 1971년에 착공되어, 그로부터 정확하게 4년 후인 1975년 8월에 정식으로 개관했다.

슈퍼돔은 27개 층에 전체 높이 83미터 총면적 13에이커에 이른다. 이 스타디움의 지붕은 사상 최대 규모의 철제 돔으로 되어 있다.

이 건물의 가장 흥미로운 특징은 다용도성이다. 원래 미식축구 챔피언십 결승전인 슈퍼볼을 위한 경기장으로 지어진 이 건물은 회의실 53개와 연회실 3개, 텔레비전 스튜디오도 갖추고 있다. 음악회, 각종 쇼, 무역 박람회, 대형 회의, 연극 공연 등 대규모 관중이 모이는 각종 행사의 개최지로 이용되기도 한다. 많은 유명한 아티스트들도 이곳에서 공연했다.

정면 관중석에는 각종 설비와 혁신적인 첨단 기술이 사용되었다. 음악 공연, 회의, 전시회, 슈퍼볼 중 어떤 행사가 열리느냐에 따라, 관중석은 스타디움의 해당 부분을 향해 움직이도록 장치되어 있다.

2대의 초대형 스크린(28.9×36.8미터) 덕분에 스타디움의 각 구간을 완벽하게 볼 수 있고, 지극히 세부적인 것도 포착할 수 있는 첨단 망원경 카메라 시스템도 구비되어 있다.

슈퍼돔은 램프를 통해 센터 몰, 하얏트 리젠시 호텔, 포이드라스 플라자 사무실 단지 등이 있는 상업 구역과 연결되고, 또 다른 2개의 램프를 통해 뉴올리언스 경기장(1999년 10월에 개장한 1만 8,500석의 경기장)과도 연결된다. 그 결과 슈퍼 돔은 뉴올리언스를 스포츠 및 문화의 중심지로 만들어 도시의 이미지를 높이는 데 이바지했다.

미래파적인 이 스타디움은 매력적인 관광지이기도 하다. 슈퍼 돔이 개장한 뒤 1.6킬로미터 이내에 있는 호텔의 투숙률이 180퍼센트나 증가했다는 보고가 있다.

마리아 로라 베르겔리

276. (하단) 돔은 높이 83미터, 직경 209미터의 철골조물로 지붕이 사상 최대 규모의 철재 돔으로 되어 있다.

277. 20세기 최대의 미래파 건물의 하나인 슈퍼돔은 4년이라는 기록적인 단기간에 완공되었다. 공사는 1971년 8월 11일에 시작되어 1975년 8월 3일에 끝났다.

276-277. 뉴올리언스(루이지애나 주)의 슈퍼돔은 세계에서 가장 유명한 스타디움 중 하나다. 비행접시 비슷하게 생긴 거대하면서도 탄탄한 형태의 이 건물은 1975년 8월에 개관한 이후로 스카이라인의 일부분이 되었다. 이것은 뉴올리언스를 스포츠와 문화와 각종 오락의 중심지로 만드는 데 이바지했다.

278. (상단), 278-279. 광섬유를 포함해 케이블 643킬로미터가 들어간 강력한 전기 설비가 스타디움에 필요한 모든 에너지를 공급한다. 조명(경기장 안팎), 2개의 시청각 패널(각각 28.9×36.8미터), 혁신적인 망원 시스템, 에스컬레이터 42대, 엘리베이터 14대를 비롯해 기타 모든 공공시설이 이 시스템을 통해 전력을 공급받는다.

279. (상단) 원래 슈퍼볼 경기를 위해 지어진 루이지애나의 슈퍼돔은 개관 이래 2002년까지 모두 여섯 차례 슈퍼볼 경기를 주최(기록)했을 뿐만 아니라 각종 행사장으로 이용되고 있다. 그 시설은 다용도성으로 잘 알려져 있어, 음악회와 무역 박람회 등 대규모 관중이 모이는 모든 행사에 이용된다. 대형 회의실과 녹음 스튜디오도 있다.

구겐하임 미술관

뉴욕, 미국

280-281. 미술품 전시를 위해 설계된 또 다른 미술품인 구겐하임 미술관은 관람객을 적극적으로 참여시키는 기능적인 형태를 이용해 전통적인 건축의 '수동성'을 극복하려는 프랭크 로이드 라이트의 시도를 보여 준다.

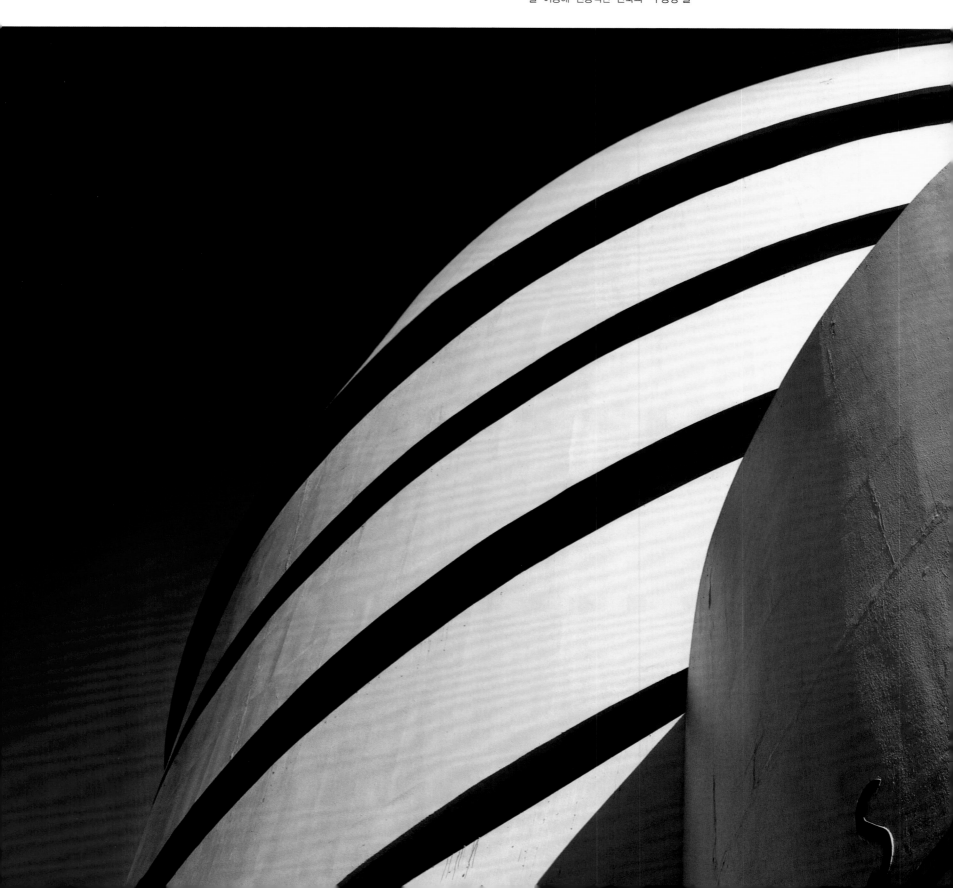

전 세계에서 가장 중요한 현대 미술관 가운데 하나인 뉴욕의 구겐하임 미술관은 세계적으로 몇 개의 미술관(빌바오, 베를린, 베니스 등)을 가지고 있는 솔로몬 R. 구겐하임 재단의 일부다. 1959년에 프랭크 로이드 라이트가 완공한 이 유명한 건물에서 열린 컬렉션은 프랑스 인상파에서 현대 미술에 이르기까지 가장 잘 알려진 모든 장르의 작품들을 망라한다.

건물 자체가 하나의 조각품이라고 할 수 있는 이 미술관은 라이트 건축의 시론을 가장 정통적으로 보여 주는 작품이라 할 수 있다. 그 개념은 근대 운동Modern Movement의 지시로부터 거리를 두고 건물에 '유기적' 성질을 불어넣는 것이다. 라이트는 건물의 기능성과 형태(자연계에서 일어나는 것 같은) 간에 변증법적 관계를 확립하고자 했다.

이 점에 대해서 이탈리아의 비평가 브루노 제비는 "기하학적인 관점이 아니라 조형적인 관점에서 라이트의 공간이 어떻게 단순한 기능으로 변해 자리 잡는지를 유의해 볼 필요가 있다"고 말한다.

건물은 밖에서 보면 뉴욕의 직교하는 바둑판 평면과 상충된다. 이런 사실은 뉴욕 시민들의 상상력을 자극해, 뱀, 토네이도, 웨딩 케이크, 스케이트보드 램프, 복층 주차장 등 그 미술관에 다양한 이름을 붙이게 했다. 그러나 초기의 이런 부정적인 반응은 곧 긍정적인 것으로 바뀌었다. 1층의 불쑥 튀어나온 만곡부는 조형적인 움직임을 만들어내서, 지나가는 사람들로 하여금 미술관 안으로 들어가 보고 싶다는 충동을 일으킨다.

외관과 내부는 미술관의 두 구역을 연결하는 다리 아래의 로지아를 통해 직접적인 관련을 맺는다. 외관의 역동적인 모습이 내부에서는 갤러리 벽에서 튀어나온 연속적인 나선형 통로가 만드는 상향 움직임으로 표현된다. 1층 중앙 베이(기둥과 기둥 사이)에서 시작하는

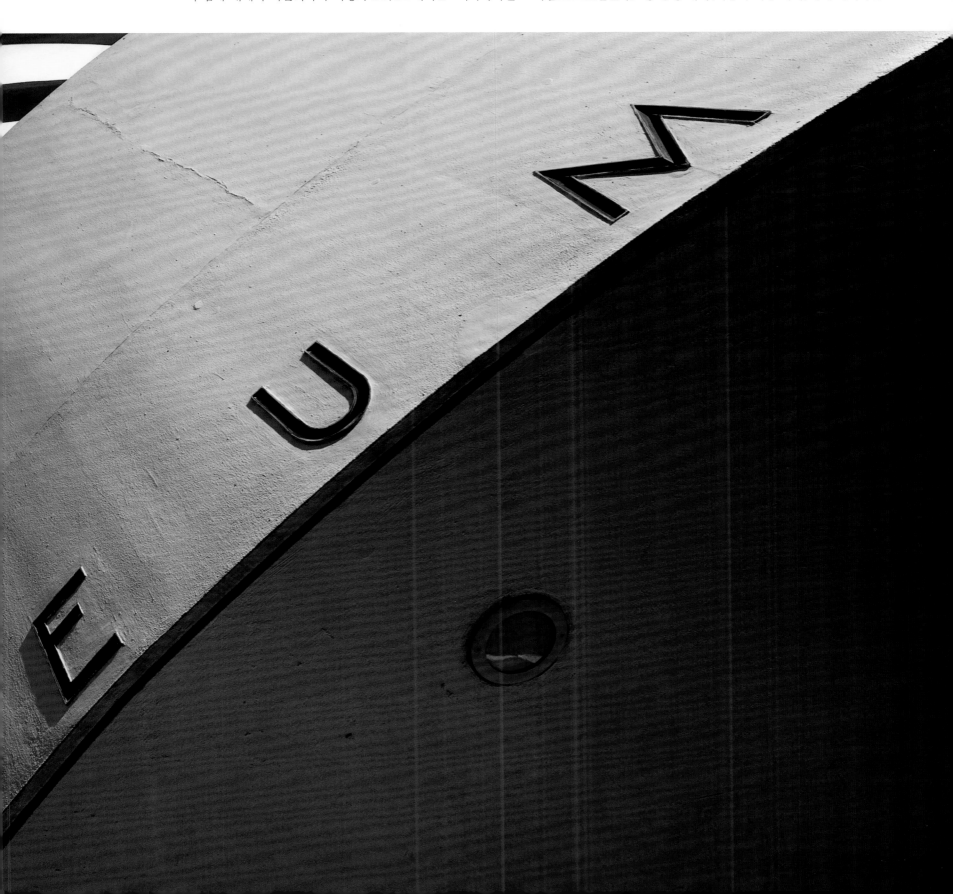

282, 283. (중앙) 거미줄처럼 생긴 창문이 달린 돔이 구겐하임 미술관 내부의 매력적인 '소라 껍데기' 형태를 비춰준다. 이런 형태는 미술관의 갤러리를 형성하는 나선형 통로에 의해 만들어진다.

283. (상단) 밖에서 보면 건물이 아래로 내려갈수록 좁아지는 것처럼 보인다. 나선형 통로를 따라 창문이 나 있는 이 건물의 외관은 처음에는 비난을 받았지만 지금은 널리 인정받는다.

283. (하단) 이 사진은 출입구와 나선형 통로의 교차점을 보여 준다. 전체적인 배치가 변화무쌍해 예측이 거의 불가능하다.

나선형 통로는 방문객들이 방해받지 않고 공간적 활력을 체험할 수 있게 해 준다. 나선형 통로의 연속성은 램프의 오목한 선이 볼록한 선으로 바뀌는 각 층의 엘리베이터 타워 근처에서 중단된다. 이 통로의 직경은 위로 올라갈수록 커져, 투명한 대형 돔을 통해 들어가는 빛이 중앙의 넓은 공간과 갤러리의 각 층을 골고루 비춘다. 나선형 통로를 따라 난 장식 창으로 들어온 빛은 여러 전시장을 밝히기도 한다.

라이트는 수동적으로 층을 겹쳐 놓는 전통적인 방식과 그 결과로 생기는 깔끔한 공간 구분을 거부하고 이 건물을 유기적으로 설계했다.

그는 관람객과 미술품의 관계에 주력했다. 꼭대기 층에서 시작해서 아래층으로 내려가도록 설계된 미술관의 관람 통로는 관람객에게 길을 안내할 뿐만 아니라 전시 작품 앞에 멈춰 서서 작품을 감상할 수 있게도 해 준다.

관람객이 어느 층에 서 있느냐에 따라 팽창하거나 축소되는 내부 공간은 다른 인식을 주기도 한다. 바깥에서 보면, 소라 껍데기처럼 생긴 이 건물이 어떻게 주변 초고층 건물의 단조로운 직선을 파괴했는지를 단번에 알 수 있다.

이것은 힐라 리베이(솔로몬 구겐하임의 미술 고문)가 라이트에게 "나에게는 전사, 공간을 사랑하는 사람, 선동가, 시험가, 그리고 지혜로운 사람이 필요합니다. …나는 기백의 신전, 기념비적인 존재를 원합니다"라는 편지를 보냈을 때 의도했던 바로 그것이었다.

구글리엘모 노벨리

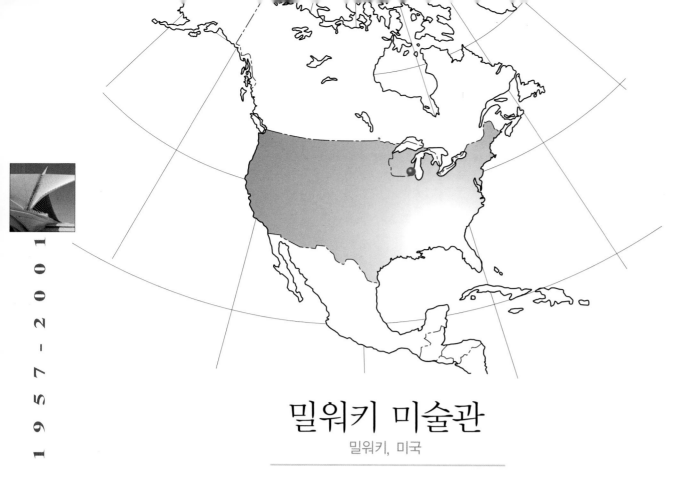

밀워키 미술관

밀워키, 미국

284. (상단과 하단) 거대한 고래의 꼬리 같기도 하고 미래파적인 선박의 선체 같기도 하다. 보는 이의 시각에 따라 콰드 라치 전시관은 다양한 모습으로 보인다. 서쪽에서 보면 전시관 출입구 위에 위스 콘신 애비뉴와 연결되는 현수교가 높이 떠 있다.

밀워키 미술관Milkwaukee Art Museum은 현대 건축의 가장 놀라운 예로서, 이 미술관의 역동적이면서도 장엄한 구조물 은 밀워키 부활의 상징이 되었다.

다양한 소재(유리, 카라라 대리석, 단풍나무, 콘크리트)와 호수 위의 아름다운 풍경 및 도시의 이색적인 파노라마 덕분에 미술관 자체가 한 점의 미술품으로 보인다.

현재의 구조물은 몇 단계에 걸친 결과물이다. 이 건물은 원래 2 차 세계대전 후에 전사자들을 추모하는 전쟁 기념관을 짓자는 여 론에서 시작되었다. 그로부터 몇 년 후에 미시간 호 기슭에 미술품 을 전시할 수 있는 공간과 함께 전쟁 기념관을 짓자는 결정이 내려 졌다.

건물의 설계는 핀란드의 건축가 에로 사리넨이 맡았고, 공사는 1955년에 시작되었다. 2년 후에 공사가 끝났을 때, 밀워키 미술 연 구소와 레이턴 아트 갤러리가 소장하고 있던 작품들이 한데 합쳐 져서 밀워키 아트 센트가 탄생했다.

1960년대에 페그 브래들리는 자신이 소장하고 있던 현대 미국 과 유럽의 미술품 600점 전부를 이 센터에 기증하고 건물을 확장 할 수 있도록 100만 달러를 기부했다.

새로운 프로젝트의 설계는 데이비드 칼러, 맥 슬레이터, 피츠휴 스코트 등 세 명의 건축가가 맡았고, 이들은 1975년에 극장, 교육 센터, 브래들리 갤러리라고 알려진 전시관을 증축했다.

밀워키 미술관MAM이라고 이름을 바꾼 1980년대부터 이 미술 관의 명성과 지위가 높아지기 시작했고, 관람객의 수가 연간 20만 명으로 늘어났다.

이런 인기에 힘입어 확장 공사가 필요하게 되었고, 이번에는 스 페인의 건축가 산티아고 칼라트라바가 설계를 맡았다. 이 복합 건 물의 진정한 매력이라고 할 수 있는 그의 작품은 2001년 5월에 준 공된 극적인 백색의 투명한 구조물 콰드라치 전시관이다. 이 경쾌 하고 역동적인 구조물은 유리로 만들어졌고, 상층부는 날개를 연 상시키는 '브리즈 솔레이유(Brise soleil, 차양)'라는 건축 형태로 되어 있다. 내부의 장치에 맞춰 만들어진 이 구조물은 아래위로 움

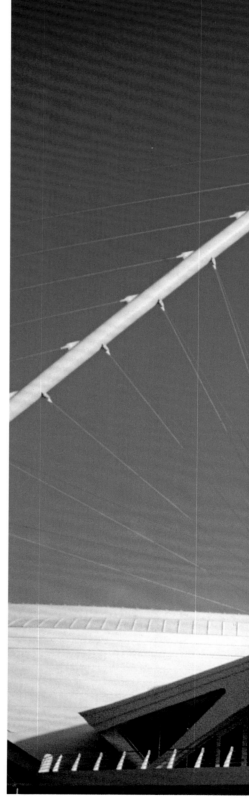

284-285. 흰색의 큰 날개처럼 생긴 브 리즈 솔레이유는 아래위로 움직이는 극 적인 건축 요소로서, 이 사진에서는 날 개를 펼쳤을 때의 모습이다. 사우스 테 라스는 뱃머리처럼 관람객을 향해 펼쳐 지고, 왼쪽에는 현수교를 받치는 거대한 '돛대'가 비스듬하게 솟아 있다.

285. (하단) 칼라트라바의 모형은 콰드라 치 전시관을 전체적으로 보여 준다. 중앙 구조물에서 왼쪽으로 나 있는 다리는 밧줄에 의해 사진 중앙에 있는 돛대에 매 달려 있다. 단지 전체의 윤곽에서 보면 브리즈 솔레이유는 미술관 동쪽의 리셉션 구역 위에 자리 잡고 있다. 칼라트라바의 작품은 종종 자연 형태에서 영감을 얻은 움직이는 요소와 곡선을 사용한다.

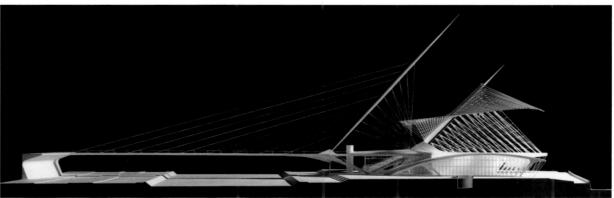

직여 아래에 있는 미술관 홀 전체를 그늘로 가릴 수 있다.

금속 버팀줄에 의지해 높이 61미터의 경사진 탑에 매달려 있는 다리는 콰드라치 전시관과 밀워키의 주요 도로인 위스콘신 에브뉴를 연결해 준다. 이 다리는 도시 중심부로 뻗은 팔처럼, 이 미술관이 세계를 향해 열려 있으며 밀워키와 연결되어 있다는 것을 상징한다.

내부를 보면 밀워키 미술관은 미시간 호가 내려다보이는 회의실, 강당, 식당, 테라스를 가진 전형적인 모던 아트 센터다. 건물 바깥에는 댄 킬리가 설계한 아름다운 정원이 있다.

콰드라치 전시관은 이 건물에 요구되는 모든 것을 충족시키는

데 성공했다. 이것은 기본적으로 미술관의 공간을 확장시키고, 실내를 비추는 자연광을 조절하는 기능을 한다. 또한 관람객을 환영하는 상징적인 역할과 함께 밀워키 미술관을 이 도시의 명백한 상징으로 만드는 아이콘 구실을 한다.

마리아 로라 베르겔리

286. (상단) 야간 조명이 콰드라치 전시관의 독창성을 강조하고, 그 순백성은 낮보다 밤에 훨씬 더 강렬하게 드러난다.

286. (하단), 287. (상단) 미술관 내부의 매력적이며 질서정연한 대칭성은 단순함의 위대함을 보여 준다.

286-287. 큰 창문이 미술관의 리셉션 구역을 환하게 밝혀 준다. 이것은 남쪽에서 본 모습이다. 위에 보이는 브리즈 솔레이유는 구조물 전체에 그늘을 드리울 수 있

다. 이 건물의 매력은 절대적 침묵 속에 움직임이 있다는 것이다.

Milwaukee Art Museum

Wonders of
중남미

중앙아메리카는 스페인 정복자와 유럽 탐험가들의 발길이 닿기 전 수많은 고유문화가 발달했던 지역이다. 이곳에서 발견되는, 장식이 없는 거대한 석조 건축물은 거부할 수 없는 묘한 매력을 지니고 있다.

중앙아메리카 전문가인 폴 키르초프가 정의한 '중앙아메리카 문화' 안에는 건축적, 예술적으로 반복되는 요소, 농업 기술, 수와 달력 계산, 문자, 필사본의 접는 방식(아코디언처럼 생겼다), 사회적 구조, 정치 질서, 깊은 신앙심 등이 그들의 고유한 특징으로 녹아들어 있다.

스페인의 정복자 에르난 코르테스의 지휘 아래 무자비하게 정복당하고 1521년, 멕시코의 점령으로 막을 내린 이 지역은 남북으로 흐르는 강과 동서로 뻗은 바다 등의 자연 경계에 의해 정의되었다. 이 넓은 지역은 오늘날 멕시코의 대부분과 과테말라, 엘살바도르, 니카라과, 코스타리카, 그리고 온두라스의 일부를 망라한다. 섬과 군도가 대서양으로부터 보호해 주는 동부 해안은 카리브 해와 멕시코 만을 향하고 있고, 태평양 연안에는 테우안테펙 만, 니코야 만, 폰세카 만이 늘어서 있다.

중앙아메리카의 지형은 산, 사막, 열대우림으로 되어 있어 독립적인 별도의 도시가 필요했는데 그들만의 자연환경이 도시 국가 건설의 중요한 요인이 된 것이다. 도시 국가들의 지위와 관계는 중앙아메리카 문화의 영토 조직과 교역망의 기초가 되었으며, 예기치 못한 자연현상은 그들의 지식과 예술 형성에 있어서 결정적인 요인이 된 것 같다.

중앙아메리카 예술의 지리적 결정론은 폴 젠드롭과 도리스 헤이든이 훌륭하게 요약해 놓았다. "기상 조건이 농업을 결정했던 시대에 한층 살기 좋은 해안 지역에서는 외향적인 사람의 이미지를 하고 있는 베라크루스인의 웃는 형상이 발견된다. 그러나 지리적 여건이 나쁜 고원 지대에서는 가무와 꽃의 신 소치필리조차도 웃는 모습으로 발견되지 않는다. 아스텍 사람들의 표정은 미소라기보다 거의 찡그림에 가깝다."(《중앙아메리카의 건축Mesoamerican Architecture》에서)

중앙아메리카 문화가 최초로 형성되고 발달된 시기(고시대, BC 7000~BC 2000년)는 중앙아메리카인들의 주식인 옥수수가 재배되고(BC 5000년) 도자기가 제조되기 시작했던 때(BC 2500년)였다. 그 다음 시대는 3기로 나눠진다. 그중 전(前)고전기(BC 2000 ~BC 200년)와 고전기(BC 200~AD 900년)는 다시 몇 개의 단계로 세분된다.

전고전기에 베라크루스에서는 BC 1500년경부터 올맥 문명이 발달했다. 올맥 문명은 다른 문화의 지성, 종교, 사회, 정치, 기술, 예술 분야의 발달에 영향을 주었기 때문에 '모태 문화'라고 불린다. 1000년의 기간(BC 1200~BC 200년)을 두고 중앙아메리카 고원에는 중앙아메리카 석조 건축물의 기본 모형이 발달했다. 올맥인들은 종교 의식을 거행하던 곳에 흙을 뭉쳐 제단을 만들었고, 나중에는 돌을 채석하고 선광했다. 아도비 벽돌과 모르타르를 사용해서 수수한 사원의 기단 형태로 발전시켰는데, 이것이 피라미드 구조의 선조가 되었다.

계단과 경사면 또는 보호 램프(알파르다)의 등장으로 이런 발달 과정이 완성되고, 마침내 '신들의 도시'라는 뜻의 장엄한 테오티우아칸이 탄생하게 되었다. 전설에 따르면, 해질녘이면 신들이 이곳에 모여 새로운 신을 만들었다고 한다.

서구 기독교 시대가 시작될 무렵인 원(原)고전기에 이곳에서는 '태양의 피라미드' 건축과 함께 거대한 건축물의 기원이 시작되었다.

이것은 초기 형태의 피라미드에서 성숙한 계단식 피라미드로 발전했고, 계단식 피라미드에서는 일련의 단들이 계단을 통해 올라가는 피라미드 꼭대기에 있는 신전의 거대한 기단 역할을 했다. 고전기에 중앙아메리카의 여러 지역에 지어진 신전은 제사장 계급의 존재와 중요성, 신전의 증가, 예술적 표현과 종교적 사상 간의 관계를 말해 준다.

고지 고원에 우뚝 솟아 있거나, 방대한 열대우림 위로 불쑥 튀어나와 있거나, 저지와 밀림 사이에 아늑하게 자리 잡고 있는 높다란 계단식 피라미드는 독창적이고 독특한 건축 언어의 표현이었다. 이들은 메소포타미아의 지구라트 및 이집트 사카라의 계단식 피라미드들과 구조적으로는 비슷하지만 기능적으로는 달랐다. 특히 이집트의 피라미드는 파라오를 추모하기 위해 바쳐진 장례 무덤이라는 점에서 많이 다르다.

중앙아메리카의 팔렝케에는 피라미드 신전의 일반적인 모델과는 다른 희귀한 예외가 있다. 기단에 무덤이 있는 비문 신전이 그것이다. 이 신전을 구조적으로 분석해 보면 피라미드라기보다는 기하학적 형태들을 겹쳐 놓은 것으로 이 형태들이 합쳐져서 신들이 사는 일련의 단계(거의 항상 13단계)라고 여겨지는 천상층을 상징했다. 신상(神像)이 있는 신전을 하늘 높이 올리려는 의도가

신전 건축의 추진력이 되었던 것같다.

피라미드 꼭대기의 신전은 소규모로 일반인들은 접근할 수 없었고, 의식을 맡은 제사장들만이 들어갈 수 있었다. 제사장은 자신이 일반인들보다 우월하다는 것을 강조하기 위해 피라미드 꼭대기에서 때로는 잔인하기까지 한 종교 의식을 거행했다. 신전 구조물의 수직성과 제사장의 위계질서는 상호 유사성을 잘 반영해 주는 것 같다. 구조물은 위로 갈수록 더 가파르고, 피라미드의 폭도 점점 줄어든다. 계단은 점점 더 중앙으로 모여진다.

오늘날의 타바스코, 온두라스, 엘살바도르를 망라하는 마야 문명이 번성했던 도시들에서는 조각이나 모자이크로 구조물을 장식했다. 스투코 같은 새로운 예술 기법이 도입되었으며, 팔렝케는 이것을 잘 보여 준다. 유카탄 반도의 욱스말과 치첸이트사를 망라하는 푸크 지역에서는 고전기 후기의 장식과 건축의 유기적인 융합을 볼 수 있다.

멕시코 고원에서 온 톨텍인들에 의해 도시가 정복당한 뒤로 치첸이트사에서는 마야-톨텍 문화가 발달했다. 고전기 이후에 북쪽에서 사람들이 이주해 와 새로운 고유문화를 창조했지만, 스페인에 의해 정복당하고 식민지화 되는 과정에서 일어난 파괴 행위로 그 우수성이 말살되고 말았다.

침략 당시에 스페인인들이 도시를 자연과 통합하겠다는 원래의 의도대로 행동하지 않고 도시와 시골을 별개의 존재로 보는 유럽식 기준을 적용했다는 것이 드러났다.

그로부터 400년이 더 지나, 역시 극적인 식민지 경험을 특성으로 하는 또 다른 지역에, 밀집한 도시라는 유럽식 개념이 되살아나 브라질의 새로운 정치, 문화 중심지를 탄생시켰다. 남미 밀림 한복판에 새, 비행기, 활, 화살을 비유하는 형태의 십자형 평면으로 브라질리아가 설계된 것이다. 직선의 중심축을 따라 행정부와 정부 기관이 들어섰고, 중심축과 교차하는 그보다 더 긴 구부러진 팔 모양을 따라 사각형의 방대한 주거지역인 '슈퍼 블록' 이 위치한다.

이 도시의 창의적인 면은 주목할 만하지만 이것은 지속가능성의 경계에 있다. 이 도시는 세련미가 가미된 '이상적인 도시' 다. 루치오 코스타가 도시 설계를 맡았고, 오스카 니마이어가 다양한 요소의 반복적 사용을 특성으로 하는 창의적이며 독창적인 건물들을 설계했다. 그 결과는 많은 논란의 대상이 되고 있다. 이탈리아의 건축 비평가 브루노 제비는 "브라질리아는 일방적 결정과 권위주의를 보여 주는 카프카적이며 초현실적인 메트로폴리스다. 도시 계획과 건축물은 그 의미를 개조하려 하지 않고 그대로 옮겨졌다"라고 말했다.

알레산드라 카포디페로

---

289. (왼쪽) 멕시코의 치첸이트사에 있는 엘 카스틸로(쿠쿨란 신전)의 피라미드.

289. (중앙) 멕시코의 팔렝케 고고 유적지에 있는 비문 신전.

289. (오른쪽) 브라질의 브라질리아에 있는 국회 의사당 쌍둥이 타워와 삼권 광장.

태양의 피라미드

테오티우아칸, 멕시코

테오티우아칸Teotihuacan은 중앙아메리카에서 가장 중요한 유적지 가운데 하나다. 이것은 멕시코시티 북서쪽 계곡의 연쇄 산맥에 둘러싸인 화산 지대, 2,249~2,850미터 고도에 자리 잡고 있다.

이 지역의 쾌적한 기후(어떤 곳은 온화하고, 또 어떤 곳은 다소 습하다), 풍부한 물, 비옥한 땅 같은 자연 조건에 힘입어 BC 100년경부터 대규모 거주지가 생겨났다. 중앙아메리카 최초의 도시가 틀림없는 테오티우아칸은 AD 150~300년 사이에 전성기를 누렸다.

도시의 배치는 아마도 천문학적 원리에 바탕을 둔 것으로 보이는 기하학적 평면에 기초를 두고 있다. 북서쪽으로 난 중심축(죽은 자의 대로)은 넓은 동서축과 교차하면서 도시를 사등분한다. 도시의 한복판에 태양의 피라미드가 있는데, 이것은 이 도시에서 가장 크고 중요한 건축물인 동시에 중심부에서 '죽은 자의 대로'를 따라

달의 피라미드까지 순례하는 의식용 거리의 정거지이기도 하다.

태양의 피라미드The Pyramid of the Sun은 높이 63미터에 용적 99만 1,200세제곱미터로, 원래는 꼭대기에 있는 작은 신전을 떠받치는 원뿔대 모양의 4단 기단이었다. 파사드는 태양이 저무는 서쪽을 향하고 있다.

이 피라미드는 매우 신성한 것으로, 지하에서 고대인들이 클로버 잎 모양으로 파놓은 천연 동굴이 발견됨으로써 그 상징성이 더욱 강조되었다. 생명의 창조와 탄생의 상징인 이 동굴은 분명히 피라미드 신전이 종교적으로 중요한 역할을 했음을 말해 준다. 도시 거주자들에게 이 동굴은 부족 사회 조상들의 근원인 일종의 자궁과 같은 것이었으며, 도시 전체가 이 동굴을 중심으로 성장했다.

죽은 자의 대로에는 왕궁이었던 것으로 보이는 시타델, 큰 계

290. (상단) 멀리서 온 순례자들이 테오 티우아칸에 있는 태양의 피라미드의 5개 층을 연결하여 꼭대기에 있는 신전으로 향하는 가파른 계단을 힘들게 올라간다.

290. (하단) '태양의 피라미드'의 사각 기단은 한 변의 길이가 224미터다. 이것은 꼭대기의 신전을 포함한 전체 높이가 71미터로 스페인 침략 이전에 아메리카에서 가장 높은 건축물이었다.

290-291. 웅장한 '태양의 피라미드'가 고대 테오티우아칸의 중심부에 자리하고 있다. 이것의 설계는 천문학적 원리를 바탕으로 고원 풍경과 조화를 이루게 하려는 욕구에 따라 계산된 것이었다.

단이 딸려 있고 5단으로 되어 있는 달의 피라미드, 케찰파팔로틀 궁, 깃털 달린 조가비 신전, 재규어 궁 등 다른 중요한 건축물들도 있다.

의식용 거리 주변에서 귀족들의 거주지도 발견되었다. 규모는 모두 달랐지만, 그림, 회랑, 주랑 현관, 빈터, 작은 실내 신전 등으로 장식된 건축물들이 한데 모여 있었다.

모든 건축물은 진흙, 돌, 목재 등 그 지역에서 나는 소재를 사용해 지어졌다. 돌은 다듬어서 스투코로 장식해 칠을 했다. 이런 장식은 펠로타 경기, 사자(死者) 숭배 의식, 깃털 달린 뱀(케찰코아틀 신의 상징), 틀라록 신과 연관이 있는 깃털과 조가비로 장식된 재규어 등에 관해 도상학적으로 소중한 정보를 제공한다.

대형 화재로 도시가 약해지기는 했지만, AD 8세기 말에 도시가 멸망한 결정적인 원인에 대해서는 의견이 분분하다. 다만 북쪽 유목민의 침입, 극심한 기근, 지배 계층 간의 파국적인 싸움, 통치자들에 대한 평민들의 반란 등 동시다발적으로 일어난 몇 가지 사건이 원인이 되었던 것으로 추측되고 있다.

마리아 엘로이사 카로차

292. 난간이 없는 가파른 계단을 올라가면 용마루가 높다란 투구처럼 생긴 1호 신전이 나온다.

293. (상단) 이 지역 건축 양식의 초기 대표적인 1호 신전(위대한 재규어의 신전)은 그레이트 플라자 동쪽에 있다.

티칼 제1호 신전

티칼, 과테말라

마야 문명이 한창 꽃피던 시절에 마야인들은 최소한 50여 개의 정치적으로 독립된 인구 조밀한 왕국에 흩어져 살았다. 각 왕국은 수도와 그보다 작은 부속 도시들로 형성되어 있었다. 엘 페텐 열대우림의 중심부에 있는 도시 티칼Tikal은 수백 개도 넘는 대형 건축 단지 가운데 하나였다.

노스 아크로폴리스를 형성하는 대부분의 건축 단지는 그랜 플라자 일대에 자리 잡고 있다. 이 광장은 왕들이 자신의 매장 신전을 짓게 하고, 초기 마야인들의 천문 관측 중심지였던 문도 페르디도라고 알려진 복합 건축물을 지었던 곳이다. 평민들의 주거 및 의식용 건축물은 센트럴 아크로폴리스에 집중되어 있었다. 두드러진 건축물로는 박쥐궁이라고도 알려진 창문궁, 그룹 G라고도 알려진 홈 Grooves의 궁, 그리고 '7개 사원'의 광장을 에워싼 기타 건축물들이다.

티칼 건축의 극치라고 할 수 있는 엄청난 규모의 건축 양식은 AD 700년에서 800년 사이에 생겼다. 거대한 피라미드 신전은 놀라운 시각적 효과와 정치적인 중요성을 지니고 있으며, 전통적으로 제1호에서 6호까지 숫자로 불린다. 신전 단지의 중심부는 제1호 신전 Temple I, 즉 위대한 재규어의 신전이라고 알려진 곳이라고 추측되며, 이곳에는 AD 682년에서 734년까지 이 도시를 지배했던 하 사하 찬 카우일 왕의 무덤이 있다. 이 거대한 건축물은 왕의 사후에 그의 아들 약스 킨 찬 카우일이 부왕의 지시에 따라 지은 것이다. 높이 45미터인 이 9단 피라미드는 넓은 기단 위에 자리 잡고 있고, 여러 개의 경사진 단이 건축물의 높이를 강조한다. 신전은 피라미드의 꼭대기에 있고, 그 위에 스투코로 된 코니스가 있다. 신전의 배치는 불규칙적이며, 튼튼한 목재 아키트레이브가 달린 3개의 출입구가 있다. 바로 이곳에 매장품과 함께 왕이 매장되어 있다.

티칼 건축은 신이 창조한 풍경과 관련된 상징적인 긴장과 초자연적인 세계로 여행한다는 이미지뿐만 아니라 신성하다는 느낌을 강하게 준다. 신비한 힘과 소통하고 그것을 강화하기 위한 의식 장소는 별자리의 움직임에 따라 결정되었다. 그러나 신은 극심한 정치적, 문화적 쇠퇴로부터 이 도시를 구해 주지 못했으며, 티칼은 마침내 그 찬란함을 잃고 야생에 파묻히고 말았다.

마리아 엘로이사 카로차

293. (중앙) 9개의 단이 피라미드의 기단을 형성한다. 9라는 숫자는 마야 문명에서 마법의 숫자로 여겨진다. 가파르게 경사진 측면에는 몰딩과 홈으로 장식된 심하게 각진 모서리가 있다.

293. (하단) 위대한 재규어의 신전 꼭대기가 제2호 신전 맞은편의 밀림 위로 불쑥 솟아나 있다. 마야인들은 멋진 도시들을 건설했으며, 티칼에 주변의 밀림보다 더 높은 신전들을 지었다.

294-295. 팔렝케를 찍은 이 사진의 중앙
에는 넓은 기단 위에 자리 잡은 궁이 있
다. 이 궁을 내려다보는 4층 탑은 방어와
천문 관측 기능을 했던 것으로 여겨진다.

294. (하단) 울창한 숲에 둘러싸인 비문
신전은 파칼 2세의 무덤 위에 위치한다.
꼭대기의 신전은 상층부가 특이한 용마루
장식으로 되어 있다.

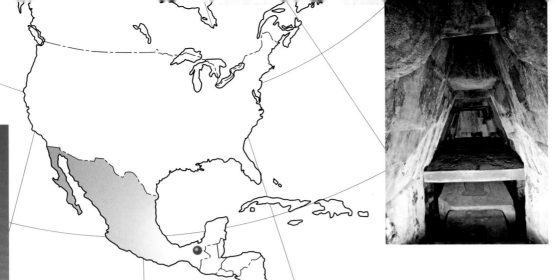

295. (상단과 하단) 하납 파칼 2세의 석관이 발견된 토굴(아래)은 부조로 장식된 석판으로 덮여 있다. 이곳은 피라미드 안에 있는 23미터 길이의 계단을 통해 내려갈 수 있다.

비문 신전

팔렝케, 멕시코

멕시코의 치아파스 주 중심부에 있는 팔렝케Palenque는 가장 크고 중요한 마야 문명 유적지다. 여기에 남겨진 상형문자에 의하면, 이 도시는 라캄 하('위대한 물'이라는 뜻, 팔렝케는 현대의 이름)라고 불리던 고전기 후기(600~900년)가 전성기였다. 그때는 바크 왕국의 융성한 수도 역할을 해내고 있었다.

18세기 말 이후 발굴 작업을 통해, 오늘날 우리가 보고 있는 도시의 거대한 건축물이 하납 파칼 2세(615~683년)와 그의 아들 칸 발람 2세(684~702년)의 업적이었음이 밝혀졌다. 이 건축물은 울창한 숲 속에 자리 잡고 있다. 이곳은 스투코나 석조물의 조각으로 파사드나 내부를 장식하여 그것이 가진 내적인 의미를 통해 통치자를 찬미한다는 명백한 정치적, 이념적 의도로 설계되었다.

주요 건축물들에는 이 도시의 통치자들의 이름이 상형문자로 새겨져 있는데 그것을 문자화함으로써 자신들의 왕국을 합법화하고 그 정당성을 입증하려고 했던 욕구가 엿보인다. 형태의 조화와 양식화된 우아하고 풍부한 조각 장식(밝은 빨간색, 파란색, 황토색, 초록색의 사용으로 강조했을 것으로 추정됨)은 이 왕조의 자기 기념비적 건축물이 가지는 두드러진 특징이다. 비문 신전The Pyramid of the Inscriptions 의 기둥과 벽은 유명한 왕조 명단을 포함해 상형문자로 되어 있다. 이 건축물은 하납 파칼 2세의 장례 신전으로, 왕이 생존해 있을 때 직접 공사를 시작했지만 그의 아들 칸 발람 2세에 의해 완공되었다.

신전 자체는 높이 24미터인 계단식 피라미드의 꼭대기에 있는 기단 위에 자리 잡고 있다. 피라미드는 위로 갈수록 점점 좁아지는 8개의 단으로 구성되어 있고, 남쪽에 계단이 있다. 스투코로 장식된 기둥들이 늘어서 있는 5개의 출입구는 신전의 첫 번째 큰 방과 연결된다. 두 번째 방은 3개 구역으로 나누어진다. 신전 바닥을 통해 아래로 내려가는 계단은 2개의 계단으로 분리된다. 이것은 토굴로 연결되고, 토굴의 벽은 아홉 가지 형상의 스투코 부조(마야인들의 조상이나 마야 신화에 나오는 밤의 신들)로 장식되어 있다.

파칼 2세의 석관은 측면이 얕은 부조로 장식되어 있고 정교하게 조각된 커다란 석판으로 덮여 있다. 이 석판에는 가장 유명하고 또한 가장 많이 연구되는 마야인의 부조가 들어 있다. 이 부조는 죽음과 부활의 영원한 순환을 상징하는 일련의 형상들이 죽음 직전의 왕을 에워싸고 있고, 이들은 지하세계의 어둠 속으로 떨어지기

직전의 신성함을 나타낸다. 왕의 배에서는 마야인의 우주관에 따른 십자가 모양의 나무가 자란다.

왕의 석관은 피라미드의 기단 아래 중심부에 지은 토굴 밑에서 발견되었다. 이는 이 건축물이 왕의 존재를 부각시키기 위한 것임과 동시에 왕의 석관을 완전하게 보존하고자 한 것임을 명백히 보여 준다.

플라미니아 바르톨리니

296-297. 욱스말은 푸크 산맥의 유카탄 고원에 자리 잡고 있으며 마야-푸크 건축의 대표적인 예를 보여 준다.

296. (하단 왼쪽) 이 피라미드는 수백 년에 걸쳐 신전 5개를 수직으로 겹쳐 짓는 형식으로 지은 결과물이다.

마법사의 피라미드
욱스말, 멕시코

유카탄 반도 북부에 있는 욱스말Uxmal은 멕시코의 유카탄 주와 캄페체 주에 있는 푸크 산맥에서 가장 중요한 마야인들의 주거지다. 이 지역의 살기 좋은 기후 조건 때문에 높이와 길이가 몇 미터밖에 안 되는 언덕이 도시 주거지로 가장 적합한 곳이 되고 있다.

푸크 산맥 일대의 도시들은 예술적, 건축적 특성이 두드러진다. 건축물은 선진 기술을 이용해 지었는데, 파사드의 정교한 조각 장식과 우아하게 조화를 이루는 완벽한 기하학적 구성이 돋보인다. 높은 프리즈에 동일한 모티프와 형상(흔히 상징적이거나 종교적인 의미가 있는)이 계속 반복되거나 무리지어 있다. 웅장하고 세련된 석조 건축물의 유적은 욱스말의 규모와 호화로움이 극에 달했던 시기(고전기, 3~10세기)에 만들어진 것이다.

이 도시에는 콰드랭글 수녀원처럼 인공적인 기단을 가진 사면체 건축물, 총독궁처럼 거대한 돌로 만들어진 주거 건축물, 거북의 집처럼 균형이 잘 잡힌 건축물, 마법사의 피라미드The Pyramid of the Magician처럼 높은 기단 위의 신전 등이 골고루 흩어져 있다. 욱스말은 경제적으로나 정치적으로 우월한 위치에 있었다. 총독궁 동쪽에서 시작해서 체툴릭스와 노파트를 지나, 마법사의 피라미드를 지었다고 하는 전설 속 난쟁이가 할머니가 살았던 카바로 통하는 도로를 거쳐 근처의 다른 소도시들과 연결되었다.

5단계에 걸쳐 지어진 옛 건축물의 유적 위로 타원형 평면(85×50미터)이 배치되어 있다. 이 피라미드는 고르지 못한 몇 개의 층으로 이루어져 있으며 총 높이는 35미터가량 된다. 가파른 계단 2개가 서로 다른 층에 있는 2개의 신전으로 연결된다. 동쪽 계단은 파사드가 '용의 입'처럼 생긴 첫 번째 층의 제4호 신전과 연결된다. 계단을 따라 대형 차크 신(神) 마스크가 늘어서 있다. 또 하나의 계단은 제5호 신전 또는 마법사의 신전이라고 알려진 피라미드 꼭대기 층의 신전과 연결된다. 이 신전의 파사드는 전형적인 푸크 양식으로, 돌에 양식화된 마야인들의 오두막을 돌에 새겨 넣은 프리즈와 일련의 작은 원주들로 장식되어 있다.

플라미니아 바르톨리니

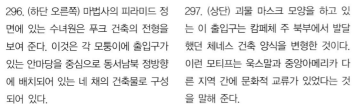

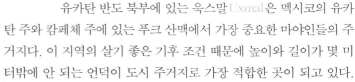

296. (하단 오른쪽) 마법사의 피라미드 정면에 있는 수녀원은 푸크 건축의 전형을 보여 준다. 이것은 각 모퉁이에 출입구가 있는 안마당을 중심으로 동서남북 정방향에 배치되어 있는 네 채의 건축물로 구성되어 있다.

297. (상단) 괴물 마스크 모양을 하고 있는 이 출입구는 캄페체 주 북부에서 발달했던 체네스 건축 양식을 변형한 것이다. 이런 모티프는 욱스말과 중앙아메리카 다른 지역 간에 문화적 교류가 있었다는 것을 말해 준다.

엘 카스티요
치첸이트사, 멕시코

298. (상단 왼쪽) 엘 카스티요에 있는 피라미드의 신전에는 2개의 회랑과 기둥에 의해 분리되는 3개의 출입구가 있는 북향 전실이 있다.

298. (상단 오른쪽) 얕은 부조로 장식된 기둥들이 카스티요 꼭대기에 있는 신전의 셀라 뒤쪽에 있는 회랑을 떠받치고 있다.

298. (하단 왼쪽) 카스티요의 신전에 있는 차크몰(전경)과 붉은 재규어(원경)는 톨텍 양식의 석조물이다.

298. (하단 오른쪽) 기단과 직각을 이루는 4개의 가파른 계단이 신전과 연결된다.

298-299, 299. (오른쪽) 카스티요의 피라미드는 넓은 공간의 중앙에 있어 그 웅장함이 더욱 돋보인다. 건축물의 여러 요소들은 마야인의 용마루 장식을 대신하는 꼭대기의 조각 장식이나 벽을 강화하는 경사면에서 볼 수 있듯이 톨텍 양식에서 비롯된 것으로 보인다.

스페인 정복자들이 멕시코 저지의 밀림을 헤치고 나왔을 때 그들의 눈앞에 펼쳐진 것은 치첸이트사의 유적지였다. 이곳은 북유카탄에서 가장 찬란했던 문명인 마야 문명이 고스란히 담긴 곳이었다.

치첸이트사Chich n Itz 에서 치첸은 '우물 가장자리에서' 라는 뜻으로 마야인들이 저승 세계로 가는 출입구라고 여겼던 이 지역의 세노테(cenote, 희생의 샘), 즉 천연 우물을 말한다. 세노테는 귀중

하스 단지, 카라콜 원형 타워(천문대), 오수아리라고 알려진 피라미드, 주거용 별관 등은 모두 마야-푸크 양식으로 지어졌지만, 다른 단지는 완전히 다른 양식으로 지어졌다. 이것들은 톨텍인들이 지은 것으로, 그들은 10세기에 이곳으로 들어와 마야인의 문화를 점령하고 혁신적으로 발전시켰다. 톨텍인들은 광장보다는 개방된 넓은 공간을 중심으로 하는 마야-톨텍 건축 양식을 낳았다. 부조로 장식된 일련의 마야-톨텍 건축물들이 벽에 둘러싸인 넓은 평지의 기단 위에 계단식 피라미드의 형태로 자리 잡고 있다.

톨텍 지역의 중심부에 있는 엘 카스티요El Castillo 는 이 새로운 양식을 가장 잘 보여 주는 흥미로운 건축물이다. 이것은 한 변의 길이가 54미터인 사각형 기단 위에 자리 잡고 있는 9단(위로 올라갈수록 폭이 줄어든다)으로 된 신전 피라미드다. 신전은 높이 24미터가량 되는 꼭대기 층에 있고, 각 파사드에는 여러 개의 단을 연결하는 계단이 하나씩 나 있다.

이 피라미드는 분명히 우주론적인 의미를 지니고 있다. 이 지역의

전통에 따라 피라미드가 정북에서 동쪽으로 기울어져 있고, 9개의 단은 저승 세계의 9단계를 나타내고, 계단은 일 년의 날수와 같은 365개로 되어 있다. 북쪽 계단의 돌난간은 광장을 향해 미끄러져 내려가는 듯한 머리를 한 방울뱀 형상으로 조각되어 있다. 꼭대기의 신전에는 2개의 회랑, 마야식 얕은 부조로 치장된 셀라, 뱀 형상으로 조각된 기둥에 의해 분리되는 3개의 출입구가 있는 전실, 가짜 볼트, 마야-푸크 양식의 대형 차크 신 마스크가 있다.

신전 뒤의 주랑에는 동, 서, 남 방향으로 열리는 3개의 문이 있다. 단지의 들보와 기둥 장식은 톨텍 도상학의 특징인 뱀을 강조한다. 엘 카스티요 동북쪽에는 1천 주 신전Group of the Thousand Columns 과 전사의 신전이 있다. 전사의 신전은 쿠쿨칸 신전과 마찬가지로 전통적인 톨텍 장식물로 장식되어 있다. 엘 카스티요 꼭대기에는 정체를 알 수 없는 생물의 반와상 조각인 차크몰이 있다.

품이나 단순한 물건과 함께 인간을 산 제물로 바치는 속죄 의식을 행했던 성스러운 순례지다. 이차는 기원을 알 수 없는 민족 집단과 435년 이후 그 지역에 존재했던 복잡한 건축물을 가리킨다.

이 도시는 푸크(남쪽 '붉은 언덕' 의 주민들)의 아류 문화와 접촉한 덕분에 750년에서 900년 사이에 놀랍도록 융성한 문화를 낳았지만, 뜻밖에도 13세기에 적대 관계에 있던 마야판의 수중에 들어갔다. 도시 중심부를 기점으로 포장도로(칼자다스)를 통해 작은 도시들이 그물망같이 연결되어 있다. 장식이 풍부하고 우아한 라스 몬

마리아 엘로이사 카로차

브라질 국회의사당

브라질리아, 브라질

브라질은 1957년에 인구와 경제 활동의 일부를 해안에서 내륙 지방으로 이전하기로 결정했다. 고이아스 주에 있는 사막 고원이 이전 부지로 선정되었고, 신수도 건설을 위해 브라질 동북쪽에서 수천 명의 인력이 도착했다. 이 도시의 건설 조건은 브라질의 정치, 경제 정책을 반영하는 동시에 현대 건축물의 혁신성을 보여 주어야 한다는 것이었다.

노바캡(브라질의 신수도 건설 계획을 연구했던 기관)의 대표였던 건축가 오스카 니마이어는 도시 개발 계획을 위한 공모전의 심사위원이기도 했지만, 주지사 관사와 공식 귀빈들을 위한 호텔 등 신수도에 들어설 최초의 건축물 2채의 설계를 맡기도 했다.

도시 전체의 설계는 루치오 코스타가 맡았다. 그는 현대적인 고속도로 공법과 다수의 정원과 공원을 삽입하는 공법 등 2가지 주요 공법을 사용했다.

브라질리아 Brasília는 2개의 중심축 위에 건설되었고, 그중 1개 축은 살짝 구부러져 다른 1개의 축과 교차하면서 어렴풋이 동물의 형상을 닮은 교차로를 형성한다(배치도는 새의 형태를 하고 있다). 이 새로운 거대한 도시 풍경은 중요한 의미를 지닌 조각 같은 건물들(예를 들면, 동물 뼈처럼 매끈한 대리석 요소들)의 격조 높은 배경 구실을 한다.

관공서들이 배치되어 있는 기념대로 축이 도시의 주거지 축과 교차한다. 기념대로 축 끝에 청사 광장이 있고, 이 축은 평행 육면체 건물 16채가 늘어서 있는 넓은 대로와 맞닿아 있다.

대형 풀에 그림자를 드리우는 외무부 청사와 브라질리아의 여러 천연 폭포를 상징하는 작은 인공 폭포가 있는 법무부 청사 등 니마이어가 설계한 두 걸작은 광장 측면에 있다.

기념대로 축의 끝에서 상징적, 정치적 의미로 가득한 삼권 광장으로 들어갈 수 있다. 이 광장의 이름은 헌법상의 삼권을 나타내는 것으로, 행정권은 광장 왼쪽의 플라날토 궁, 사법권은 광장 오른쪽의 대법원, 입법권은 유명한 쌍둥이 타워가 있는 국회의사당에서 집행된다.

쌍둥이 타워의 기부에는 지붕에 2개의 하프 돔이 있는 낮은 건물이 있는데, 2개의 돔 가운데 뒤집혀 있는 것은 하원을 상징하고, 똑바로 있는 것은 상원을 상징한다.

브라질리아는 격조 높은 건물과 현대 미술의 기념비와 같은 건

300. (상단 왼쪽) 국회의사당의 쌍둥이 타워(원경)와 브라질리아 건설에 참여한 인력을 위한 기념물이 삼권 광장에 우뚝 솟아 있다.

300. (상단 오른쪽) 쌍둥이 타워 기부에 있는 건물의 지붕에 2개의 의사당 돔 중 상원을 상징하는 돔이 보인다.

300. (하단) 뒤집혀 있는 하프 돔은 상원 돔에 대응하는 것으로, 니마이어는 이것을 하원의 지붕에 올려놓았다.

300-301. 니마이어는 기복이 있는 곡선의 비스듬한 평면과 딱딱한 사각면이 이루는 대조를 모티프로 사용했다.

물에서 볼 수 있듯이 수준 높은 건축술과 설계의 결정체라고 할 수 있다. 두 가지만 예를 들면, 첫째 니마이어가 설계한 왕관 모양의 대성당을 들 수 있다. 콘크리트와 유리로 된 화려한 건축물이다.

청색과 남색 유리벽이 매력적인, 돈 보스코가 설계한 입방체 모양의 성당도 좋은 예다.

브루노 지오르니가 설계한 〈전사〉는 브라질리아를 건설하는 데 참여했던 수천 명의 인부들에게 경의를 표하기 위해 세운 기념물이다. 커다란 옷핀처럼 기묘하게 생긴 플롬발이라고 하는 비둘기 장은 니마이어가 설계한 또 하나의 걸작이다.

주거 지역은 느슨하게 짜인 도회풍의 거대한 단지다. 이런 '희박성'은 건물들의 파사드 구조에서도 볼 수 있다. 단순성은 브라질리아의 모든 면의 키워드다. 따라서 이 거대한 도시에서는 길을 찾기가 쉽고 이해하기도 쉽다.

구글리엘모 노벨리 / 마리아 로라 베르겔리

Wonders of
호주와 오세아니아

"가장 높은 유칼립투스 나무 꼭대기에 닿을 정도로 거센 파도가 일었다. 육지는 거대한 푸른 평원으로 바뀌었다. 산꼭대기만이 물 위로 모습을 드러내다가, 결국에는 그것마저도 사라져버렸다. 세상은 방대하고 평평한 물의 천지로 바뀌었고 누룸분구티아(남녀 정령들)는 더 이상 살 곳이 없어졌다. 많은 정령들이 익사했지만, 어떤 정령들은 소용돌이 바람에 휘말려 하늘로 올라가 별이 되었고, 땅에서 신이었던 자들은 하늘의 신이 되었다."
－M. R. 부리와 A. 마가그니노가 편집한 《시간과 꿈의 이야기Tales of Time and Dreams》중 '대홍수' 편에서.

호주와 오세아니아의 토착 문화는 선사시대와 역사시대의 오랜 기간에 걸쳐 복잡하게 발달했다. 인구의 정착 과정, 문화와 언어의 분화, 거주지와 사회 제도의 확립이 최소한 4만 년이라는 오랜 기간에 걸쳐 이루어졌다. 홍적세기의 수렵채취인들이 멜라네시아의 서쪽 영토를 차지하고 있던 1만 년 전까지만 해도 호주는 사훌 대륙붕에 의해 태즈메이니아 및 뉴기니와 하나의 대륙으로 붙어 있었다. 하지만 이 대륙붕이 해수면 아래로 침몰하는 바람에 둘로 분리되었다.

호주의 원주민 애버리진들은 태고의 일들에 대한 기억을 수세대에 걸쳐 입에서 입으로 전하며 풍부하고도 다양한 우화와 전설을 그려냈다. 그들의 이야기는 신화기, 곧 '꿈의 시대Dreamtime'에 신화적인 존재들이 나타나는 '시간 이전의 시간'에 관해 들려준다.

그들은 하늘과 땅과 미지의 세계에서 왔으며, '최초의 남자와 여자'를 창조했다. 최초의 남자와 여자는 특정 신들의 보호 아래 그들과 그들의 후손을 위해 마련된 일정 지역에 배치되었다고 마가그니노는 이야기한다. 분리할 수 없는 어떤 관계가 인간들과 땅을 결합시켰다. 그들은 조상의 변형체를 상징하며 조상의 영혼이 보존되어 있는 자연의 신비스러운 요소들을 이해할 수 있었다.

애버리진들은 지금도 구전되는 노랫말에 따라 살면서, 창조의 주기를 재생한다. "태고의 인간들은 노래하면서 온 세상을 돌아다녔다. 그들은 강, 산, 소금사막, 모래 언덕을 노래했다. 그들은 사냥하고, 먹고, 사랑하고, 춤을 추고, 전쟁을 했다. 그들은 가는 곳마다 음악의 흔적을 남겼다"(B. 차트윈, 〈노랫말The Songline〉).

호주 대륙에는 수백 개의 애버리진 집단이 거주했다. 그들은 환경에 적응하는 비범한 능력을 개발했다. 그 때문에 네덜란드 원정대는 16세기 초 처음 그 대륙을 발견했음에도 곧 떠나야 했으나 애버리진을 그곳에서만 볼 수 있는 독특한 야생생물과 친밀한 관계를 맺으며 공존할 수 있었다.

마젤란은 인도 제도를 거쳐 동방으로 항해하면서 대서양과 새로 발견된 남태평양(그보다 10여 년 전에 벨보아가 중미 지협에서 얼핏 보았던 곳)을 분리하는 해협의 거친 바다를 건너, 자신이 태평양이라고 이름붙인 잔잔한 바다를 지나 '도둑 제도Islands of Thieves', 즉 마리아나 제도에 도착했다. 그와 동승했던 어떤 연대기 편자는 "태평양은 한량없이 넓어 인간의 마음으로는 헤아릴 수조차 없다"고 할 정도였으며, 남태평양의 아름다움과 풍부한 자연을 이야기했던 다른 탐험대들은 새로 발견한 이 대양의 무한한 지평선을 가르며 끝없이 항해해 갔다.

망망대해에 홀로 있으면 방향을 잡기 어려워 환영과 신기루를 보기 쉽다. 작은 땅덩어리를 보았는가 싶으면 갑자기 수많은 섬들이 나타나고, 반대로 지도에는 분명히 표시되어 있는데 겨우 수면 위에 떠 있을 정도의 섬이 있는 경우도 있으며 한없이 넓은 대양에서 가공의 섬에 불과한 것도 있다. 이런 것들이 바로 18세기의 남양 지리에서 볼 수 있는 '종잡을 수 없는 작은 섬들'이다.

비전을 지닌 용감한 항해사들이 제국주의적, 상업적, 정신적, 문명적 강한 열망에 이끌려 탐험에 관심을 보이는 유럽 열강들의 밀사 자격으로, '테라 오스트랄리스'라는 그 존재 자체가 의심스러운 미지의 대륙을 찾는 위험한 탐험에 나섰다. 쿡 선장이 세 번에 걸쳐(1768~1771년, 1772~1775년, 1776~1779년) 체계적으로 탐험하고 치밀하게 지도를 작성한 덕분에, 남양의 여러 섬들과 그 섬의 주인들에 대한 전설적이고 목가적인 이미지는 지리학적 지식으로 바뀌었다. 또한 자연 풍경과 거기에 사는 사람들이 만들어내는 '지극히 이상하면서도 로맨틱한 광경들'이 탐험에 참가한 화가들에 의해 그림으로도 표현되었다.

상상의 영역에서 벗어난 태평양의 섬나라들, 특히 폴리네시아의 여러 나라들은 과학적 연구의 대상이 되었으며, 가끔은 잔인한 선교 과정과 더불어 서서히 식민지화되는 역사적인 시대에 접어들었다. 19세기에 '순진한 원시인들'이 계몽 신화에서 깨어나자, 서구 열강은 때로는 억압적인 방법으로 이 대륙을 점령하기 시작했고, 새로운 백인 주민들의 이해가 토착 사회의 풍습을 말살시켰다. 호주의 황량함은 태평양 곳곳의 다른 섬나라에서 목격할 수 있

는 지상 낙원의 이미지와는 거리가 멀었다. 아무도 감히 이 황폐한 땅에 들어가려 하지 않았다. 쿡은 호주의 동쪽 해안 지대를 탐험하고 무주지terra nullius인 그곳의 소유권을 주장했다. 동시에 그는 자신이 떠나지 않고 남아 있기를 원주민들이 바란다는 것을 의식했다. 19세기 중엽에 영국은 호주 대륙을 식민지화하기 위해 죄수 수천 명을 그곳으로 보냈다.

화가와 작가들은 남양을 이렇게 묘사하고 있다. "현기증이 날 정도로 아름답고 매력적인 곳이지만 환상에서 깨어나면 악몽으로 변한다. 천국이 지옥이 되고, 잔잔한 고독은 무시무시한 혼돈이 된다." 멜빌은 그런 일이 예상치 못한 일이라는 듯이 "동화 속에 나오는 마법의 정원에서 일어나는 일처럼"이라고 설명한다(M. 디니, 《에덴의 제도The Islands of Eden》).

역사를 되돌릴 수 있다면, 무덤 속에 들어 있는 우리의 조상들이 다시 햇볕을 쬘 수 있다면, 존경스러운 쿡 선장이 뉴홀랜드의 해안을 따라 돛단배처럼 생긴 시드니 항의 흰색 콘크리트 건물인 오페라하우스가 보이는 그레이트 베리어 리프를 다시 항해할 수 있다면, 그들은 금방 자른 신선한 과일처럼 생긴 그 건물이 서 있는 땅을 찬양할 것인가? 그 위대한 탐험가는 그 땅의 수호신을 존중하고 원주민의 동의 없이는 그 땅을 점령하지 않겠다는 약속을 지킬 것인가?

오늘날, 시드니 항을 지배하는 것은 당연히 매력적인 자태를 뽐내는 오페라하우스인 것 같다(어떤 이들은 이것이 노랫말의 마력 때문이라고 하고, 또 어떤 이들은 정복자들의 폭력적인 권리 때문이라고 한다). 이 건물은 그 외관이 꾸밈없고 '무력한 공동(空洞)'이라는 점에서 원시적인 면이 있다.

호주 원주민들이 지은 건축물은 본질적으로 자연 풍경의 재현이자 영토의 표시였기 때문에, 현대는 물론 식민지 시대 이전에도 남아 있는 지속적인 건물이 없었다. 이것도 역시 그들의 신화와 관련이 있다. 그들은 자연의 형상은 동물의 조상을 모방한 것으로, 굽이치는 강줄기는 구불구불하게 기어가는 뱀을 형상화한 것이라고 믿었다. 그들은 "땅의 형세와 그 상징성에 관해 뿌리 깊은 지식을 가지고 있어서 정기적으로 길과 우물과 사냥감이 풍부한 장소를 찾는 것이 가능"했으므로 다른 집단과 영토 싸움이나 경계 침입을 피할 수 있었다(E. 귀도니, 《원시 시대의 건축Primitive Architecture》).

뉴칼레도니아의 카나카족 마을에 우뚝 솟은 전통적인 '큰 오두막'은 꼭대기에 장식물이 달린 높은 원뿔형 지붕을 갖고 있고 중

앙의 기둥을 중심으로 원형으로 배치되어 있는 구조물이다. 이는 씨족의 단결과 추장의 힘을 나타내는 불변의 상징물이다. 그것은 '남자들의 집', 즉 요즘 식으로 말하면 공공건물이다. 이 건물의 문은 단체 생활이 이루어지고 춤과 축제가 열리는 마을의 공터를 향해 열린다. 가정집은 그 양쪽에 늘어서 있다. "목재 지붕틀과 테두리로 만든 고풍스러운 외관에… 카나카족의 오두막 비슷하게 생긴 곡선 구조물들"(R. 피아노)이 누메아 동쪽 곶의 울창한 숲과 조화를 이루고 있다. 설계상 전통적인 소재와 공법에 의지하는 것은 흔히 있는 일이지만, 전통적인 건축물과의 유사점과 차이점, 그리고 정제된 견고함과 썩기 쉬운 자연 소재 사용에는 위험이 도사리고 있다.

전설적이며 목가적이고 야성적인 신세계가 상징하는 지식과 부를 꿈꾼 지 몇 세기가 지난 지금, 신세계는 이제 우리에게 그 나름의 이야기를 전한다.

"이 문장 끝에 비가 시작될 것이다.
비의 가장자리에, 돛단배가…(중략)
흐릿한 눈을 가진 한 남자가 비를 잡아
오디세이의 첫 행을 뽑아낸다."
　　　　D. 월코트, 〈신세계의 지도, The Map of the New World〉.

　　　　　　　　　　　　　　　　　알레산드리아 카포디페로

303. (왼쪽) J. M. 치바우 문화센터가 뉴칼레도니아의 자연 공원에 우뚝 서 있다.

303. (오른쪽) 지붕이 조가비처럼 생긴 오페라하우스가 시드니 항 정남쪽의 베네롱 포인트에 자리 잡고 있다.

304-305. 오랫동안 많은 사람들에게 영감의 원천이 되어온 오페라하우스는 40년 이상 시드니를 상징했다. 이 건물을 짓기 전 이곳은 이 사진에서 보듯이 거대한 녹지였고 중앙에 총독궁이 있었다.

304. (하단) 위에서 보면 오페라하우스라는 특이한 건물과 그 앞에 있는 바다의 유사성이 분명해진다.

305. (상단 왼쪽) 오페라하우스의 부분적으로 겹치는 지붕은 54미터 높이의 상부 첨두아치에서 정점을 이룬다.

305. (상단 오른쪽) 외벽의 타일이 햇빛과 어우러져 변화무쌍한 미묘함을 만들어낸다.

305. (하단) 1층에 있는 소강당의 관중석이 무대를 정면에 두고 관중석을 에워싸고 있다.

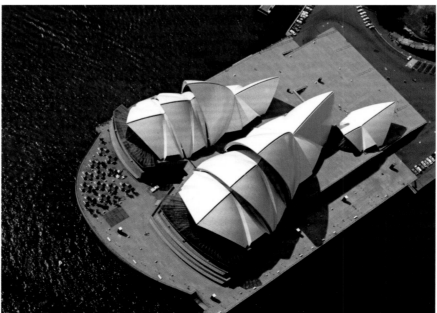

오페라하우스

시드니, 호주

1957년에 덴마크의 건축가 요른 우츤은 시드니Sydney에 세울 오페라하우스The Opera House 설계 공모전에 응모해 당선의 영예를 안았다. 이상적인 부지와 설계 명세서에 제약이 없다는 조건은 모든 응모자들의 상상력에 날개를 달아 주었다. 덴마크의 이 유망한 젊은 건축가가 십여 개의 단순하면서도 시적인 스케치와 함께 제출한 설계도는 돛단배 함대를 닮은 아름다운 측면 때문에 처음부터 보는 이들의 마음을 사로잡았다.

1959년에 공사가 시작되었지만, 우츤은 여러 가지 행정적인 문제 때문에 1966년 감독직에서 물러났고, 공사는 1973년 다른 건축가들에 의해 마무리 되었다. 이 눈부신 건축물은 모더니즘의 엄격함과는 거리가 먼 단순하고 논리적인 개념에 바탕을 두고 있다.

부분적으로 겹치는 조가비처럼 생긴 지붕은 사실상 직경 75미터의 구형인 기하학적인 단일 형태를 분해한 것에서 나온다. 이 건축물과 그 건축에 대한 우츤의 영감은 주로 자연의 형태와 구조(부서지기 직전의 파도, 갈매기의 부리, 상어의 등지느러미 등)에서 비롯되었다.

두 개의 메인 홀과 레스토랑을 덮는 지붕은 중앙 지붕, 측면 지붕, 통풍 지붕 등 세 가지 주요소로 이루어지며, 이들은 서로 다른 기능을 맡고 있다. 각 지붕은 그것이 덮고 있는 홀의 중심축에서 대칭되는 2개 부분으로 되어 있고, 기부에서 부채꼴로 퍼져나가는 일련의 특수 콘크리트 서까래로 구조화되어 있다.

지붕의 횡단면은 높이가 다른 첨두아치로 구성되어 있고, 가장 큰 아치의 높이는 54미터에 이른다. 그 결과로 생긴 것이 서로 반대되는 동시에 균형을 이루며 부분적으로 겹치는 일련의 우아한 지붕이다. 강화 콘크리트의 새로운 가능성을 실험하고 있던 많은 건축가들이 이 디자인에 감동했으며, 곧 현대 건축의 부활을 상징하게 되었다. 지붕은 본체와 떨어져 있기 때문에 내부와 외관의 모형을 따로 만들 수 있고, 따라서 이 건물은 어느 방향에서 봐도 한 점의 조각 작품처럼 보인다.

우츤의 걸작은 상상력과 꿈과 표현력 있는 형태를 원하는 성향을 위한 필요에서 나온 결과물이었다.

장식은 필수적인 요소의 디자인에서 직접 볼 수 있는 장식품과 건물의 성격에 내재되어 있다. 그 결과는 충전물이나 눈에 보이는 기계적 구조물이 없는 골조를 가진 투명한 건물이다. 우츤은 "고딕 양식의 대성당을 생각해 보라. 내가 얻으려고 했던 것은 바로 그것이었다. 태양과 빛과 구름이 그것을 생기 있게 만들어 줄 것이며 결코 싫증나지 않을 것이다"라고 말했다.

불행하게도 이 건물은 다른 사람들에 의해 완공되었기 때문에 색다르고 논란이 많았던 이 프로젝트의 일부분만이 원 설계에 충실했다. 예를 들어, 타일로 된 '돛'과 대좌는 외장조차도 원래 계획했던 대로 실행되지 않았다.

창문과 강당과 내부 마감재는 우츤의 개념이 아니었으며, 디자인을 계속 수정하는 것이 그의 습관이었기 때문에 설계에서 그것들을 재현하기란 쉽지 않았다. 이런 어려움에도 불구하고 오페라하우스는 시드니의 상징물이 되어 이 도시에 국제적인 명성을 안겨 주었다.

구글리엘모 노벨리

The Opera House

306. (상단) 기중기와 비계가 이 사진을 찍을 당시에 거의 완공 단계에 있던 지붕의 서까래를 둘러싸고 있다. 이 건물의 공사 과정에 생긴 행정적인 문제 때문에 건축가 요른 우촌은 공사 책임자 자리에서 물러나야 했다.

306. (중앙) 건물의 측면도가 1966년에서 1971년 사이에 다른 건축가들에 의해 수정된 우촌의 기본 개념을 보여 준다. 이 도면에서 볼 수 있듯이, 원 설계는 존중되기는 했지만 부분적으로밖에 실현되지 못했다.

306. (하단) 1950년대 말에 요른 우촌이 시드니 시 위원회에서 오페라하우스의 모형을 설명하고 있다. 이 당당한 건물의 현대성은 당시로서는 혁신적이었지만 동시에 시대에 보조를 맞춘 것이었다.

306-307. 하버 브리지의 긴 만곡부가 태평양을 향해 동쪽으로 뻗어 있는 오페라하우스의 우아한 지붕에 경의를 표하는 것처럼 보인다. 여기서 볼 수 있는 타일 외장은 각 지붕의 기부에서 방사상으로 퍼져 나가도록 설계되어 있다.

치바우 문화센터
누메아, 뉴칼레도니아

프랑스령인 뉴칼레도니아는 지리적으로 고립된 덕분에 놀라운 생물학적 다양성뿐 아니라 전통적인 분위기와 아름다움을 많이 간직하고 있다. 프랑스 정부는 선교사들이 들어가기 전 그 섬에 살았던 원주민 카나카족의 과거를 기념하는 문화 센터를 건립하도록 자금을 조달했다. 이 센터 The Tjibaou Cultural Center의 이름은 장 마리 치바우(1989년에 살해된 지역 독립 운동가)의 이름에서 비롯되었다.

렌조 피아노가 설계한 이 우아한 건축물은 카나카족의 전통 오두막에서 영감을 얻은 것으로, 백색과 분홍색의 긴 해변 및 청색과 청록색의 석호와 울창한 소나무 숲 사이에 자리 잡고 있다.

수도 누메아Noumea에서 13킬로미터쯤 떨어진 국립공원 안의 곳에 위치한 이 문화센터는 높이가 19미터에서 28미터로 다양한 전시관 10개를 연결하는 통로로 구성되어 있다. 각 전시관은 이 지역민들에게 전형적인 예술이나 특별한 활동을 위한 것이다. 오두막처럼 생긴 일련의 전시관은 8,100제곱미터에 걸쳐 있으며, 전설, 민담, 현대의 토속 문학, 도자기, 장식 등 지역민의 문화유산을 잘 보여 준다. 단지의 일부는 영구적이거나 일시적인 전시 공간으로, 나머지는 사무실, 도서관, 강당으로 사용된다. 통로를 비롯해 모든 전시관에서 음악을 들을 수 있지만, 특히 맨 끝 전시관은 전통 음악과 춤을 공연하기 위해 지어졌다.

원주민 오두막과 마찬가지로 전통적인 사회 구조에 따라 배치되어 있고, 목재와 강철과 유리로 된 '골조'는 지역 건축물의 경쾌함과 일시성을 반영한다. 건물들이 햇빛을 통과시키고 이 지역에 자주 출몰하는 무역풍을 저지할 수 있는 방향을 향하고 있다.

일련의 강철 버팀목으로 연결된 이중 목재 '서까래'가 전시관의 골조를 형성하고, 이 모든 것들이 차양 구실을 하는 이로코 나무 껍데기로 '충전'되어 있다.

원뿔형의 전통 오두막을 현대 기술로 해석해 놓은 티바우 문화센터는 울창한 숲에 우뚝하니 서서 인근의 스카이라인을 바꾸어 놓았지만, 자연의 균형을 무너뜨리지는 않는다. 피아노의 존경스러운 설계는 이 지역의 역사와 아름다움을 보호하는 동시에 확산

309. (상단) 저녁이 되면 전깃불이 문화센터를 마법의 장소로 변신시켜, 빛과 건물이 일역을 맡은 변형이 일어난다. 전시관의 상층부는 무역풍을 저지하기 위해 바다를 향하고 있다.

309. (하단 오른쪽) 렌조 피아노의 스케치. 그의 개념의 토대를 보여 준다. 그는 '오두막'과 그 외관의 특징인 수직선과 수평선의 교차를 그렸다.

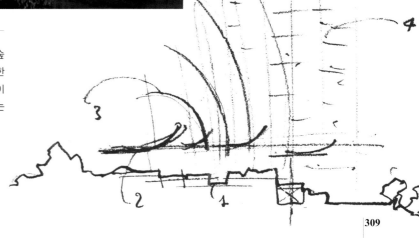

308-309. 자연환경과 일체를 이루는 놀라운 인공 건조물인 J. M. 치바우 문화센터의 전시관은 주로 목재로 만들어졌다. 이 전시관에는 뉴칼레도니아의 공예품과 미술품이 전시되어 있다.

308. (하단) 뉴칼레도니아의 울창한 숲에 둘러싸여 있는 렌조 피아노가 설계한 전시관을 바다 쪽에서 보면 그것이 이 섬의 전통 오두막에 기초를 두고 있다는 것을 쉽게 알 수 있다.

310-311. J. M. 치바우 문화센터는 겉으로만 허약해 보일 뿐이다. 여기에 사용된 목재는 내구성이 강하고 유연성이 있어, 전통적인 오두막에서도 이 지역의 변화무쌍한 악천후를 견뎌내는 데 가장 이상적이었다.

310. (하단) 한 전시관에 카나카족이 신성하게 여기는 조각품들이 전시되어 있다. 각 전시관은 이 지역 문화의 특정 분야를 다룬다.

311. (상단) 이 단순한 '엮음' 구조는 전시관의 디자인과 그 소재와 자연환경 간의 밀접한 관계를 보여 준다.

311. (하단) 반면에, 건물에 견고함을 주기 위해 내외 벽을 형성하는 서까래와 목재 골조 사이에 삽입한 금속 부품은 관람객의 눈에는 보이지 않는다.

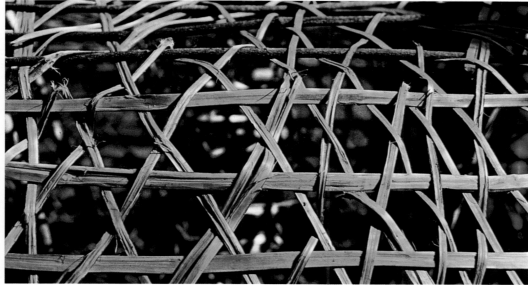

312-313. J. M. 치바우 문화센터는 태평양과 뉴칼레도니아(프랑스해외령)의 수도 누메아의 열대 숲과 같은 장엄한 자연을 배경으로 한다. 높이가 19미터에서 28미터로 다양한 일련의 전시관들이 카나카족의 전통 마을을 다스리는 사회적 관습에 따라 배치되어 있다. 카나카족은 말레이시아에 기원을 둔 부족으로 이 섬에서 수적으로 가장 우세한 부족이다.

The Tjibaou
Cultural Center

시킨다는 고귀한 임무를 잘 수행하고 있다. 각 건물 뒤에 있는 주요 영감은 그것의 독특한 환경에서 나온 것이다.

구글리엘모 노벨리

찾아보기

사 진 판 권

Page 1 왼쪽 Cameraphoto
Page 1 오른쪽 Antonio Attini/Archivio White Star
Pages 2–3 Giulio Veggi/Archivio White Star
Pages 4–5 Marcello Bertinetti/Archivio White Star
Page 6 Ben Wood/Corbis/Contrasto
Page 7 Antonio Attini/Archivio White Star
Page 9 Antonio Attini/Archivio White Star
Page 10 Antonio Attini/Archivio White Star
Page 11 Marcello Bertinetti/Archivio White Star
Pages 12–13 Sandro Vannini/Corbis/Contrasto
Pages 14–15 Firefly Productions/Corbis/Contrasto
Page 17 왼쪽 Livio Bourbon/Archivio White Star
Page 17 중앙 Giulio Veggi/Archivio White Star
Page 17 오른쪽 Marcello Bertinetti/Archivio White Star
Page 18 상단 왼쪽 Angelo Colombo/Archivio White Star
Page 18 상단 오른쪽 Richard T. Nowitz/Corbis/Contrasto
Page 18 중앙 Roger Ressmeyer/Corbis/Contrasto
Page 18 하단 Kevin Schafer/Corbis/Contrasto
Page 19 Jason Hawkes
Page 20 Alfio Garozzo/Archivio White Star
Page 21 상단 왼쪽 Angelo Colombo/Archivio White Star
Page 21 상단 오른쪽 Michael Freeman/Corbis/Contrasto
Page 21 중앙 Marcello Bertinetti/Archivio White Star
Page 21 하단 Archivio Scala
Page 22 상단 The British Museum
Page 22 하단 The British Museum
Pages 22–23 Angelo Colombo/Archivio White Star
Page 23 The Bridgeman Art Library/Alinari
Page 24 상단 왼쪽 Angelo Colombo/Archivio White Star
Page 24 상단 오른쪽 Giulio Veggi/Archivio White Star
Page 24 하단 Marcello Bertinetti/Archivio White Star
Pages 24–25 Bill Ross/Corbis/Contrasto
Page 26 Marcello Bertinetti/Archivio White Star
Pages 26–27 Marcello Bertinetti/Archivio White Star
Page 27 상단 왼쪽 Angelo Colombo/Archivio White Star
Page 27 상단 오른쪽 Marcello Bertinetti/Archivio White Star
Page 27 중앙 Giulio Veggi/Archivio White Star
Page 27 하단 Peter Connolly/AKG Images
Pages 28–29 Giulio Veggi/Archivio White Star
Page 30 Yann Arthus-Bertrand/Corbis/Contrasto
Pages 30–31 Cameraphoto
Page 31 상단 왼쪽 Angelo Colombo/Archivio White Star
Page 31 상단 중앙 Marcello Bertinetti/Archivio White Star
Page 31 상단 오른쪽 Marcello Bertinetti/Archivio White Star
Page 31 하단 Marcello Bertinetti/Archivio White Star
Page 32 상단 Cameraphoto
Page 32 중앙 Cameraphoto
Page 32 하단 Cameraphoto
Pages 32–33 Cameraphoto
Page 33 Cameraphoto
Page 34 Cameraphoto

Pages 34–35 Cameraphoto
Page 35 왼쪽 Cameraphoto
Page 35 오른쪽 Cameraphoto
Page 36 상단 왼쪽 Angelo Colombo/Archivio White Star
Page 36 상단 오른쪽 Antonio Attini/Archivio White Star
Page 36 중앙 Archivio Alinari
Page 37 Giulio Veggi/Archivio White Star
Page 38 상단 왼쪽 Marcello Bertinetti/Archivio White Star
Page 38 상단 오른쪽 Peter Turnley/Corbis/Contrasto
Page 38 하단 Alamy Images
Pages 38–39 Agence ANA
Page 39 상단 Angelo Colombo/Archivio White Star
Page 39 하단 Alamy Images
Page 40 상단 AKG Images
Page 40 중앙 상단 AISA
Page 40 중앙 하단 AISA
Page 40 하단 AKG Images
Page 41 Marcello Bertinetti/Archivio White Star
Pages 42–43 Archivio Iconografico, S.A./Corbis/Contrasto
Page 43 상단 왼쪽 AISA
Page 43 상단 오른쪽 Dean Conger/Corbis/Contrasto
Page 43 중앙 Agence ANA
Page 43 하단 Diego Lezama Orezzoli/Corbis/Contrasto
Pages 44–45 AISA
Page 46 Dean Conger/Corbis/Contrasto
Pages 46–47 Sandro Vannini/Corbis/Contrasto
Page 47 상단 Dean Conger/Corbis/Contrasto
Page 47 중앙 왼쪽 Angelo Colombo/Archivio White Star
Page 47 중앙 오른쪽 Giraud Philippe/Corbis/Contrasto
Page 47 하단 Sandro Vannini/Corbis/Contrasto
Page 48 상단 왼쪽 AISA
Page 48 상단 오른쪽 Adam Woolfitt/Corbis/Contrasto
Page 48 중앙 Elio Ciol/Corbis/Contrasto
Page 48 하단 Angelo Hornak/Corbis/Contrasto
Page 49 Dean Conger/Corbis/Contrasto
Page 50 Sandro Vannini/Corbis/Contrasto
Pages 50–51 Sandro Vannini/Corbis/Contrasto
Page 51 상단 왼쪽 The Bridgeman Art Library/Archivio Alinari
Page 51 상단 오른쪽 Archivio Scala
Page 51 하단 Marc Garanger/Corbis/Contrasto
Page 52 Christian Heeb/Hemisphere
Page 53 상단 AKG Images
Page 53 중앙 왼쪽 Dean Conger/Corbis/Contrasto
Page 53 중앙 오른쪽 Dean Conger/Corbis/Contrasto
Page 53 하단 Dean Conger/Corbis/Contrasto
Page 54 상단 왼쪽 Angelo Colombo/Archivio White Star
Page 54 상단 오른쪽 Archivio Alinari
Page 54 중앙 왼쪽 Giulio Veggi/Archivio White Star

Page 54 중앙 오른쪽 Giulio Veggi/Archivio White Star
Page 54 하단 Giulio Veggi/Archivio White Star
Page 55 Giulio Veggi/Archivio White Star
Page 56 Antonio Attini/Archivio White Star
Pages 56–57 Macduff Everton/Corbis/Contrasto
Page 57 상단 Archivio Alinari
Page 57 하단 Antonio Attini/Archivio White Star
Page 58 상단 왼쪽 Angelo Colombo/Archivio White Star
Page 58 상단 오른쪽 Adam Woolfitt/Corbis/Contrasto
Page 58 중앙 Antonio Attini/Archivio White Star
Page 58 하단 Antonio Attini/Archivio White Star
Pages 58–59 Antonio Attini/Archivio White Star
Page 59 왼쪽 Antonio Attini/Archivio White Star
Page 59 오른쪽 Patrick Ward/Corbis/Contrasto
Pages 60–61 Alamy Images
Page 61 상단 왼쪽 Michael Busselle/Corbis/Contrasto
Page 61 상단 오른쪽 Alamy Images
Page 61 중앙 Antonio Attini/Archivio White Star
Page 61 하단 Antonio Attini/Archivio White Star
Page 62 상단 Ric Ergenb오른쪽/Corbis/Contrasto
Page 62 하단 Antonio Attini/Archivio White Star
Pages 62–63 Antonio Attini/Archivio White Star
Page 63 Antonio Attini/Archivio White Star
Page 64 Giulio Veggi/Archivio White Star
Page 65 상단 왼쪽 Archivio Scala
Page 65 상단 오른쪽 Angelo Colombo/Archivio White Star
Page 65 하단 Michael S. Yamashita/Corbis/Contrasto
Page 66 상단 왼쪽 Sergio Pitamitz/Corbis/Contrasto
Page 66 상단 오른쪽 Giulio Veggi/Archivio White Star
Page 66 하단 왼쪽 Archivio Scala
Page 66 하단 오른쪽 Archivio Scala
Pages 66–67 Archivio Alinari
Page 68 Marcello Bertinetti/Archivio White Star
Pages 68–69 Archivio Alinari
Page 69 상단 왼쪽 Angelo Colombo/Archivio White Star
Page 69 상단 오른쪽 Giulio Veggi/Archivio White Star
Page 69 하단 AISA
Pages 70–71 Marcello Bertinetti/Archivio White Star
Page 72 왼쪽 Marcello Bertinetti/Archivio White Star
Page 72 오른쪽 Marcello Bertinetti/Archivio White Star
Pages 72–73 David Lees/Corbis/Contrasto
Page 73 상단 AISA
Page 73 하단 Vittoriano Rastelli/Corbis/Contrasto
Page 74 상단 Angelo Colombo/Archivio White Star
Page 74 중앙 AISA
Page 74 하단 Centro Internazionale di Studi di Architettura Andrea Palladio
Pages 74–75 Sandro Vannini/Corbis/Contrasto
Page 75 Giovanni Dagli Orti
Page 76 상단 왼쪽 Diana Bertinetti/Archivio White Star
Page 76 상단 오른쪽 Angelo Colombo/Archivio White Star

Page 153 중앙 Giulio Veggi/Archivio White Star
Page 153 하단 Giulio Veggi/Archivio White Star
Page 154 상단 Alfio Garozzo/Archivio White Star
Page 154 중앙 Antonio Attini/Archivio White Star
Page 154 하단 Antonio Attini/Archivio White Star
Page 155 Marcello Bertinetti/Archivio White Star
Page 156 상단 왼쪽 Angelo Colombo/Archivio White Star
Page 156 상단 오른쪽 Marcello Bertinetti/Archivio White Star
Page 156 왼쪽 Giulio Veggi/Archivio White Star
Pages 156-157 Antonio Attini/Archivio White Star
Page 157 상단 Marcello Bertinetti/Archivio White Star
Page 157 중앙 Araldo De Luca/Archivio White Star
Page 157 하단 Araldo De Luca/Archivio White Star
Page 158 Giulio Veggi/Archivio White Star
Page 159 상단 Farabolafoto
Page 159 하단 Farabolafoto
Page 160 상단 Araldo De Luca/Archivio White Star
Page 160 하단 Araldo De Luca/Archivio White Star
Pages 160-161 Araldo De Luca/Archivio White Star
Page 161 Araldo De Luca/Archivio White Star
Page 162 상단 왼쪽 Angelo Colombo/Archivio White Star
Page 162 상단 오른쪽 Araldo De Luca/Archivio White Star
Page 162 중앙 Araldo De Luca/Archivio White Star
Page 162 하단 Araldo De Luca/Archivio White Star
Pages 162-163 Araldo De Luca/Archivio White Star
Page 163 왼쪽 Araldo De Luca/Archivio White Star
Page 163 오른쪽 Araldo De Luca/Archivio White Star
Page 164 상단 by kind permission of the Sn¿hetta A.S.
Page 164 중앙 Angelo Colombo/Archivio White Star
Page 164 하단 by kind permission of the Sn¿hetta A.S.
Pages 164-165 by kind permission of the Sn¿hetta A.S.
Page 165 상단 by kind permission of the Sn¿hetta A.S.
Page 165 하단 by kind permission of the Sn¿hetta A.S.
Page 166 왼쪽 by kind permission of the Sn¿hetta A.S.
Page 166 오른쪽 Marcello Bertinetti/Archivio White Star
Pages 166-167 by kind permission of the Sn¿hetta A.S.
Page 167 상단 by kind permission of the Sn¿hetta A.S.
Page 167 중앙 by kind permission of the Sn¿hetta A.S.
Page 167 하단 by kind permission of the Sn¿hetta A.S.
Page 169 왼쪽 Antonio Attini/Archivio White Star
Page 169 중앙 Marcello Bertinetti/Archivio White Star
Page 169 오른쪽 per gentile concessione del Jumeirah International
Page 170 상단 왼쪽 Angelo Colombo/Archivio White Star
Page 170 상단 오른쪽 Keren Su/Corbis/Contrasto
Page 170 중앙 Corbis/Contrasto
Pages 170-171 Charles et Josette Lenars/Corbis/Contrasto
Page 171 Giovanni Dagli Orti/Corbis/Contrasto
Page 172 Diego Lezama Orezzoli/Corbis/Contrasto
Page 173 상단 Paul Almasy/Corbis/Contrasto
Page 173 왼쪽 Dave Bartruff/Corbis/Contrasto
Page 173 오른쪽 Chris Lisle/Corbis/Contrasto
Page 174 왼쪽 Paul Almasy/Corbis/Contrasto
Page 174 오른쪽 Dave Bartruff/Corbis/Contrasto
Page 174 하단 Dave Bartruff/Corbis/Contrasto
Page 174 Henri et Anne Stierlin
Page 176 Keren Su/China Span
Pages 176-177 Liu Liqun/Corbis/Contrasto
Page 177 상단 왼쪽 Dean Conger/Corbis/Contrasto
Page 177 상단 오른쪽 Angelo Colombo/Archivio White Star
Page 177 하단 Keren Su/China Span
Page 178 상단 오른쪽 Giulio Veggi/Archivio White Star
Page 178 상단 왼쪽 Angelo Colombo/Archivio White Star
Page 178 중앙 Massimo Borchi/Archivio White Star
Page 178 하단 Massimo Borchi/Archivio White Star

Page 179 Antonio Attini/Archivio White Star
Page 180 Yann Arthus-Bertrand/Corbis/Contrasto
Pages 180-181 Giulio Veggi/Archivio White Star
Page 181 상단 왼쪽 Angelo Colombo/Archivio White Star
Page 181 상단 오른쪽 Massimo Borchi/Archivio White Star
Page 181 중앙 Yann Arthus-Bertrand/Corbis/Contrasto
Page 182 왼쪽 David Samuel Robbins/Corbis/Contrasto
Page 182 오른쪽 Massimo Borchi/Archivio White Star
Pages 182-183 Adam Woolfitt/Corbis/Contrasto
Page 183 상단 Paul H. Kuiper/Corbis/Contrasto
Page 183 하단 Massimo Borchi/Archivio White Star
Page 184 Marcello Bertinetti/Archivio White Star
Page 185 상단 왼쪽 Marcello Bertinetti/Archivio White Star
Page 185 상단 오른쪽 Angelo Colombo/Archivio White Star
Page 185 중앙 Marcello Bertinetti/Archivio White Star
Page 185 하단 Marcello Bertinetti/Archivio White Star
Pages 186-187 Marcello Bertinetti/Archivio White Star
Page 187 Marcello Bertinetti/Archivio White Star
Page 188 Angelo Tondini/Focus Team
Pages 188-189 Wolfgang Kaehler/Corbis/Contrasto
Page 189 상단 왼쪽 Angelo Colombo/Archivio White Star
Page 189 상단 오른쪽 Marcello Bertinetti/Archivio White Star
Page 189 하단 Alamy Images
Page 190 Marcello Bertinetti/Archivio White Star
Page 191 상단 Marcello Bertinetti/Archivio White Star
Page 191 중앙 Marcello Bertinetti/Archivio White Star
Page 191 하단 Marcello Bertinetti/Archivio White Star
Page 192 Dean Conger/Corbis/Contrasto
Pages 192-193 Panorama Stock
Page 193 상단 Liu Liqun/Corbis/Contrasto
Page 193 중앙 Angelo Colombo/Archivio White Star
Page 193 하단 Panorama Stock
Page 194 상단 Marcello Bertinetti/Archivio White Star
Page 194 하단 Marcello Bertinetti/Archivio White Star
Pages 194-195 Marcello Bertinetti/Archivio White Star
Page 195 왼쪽 Marcello Bertinetti/Archivio White Star
Page 195 오른쪽 Marcello Bertinetti/Archivio White Star
Page 196 상단 Pierre Colombel/Corbis/Contrasto
Page 196 중앙 Michael S. Yamashita/Corbis/Contrasto
Page 196 하단 Lee White/Corbis/Contrasto
Pages 196-197 Ric Ergenb오른쪽/Corbis/Contrasto
Page 197 오른쪽 Marcello Bertinetti/Archivio White Star
Page 197 하단 Marcello Bertinetti/Archivio White Star
Pages 198-199 John Slater/Corbis/Contrasto
Page 199 상단 Dean Conger/Corbis/Contrasto
Page 199 중앙 Pierre Colombel/Corbis/Contrasto
Page 199 하단 John T. Young/Corbis/Contrasto
Page 200 상단 왼쪽 Alamy Images
Page 200 상단 오른쪽 Angelo Colombo/Archivio White Star
Page 200 중앙 AISA
Page 200 하단 Alamy Images
Page 201 David Samuel Robbins/Corbis/Contrasto
Page 202 Francesco Venturi/Corbis/Contrasto
Page 203 상단 AISA
Page 203 중앙 Alamy Images
Page 203 하단 David Samuel Robbins/Corbis/Contrasto
Pages 204-205 Jeremy Horner/Corbis/Contrasto
Page 206 왼쪽 Marcello Bertinetti/Archivio White Star
Page 206 오른쪽 Marcello Bertinetti/Archivio White Star
Pages 206-207 Brian A. Vikander/Corbis/Contrasto
Page 208 왼쪽 Marcello Bertinetti/Archivio White Star
Page 208 오른쪽 Marcello Bertinetti/Archivio White Star
Pages 208-209 Marcello Bertinetti/Archivio White Star
Page 209 상단 Marcello Bertinetti/Archivio White Star

Page 209 하단 Marcello Bertinetti/Archivio White Star
Page 210 상단 왼쪽 Marcello Bertinetti/Archivio White Star
Page 210 상단 중앙 Marcello Bertinetti/Archivio White Star
Page 210 상단 오른쪽 Angelo Colombo/Archivio White Star
Page 210 하단 AISA
Pages 210-211 AISA
Page 211 Michael S. Yamashita/Corbis/Contrasto
Page 212 Roger Wood/Corbis/Contrasto
Page 213 상단 왼쪽 Angelo Colombo/Archivio White Star
Page 213 상단 오른쪽 AISA
Page 213 중앙 Corbis/Contrasto
Page 213 하단 Charles et Josette Lenars/Corbis/Contrasto
Page 214 상단 Roger Wood/Corbis/Contrasto
Page 214 하단 Arthur Th venart/Corbis/Contrasto
Pages 214-215 Arthur Th venart/Corbis/Contrasto
Page 215 Arthur Th venart/Corbis/Contrasto
Page 216 Corbis/Contrasto
Page 217 상단 Corbis/Contrasto
Page 217 하단 Corbis/Contrasto
Page 218 Massimo Borchi/Archivio White Star
Pages 218-219 Galen Rowell/Corbis/Contrasto
Page 219 상단 왼쪽 Angelo Colombo/Archivio White Star
Page 219 상단 오른쪽 Massimo Borchi/Archivio White Star
Page 219 하단 Yann Arthus-Bertrand/Corbis/Contrasto
Page 220 상단 Elio Ciol/Corbis/Contrasto
Page 220 하단 Massimo Borchi/Archivio White Star
Pages 220-221 Robert Holmes/Corbis/Contrasto
Page 221 왼쪽 Massimo Borchi/Archivio White Star
Page 221 오른쪽 Massimo Borchi/Archivio White Star
Page 222 상단 Massimo Borchi/Archivio White Star
Page 222 중앙 Massimo Borchi/Archivio White Star
Page 222 하단 Massimo Borchi/Archivio White Star
Pages 222-223 Massimo Borchi/Archivio White Star
Page 223 Massimo Borchi/Archivio White Star
Page 224 상단 왼쪽 Livio Bourbon/Archivio White Star
Page 224 상단 오른쪽 Angelo Colombo/Archivio White Star
Page 224 하단 Marcello Bertinetti/Archivio White Star
Pages 224-225 John Everingham/Art Asia Press
Page 225 왼쪽 Corbis/Contrasto
Page 225 오른쪽 Alamy Images
Page 226 Livio Bourbon/Archivio White Star
Page 227 왼쪽 Alamy Images
Page 227 오른쪽 Tiziana e Gianni Baldizzone/Corbis/Contrasto
Page 228 상단 Marcello Bertinetti/Archivio White Star
Page 228 중앙 Robert Holmes/Corbis/Contrasto
Page 228 하단 Livio Bourbon/Archivio White Star
Page 229 AISA
Page 230 Alamy Images
Page 231 상단 왼쪽 Ian Lambot
Page 231 상단 오른쪽 Angelo Colombo/Archivio White Star
Page 231 하단 Ian Lambot
Page 232 상단 왼쪽 Dennis Gilbert by kind permission of the Renzo Piano Building Workshop
Page 232 상단 오른쪽 Angelo Colombo/Archivio White Star
Page 232 중앙 by kind permission of the Renzo Piano Building Workshop
Page 232 하단 Noriaki Okabe by kind permission of the Renzo Piano Building Workshop
Pages 232-233 Yoshio Hata by kind permission of the Renzo Piano Building Workshop
Page 233 중앙 by kind permission of the Renzo Piano Building Workshop
Page 233 하단 왼쪽 Dennis Gilbert /VIEW
Page 233 하단 오른쪽 by kind permission of the Renzo Piano Building Workshop
Page 234 왼쪽 Gianni Berengo Gardin by kind permission of the Renzo Piano Building Workshop

Page 234 오른쪽 Boening/Zenit/laif/Contrasto
Pages 234–235 Boening/Zenit/laif/Contrasto
Page 235 상단 Michael S. Yamashita/Corbis/Contrasto
Page 235 하단 Harry Gruyaert/Magnum Photos/Contrasto
Page 236 상단 Angelo Colombo/Archivio White Star
Page 236 중앙 왼쪽 Sergio Pitamiz/Corbis/Contrasto
Page 236 중앙 오른쪽 by kind permission of the Cesar Pelli & Associates
Page 236 하단 Macduff Everton/Corbis/Contrasto
Page 237 Alamy Images
Page 238 Alamy Images
Page 239 상단 Alamy Images
Page 239 중앙 Alamy Images
Page 239 하단 by kind permission of the Cesar Pelli & Associates
Page 240 상단 왼쪽 Angelo Colombo/Archivio White Star
Page 240 상단 중앙 Panorama Stock
Page 240 상단 오른쪽 by kind permission of the Skidmore, Owings & Marrill LLP
Page 240 하단 Panorama Stock
Page 241 Michael Freeman/Corbis/Contrasto
Pages 242–243 Macduff Evrton/Corbis/Contrasto
Page 244 상단 왼쪽 Angelo Colombo/Archivio White Star
Page 244 상단 오른쪽 R. Moghrabi-STF/AFP/De Bellis
Page 244 중앙 Massimo Listri/Corbis/Contrasto
Page 244 하단 Simon Warren/Corbis/Contrasto
Pages 244–245 per gentile concessione del Jumeirah International
Page 245 Pierre Bessard/REA/Contrasto
Page 246 Simon Warren/Corbis/Contrasto
Page 247 상단 Pierre Bessard/REA/Contrasto
Page 247 하단 Pierre Bessard/REA/Contrasto
Page 249 왼쪽 Antonio Attini/Archivio White Star
Page 249 중앙 Marcello Bertinetti/Archivio White Star
Page 249 오른쪽 by kind permission of the Santiago Calatrava S.A.
Page 250 상단 왼쪽 Angelo Colombo/Archivio White Star
Page 250 상단 오른쪽 Michael Freeman/Corbis/Contrasto
Page 250 하단 Catherine Karnow/Corbis/Contrasto
Pages 250–251 Joseph Sohm; Chromoshom Inc./Corbis/Contrasto
Page 251 Michael Freeman/Corbis/Contrasto
Page 252 상단 Michael Freeman/Corbis/Contrasto
Page 252 하단 Antonio Attini/Archivio White Star
Page 253 Massimo Borchi/Archivio White Star
Page 254 Antonio Attini/Archivio White Star
Page 255 상단 왼쪽 Angelo Colombo/Archivio White Star
Page 255 상단 destra Bettmann/Corbis/Contrasto
Page 255 하단 Antonio Attini/Archivio White Star
Page 256 Dallas and John Heaton/Corbis/Contrasto
Pages 256–257 Setboun Michel/Corbis/Contrasto
Page 257 상단 Statue of Liberty National Monument & Ellis Island
Page 257 중앙 Statue of Liberty National Monument & Ellis Island
Page 257 하단 Statue of Liberty National Monument & Ellis Island
Page 258 상단 왼쪽 Angelo Colombo/Archivio White Star
Page 258 상단 오른쪽 Corbis/Contrasto
Page 258 하단 AP Press
Page 259 Esbin Anderson/Agefotostock/Contrasto
Page 260 Joseph Sohm/Corbis/Contrasto
Page 261 상단 Nathan Benn/Corbis/Contrasto
Page 261 왼쪽 Etienne De Malglaive/Gamma/Contrasto
Page 261 오른쪽 Richard Berenholtz/Corbis/Contrasto
Page 262 상단 왼쪽 AKG-Images
Page 262 상단 오른쪽 Angelo Colombo/Archivio White Star
Page 262 하단 Bettman/Corbis/Contrasto
Page 263 Joseph Sohm; Chromoshom Inc./Corbis/Contrasto
Pages 264–265 Alan Schein Photography/Corbis/Contrasto

Page 265 상단 왼쪽 Alamy Images
Page 265 상단 오른쪽 Alamy Images
Page 265 하단 Lester Lefkowitz/Corbis/Contrasto
Page 266 상단 Angelo Colombo/Archivio White Star
Page 266 하단 왼쪽 Thomas A. Heinz/Corbis/Contrasto
Page 266 하단 오른쪽 Farrell Grehan/Corbis/Contrasto
Pages 266–267 Richard A. Cook/Corbis/Contrasto
Page 267 상단 Corbis/Contrasto
Page 267 중앙 Thomas A. Heinz/Corbis/Contrasto
Page 267 하단 Farrell Grehan/Corbis/Contrasto
Page 268 상단 왼쪽 Angelo Colombo/Archivio White Star
Page 268 상단 중앙 San Francisco Historical 중앙/San Francisco Public Library
Page 268 상단 오른쪽 San Francisco Historical 중앙/San Francisco Public Library
Page 268 하단 San Francisco Historical 중앙/San Francisco Public Library
Page 269 Antonio Attini/Archivio White Star
Page 270 Morton Beebe/Corbis/Contrasto
Pages 270–271 Roger Ressmeyer/Corbis/Contrasto
Page 271 왼쪽 Roberto Sancin Gerometta/Lonely Planet Images
Page 271 오른쪽 Greg Gawlawski/Lonely Planet Images
Pages 272–273 Galen Rowell/Corbis/Contrasto
Page 274 상단 왼쪽 T. Hursley, by kind permission of the Skidmore, Owings & Marrill LLP
Page 274 상단 오른쪽 Angelo Colombo/Archivio White Star
Page 274 중앙 왼쪽 Antonio Attini/Archivio White Star
Page 274 중앙 오른쪽 Antonio Attini/Archivio White Star
Page 274 하단 Joseph Sohm; Chromoshom Inc./Corbis/Contrasto
Page 275 destra Antonio Attini/Archivio White Star
Page 276 Troy Gomez Photography
Pages 276–277 Troy Gomez Photography
Page 277 상단 Angelo Colombo/Archivio White Star
Page 277 중앙 Troy Gomez Photography
Page 277 하단 Troy Gomez Photography
Page 278 Troy Gomez Photography
Pages 278–279 Troy Gomez Photography
Page 279 Troy Gomez Photography
Page 280 Angelo Colombo/Archivio White Star
Pages 280–281 Jon Hicks/Corbis/Contrasto
Page 282 Antonio Attini/Archivio White Star
Page 283 상단 Antonio Attini/Archivio White Star
Page 283 중앙 Catherine Karnow/Corbis/Contrasto
Page 283 하단 Micael S. Yamashita/Corbis/Contrasto
Page 284 상단 Angelo Colombo/Archivio White Star
Page 284 중앙 by kind permission of the Santiago Calatrava S.A.
Page 284 하단 by kind permission of the Santiago Calatrava S.A.
Pages 284–285 by kind permission of the Santiago Calatrava S.A.
Page 285 by kind permission of the Santiago Calatrava S.A.
Page 286 상단 by kind permission of the Santiago Calatrava S.A.
Page 286 하단 by kind permission of the Santiago Calatrava S.A.
Pages 286–287 by kind permission of the Santiago Calatrava S.A.
Page 287 왼쪽 by kind permission of the Santiago Calatrava S.A.
Page 287 오른쪽 by kind permission of the Santiago Calatrava S.A.
Page 289 왼쪽 Massimo Borchi/Archivio White Star
Page 289 중앙 Massimo Borchi/Archivio White Star
Page 289 오른쪽 Julia Waterlow; Eye Ubiquitous/Corbis/Contrasto
Page 290 상단 왼쪽 Angelo Colombo/Archivio White Star

Page 290 상단 오른쪽 Antonio Attini/Archivio White Star
Page 290 하단 Richard. Cook/Corbis/Contrasto
Pages 290–291 Yann Arthus-Bertrand/Corbis/Contrasto
Page 292 Massimo Borchi/Archivio White Star
Page 293 상단 왼쪽 Massimo Borchi/Archivio White Star
Page 293 상단 오른쪽 Angelo Colombo/Archivio White Star
Page 293 중앙 Massimo Borchi/Archivio White Star
Page 293 하단 Massimo Borchi/Archivio White Star
Page 294 Massimo Borchi/Archivio White Star
Pages 294–295 Massimo Borchi/Archivio White Star
Page 295 상단 왼쪽 Angelo Colombo/Archivio White Star
Page 295 상단 오른쪽 Massimo Borchi/Archivio White Star
Page 295 중앙 Massimo Borchi/Archivio White Star
Page 296 왼쪽 Massimo Borchi/Archivio White Star
Page 296 오른쪽 Alamy Images
Pages 296–297 Massimo Borchi/Archivio White Star
Page 297 상단 Massimo Borchi/Archivio White Star
Page 297 하단 Angelo Colombo/Archivio White Star
Page 298 상단 왼쪽 Massimo Borchi/Archivio White Star
Page 298 상단 오른쪽 Massimo Borchi/Archivio White Star
Page 298 중앙 상단 Angelo Colombo/Archivio White Star
Page 298 중앙 하단 Massimo Borchi/Archivio White Star
Page 298 하단 Yann Arthus-Bertrand/Corbis/Contrasto
Pages 298–299 Massimo Borchi/Archivio White Star
Page 299 Yann Arthus-Bertrand/Corbis/Contrasto
Page 300 상단 왼쪽 Angelo Colombo/Archivio White Star
Page 300 상단 중앙 Doug Scott/Marka
Page 300 상단 오른쪽 Alamy Images
Page 300 하단 Alamy Images
Pages 300–301 Yann Arthus-Bertrand/Corbis/Contrasto
Page 303 왼쪽 John Gollings by kind permission of the Renzo Piano Building Workshop
Page 303 오른쪽 Giulio Veggi/Archivio White Star
Page 304 Kit Kittle/Corbis/Contrasto
Pages 304–305 James Marshall/Corbis/Contrasto
Page 305 상단 왼쪽 Angelo Colombo/Archivio White Star
Page 305 상단 중앙 Giulio Veggi/Archivio White Star
Page 305 상단 오른쪽 Giulio Veggi/Archivio White Star
Page 305 하단 Tony Arruza/Corbis/Contrasto
Page 306 상단 State Library of New South Wales
Page 306 중앙 State Library of New South Wales
Page 306 하단 State Library of New South Wales (Don McPhedran)
Pages 306–307 Catherine Karnow/Corbis/Contrasto
Page 308 상단 Angelo Colombo/Archivio White Star
Page 308 하단 John Gollings by kind permission of the Renzo Piano Building Workshop
Pages 308–309 Giraud Philippe/Corbis Sygma/Contrasto
Page 309 상단 John Gollings by kind permission of the Renzo Piano Building Workshop
Page 309 하단 by kind permission of the Renzo Piano Building Workshop
Page 310 Michel Denanc by kind permission of the Renzo Piano Building Workshop
Pages 310–311 John Gollings by kind permission of the Renzo Piano Building Workshop
Page 311 상단 by kind permission of the Renzo Piano Building Workshop
Page 311 하단 William Vassal by kind permission of the Renzo Piano Building Workshop
Pages 312–313 John Gollings by kind permission of the Renzo Piano Building Workshop
Page 320 by kind permission of the Renzo Piano Building Workshop

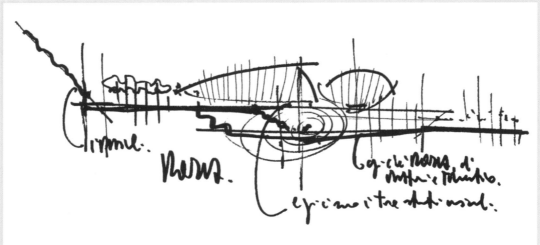

렌조 피아노가 그린 이 스케치에서 꾸불꾸불한 대형 '조가비' 형태를 볼 수 있다. 로마의 음악 공원이라는 야심 찬 프로젝트를 위해, 이 건축가는 현대적인 음악의 대 전당 안에 적절하게 조화를 이루는 입체적인 건물을 지을 목적으로 악기를 연상시키는 3개의 콘서트 홀을 설계했다.